军队重点院校和重点学科专业——政治工作（军事法学）子项目：海警维权与执法疑难问题研究性教学改革

Research on the Revocation of Administrative Entities Based on Their Powers

行政主体依职权撤销研究

李垒 著

中国社会科学出版社

图书在版编目（CIP）数据

行政主体依职权撤销研究 / 李垒著. -- 北京 ： 中国社会科学出版社， 2025. 7. -- ISBN 978-7-5227-4223-6

Ⅰ. D922.104

中国国家版本馆 CIP 数据核字第 2024YS5517 号

出版人 赵剑英
责任编辑 许 琳
责任校对 苏 颖
责任印制 郝美娜

出 版 中国社会科学出版社
社 址 北京鼓楼西大街甲 158 号
邮 编 100720
网 址 http://www.csspw.cn
发行部 010-84083685
门市部 010-84029450
经 销 新华书店及其他书店

印 刷 北京君升印刷有限公司
装 订 廊坊市广阳区广增装订厂
版 次 2025 年 7 月第 1 版
印 次 2025 年 7 月第 1 次印刷

开 本 710×1000 1/16
印 张 14
字 数 216 千字
定 价 88.00 元

凡购买中国社会科学出版社图书，如有质量问题请与本社营销中心联系调换
电话：010-84083683

前　言

在行政执法实践中，行政主体任意撤销行政行为这一现象比较普遍。行政主体出于追求行政效率或行政便宜的考虑，在撤销过程中，往往忽视相对人信赖利益的保护，极易侵犯相对人的合法权益。我国立法对行政诉讼撤销和行政复议撤销均有规定，唯独对职权撤销鲜有规制。相比争讼撤销，行政主体依职权撤销时拥有广泛的自由裁量权，撤销的随意性较大，在法律的控制上也非常有限，极易导致行政撤销权的滥用。然而，现有理论与立法对此却关注甚少，不仅理论上缺乏对其全面深入的研究，立法上也缺乏相关规定，导致职权撤销很大程度上游离于法律监控之外，这严重有悖现代法治的原则和精神。如何有效规范行政撤销权的行使，防止行政撤销权的滥用，则是现代行政法理论迫切需要解决的现实问题。

本书写作的初衷就是对行政职权撤销这一现实问题的初步探索。全书共分八章，第一章绪论，主要说明本书的研究目的和意义以及创新之处。第二章行政主体依职权撤销的基础理论，主要阐述行政职权撤销的内在法理基础。第三章行政行为撤销概念的界定，主要介绍大陆法系国家行政行为撤销的概念，同时对本书行政行为撤销的含义进行界定并对相关概念予以厘清。第四章依职权撤销的主体、权限、性质及对象，主要对行政职权撤销的基本要素进行探讨。第五章违法行政行为，鉴于作为行政职权撤销对象的违法行政行为其本身的复杂性和多样性，本书故将其单独列为一章。第六章行政主体依职权撤销规则，主要按照行为性质对行政行为进行分类，分别探讨了负担行政行为、授益行政行为、复效行政行为（包括第三人效力的行政行为和混合效力的行政行为）的撤销规则。第七章行政主体依职权撤销的程序与法律救济，主要从程序方面系统探讨了规制行政职权撤销的方式和路径。第八章我国行政主体依职权撤销制度的反思与重构，主要结合具体案例详细探讨了我国行政行为职权撤销制度的不足并提出了重构该制度的方案建议。

本书对行政职权撤销的拙见若有不当之处，还请读者批评指正！在此权当抛砖引玉，希望能够引起学界对行政职权撤销问题的重视并开展进一步的思考和研究。

目　录

第一章　绪论

一　研究目的

行政主体依职权撤销在我国并不陌生，理论界为此也进行了一定的研究和探讨，但总体而言，目前我国对于该领域的研究状况并不令人满意，与大陆法系国家在此方面的研究还存有一定距离。我国在行政主体依职权撤销研究领域存在的问题主要体现在以下几个方面。

首先，对于行政行为撤销概念在含义上存在歧义、模糊，甚至相互混用，标准不统一等弊端。例如“撤销”一词，既可指行政主体主动依职权所进行的职权撤销，也可指有权机关依相对人申请所进行的争讼撤销，甚至立法机关对抽象行政行为的撤销也包括在内。即使同是“撤销”一词，其含义也可能各有不同，有的撤销名义上虽为撤销，其真实含义却为废止；有的撤销，其基本含义甚至并不指行政行为效力的消灭，而是作为一种行政处罚的形式来使用。这种行政行为撤销概念混淆不清，甚至相互替代的现象，不仅严重影响到司法实践的混乱，也给理论研究带来诸多的困惑和迷思，如果行政行为撤销理论中的某些基本法律概念术语不能做到统一，那么对于学术交流与对话来说简直就是一场灾难，更甭提理论的发展与法制的进步。

其次，与大陆法系先进国家如德国、日本等相比，我国行政主体依职权撤销理论还很不完善。目前，我国理论上在探讨行政行为撤销时多是从行政主体是否超越职权、滥用职权；是否适用法律错误；作出行政行为是否主要证据不足，是否有违反法定程序等情形来判定行政行为是否撤销，这种撤销大多是站在争讼角度即司法机关的立场来探讨行政行为的撤销，却忽视了行政行为撤销的关键部分即行政主体依职权撤销这一块。实践中，行政主体任意撤销行政行为这一现象比较普遍，行政主体出于追求行政效率或行政便宜的考虑，在依职权撤销行政行为过程中往往忽视对相对人信赖利益的保护，从而极易侵犯相对人的合法权益。我国《行政诉讼法》和《行政复议法》对行政诉讼撤销和行政复议撤销均做了具体规定，唯独对行政主体依职权撤销却未做任何规制，《行政许可法》《行政处罚法》对此虽然做了限制性规定，但仍然存在诸多不足。相比争讼撤销，行政主体依职权撤销拥有广泛的自由裁量权，撤销的随意性较大，在法律的控制上也非常有限，极易导致行政权力的滥用，进而侵害公益以及相对人信赖利益，破坏既有法律秩序的稳定。然而，现有的理论与立法对此却关注甚少，不仅理论上缺乏对其全面深入的研究，立法上也缺乏相关规定，导致行政主体依职权撤销在很大程度上游离于法律监控之外，这严重有悖于现代法治的原则和精神。

就行政主体依职权撤销而言，我国在理论方面的研究还存在众多缺漏，亟待完善。例如对于行政主体依职权撤销，很少有学者就行政行为的类型，分别就授益行政行为撤销、负担行政行为撤销以及复效性行政行为撤销等展开专门论述。因为对于以上不同类型的行政行为，行政主体在依职权撤销时所需考量的各方利益有所不同，导致利益衡量标准会有所区别，从而导致撤销的时间效力和法律效果也有所不同。行政主体在依职权撤销违法行政行为时既要考虑是否有利于公共利益的维护，又要兼及相对人信赖利益以及有利害关系的第三人利益的保护，既要考虑是否符合依法行政原则的基本要求，又要注重行政效率的提高和已有行政法律关系的稳定。对于这些相冲突的利益如何进行权衡，衡量的标准是什么？撤销的时间效力应当如何判定，是否所有撤销行为的效力一概溯及既往，甚或还有例外情形存在？撤销后的具体法律效果如何？撤销一旦侵害相对人或利害关系人的合法权益，应当如何提供相应的法律救济？另外，行政主体依职权撤销在很大程度上是一种自由裁量行为，极易导致行政权力的滥用。对于自由裁量权的控制，由于实体规制其控权效果非常有限，唯有通过加强程序方面的规制方能奏效。然而，我国在行政主体依职权撤销程序方面，无论在立法上还是理论研究上都远未引起足够的重视。

基于以上认识，本书的研究目的主要有二：一是对于有关行政行为撤销中所涉及的重要概念予以澄清，防止出现理解和认识上的分歧；二是以大陆法系国家先进的法律制度与理论著述作为本书探讨的基础，着重研究如何对行政主体依职权撤销进行有效的控制，这是我国执法实践中迫切需要解决的一个现实问题。为此，本书力求从行政主体依职权撤销的具体规则以及加强对行政主体依职权撤销的程序控制两个方面入手，来寻求这一问题的解决。对于行政主体依职权撤销的具体规则，主要依据行政行为的类型，对行政主体依职权撤销所涉各方利益进行利益衡量，归纳利益衡量标准，探讨撤销的时间效力以及撤销后的法律效果，以此凝练出行政主体依职权撤销的具体规则。对于行政主体依职权撤销的程序控制，主要是在行政主体依职权撤销中更多赋予行政相对人一系列程序性权利，施加行政主体一系列程序性义务，通过行政相对人以及利害关系人享有的程序性权利来约束行政主体在职权撤销过程中的任性和恣意。

二　研究意义

行政行为的撤销，其主要目的是消灭违法行政行为的效力，恢复其合法状态。行政行为作为国家公权力作用的一种手段，一旦作出并成立，将对相对人（或第三人）利益产生重要影响。行政行为作出时违法，必将侵害有关的公益及私益，若任其违法状态持续存在，显然违背形式法治的内在要求，使得法律形同虚设。若无行政行为的撤销，违法的行政行为就得不到及时纠正，公益或者相对人的合法权益将持续遭受侵害，行政行为的实际作用不仅得不到发挥，而且法治秩序也将遭到根本性的破坏。因此，撤销违法的行政行为确有其实际存在价值。

正如前述，我国大多数学者在探讨行政行为撤销问题时，习惯于从司法审查或者行政争讼的角度，即从行政权外部规制的角度出发，以构建撤销诉讼这一诉讼类型为中心对司法权撤销行政行为的正当性进行详尽的论述。通过司法权撤销违法行政行为，从而达到司法控制行政的目的。然而，司法撤销的效果并非理想：一是程序上被动；二是周期过长；三是成本较高。对行政权真正有效的控制，并非外部被动的控制，而是行政权的自我控制。只有这种控制才是主动的、低成本的，也是较为理想的控制模式。[①] 行政权自我控制是一种自律性控制，即行政权通过内在的调节机制和符合自身运行规律的规则使自己的运行不通过外在力量就可以实现良性化，即使非理性的状态出现也可以通过内部的运行规则予以矫正。行政权的自我控制亦是一种主动性控制，就是在控制过程中行政系统本身就可以认识运行中的偏差，判定运行中的不足以及需要何种规则自我进行约束。[②] 因此，我们在以控制行政权滥用的视角研究行政行为撤销时，应当更多地将研究的重点从作为行政系统外部控制方式的司法撤销转移到作为行政系统内部控制方式的职权撤销的研究上来。

目前，我国在行政主体依职权撤销的制度和理论研究方面均存在不足，亟待完善。制度方面，我国还没有制定统一的行政程序法，使得我国对行政主体依职权撤销制度难以作出统一规定，而只能在单行法中作个别规定，其作用非常有限。即使个别单行法中存在有关行政主体依职权撤销制度的规定，但与大陆法系国家职权撤销制度相比，仍存在诸多不足。理论研究方面，我国在行政主体依职权撤销的具体规则及其撤销后的法律效果等方面还未展开深入细致的研究，使得我国理论界对行政主体依职权撤销的研究难以找到实质性突破点，从而限制了我国行政主体依职权撤销研究的理论水准。本书围绕行政主体依职权撤销这一课题展开研究，除重点探讨行政主体依职权撤销的具体规则及其法律效果之外，还进一步分析我国在行政主体依职权撤销制度方面的不足，并提供相应的立法建议。有利于丰富和发展我国的行政主体依职权撤销理论。

三　创新之处

第一，研究视角的创新。将研究的视角从司法的外部控制——争讼

---

① 谭剑：《行政行为的撤销研究》，武汉大学出版社 2012 年版，第 7 页。

② 关保英：《论行政权的自我控制》，《华东师范大学学报》（哲学社会科学版）2003 年第 1 期。

撤销转向行政的自我控制——行政主体依职权撤销。

第二，研究内容的创新。通过对行政权力的事先预防和事中控制，为行政主体依职权撤销构建相应的具体规则和程序制度。

四 研究方法

（一）比较分析法

我国在行政法学的研究上，向来深受大陆法系国家法律传统的影响，特别是行政主体依职权撤销这一领域。英美法系国家由于并不存在行政法上的诉讼制度，其行政法中很少涉及行政行为这一概念，故专门针对行政主体依职权撤销的研究较为少见；而处于大陆法系国家和地区的德国、日本、法国历来坚持以行政行为作为行政法的核心概念，故对于行政主体依职权撤销的研究也较为深入和彻底。因此，本书主要以德国、日本、法国等大陆法系国家和地区的理论与实务研究成果作为研究的基础，并辅以我国相关理论和实务的整理分析，通过多角度的比较发现问题，得出结论。另外，我国目前在行政行为撤销这一研究领域还存在许多概念模糊、歧义以及法律适用性欠缺等方面的不足，也是本书采取比较分析法研究的另一重要原因。

（二）实证分析法

实证分析是拉近理论与实践距离的一条有效路径。[①] 法学上的实证主要有两类：首先是法例（法条），其次是判例。仅仅通过纯理论的论述来阐明某一抽象的观点很难让人信服，因此，本书以相当数量的国内外相关法条及案例作支撑，来具体论证本书所要论证的主要观点，以达到实证化的效果。此外，本书也从我国相关法律规定出发，并在借鉴其他国家先进立法经验的基础上，运用行政主体依职权撤销的相关理论分析我国相关法律规范在立法方面存在的不足，并提出相应的修改建议。

---

① 参见叶必丰《行政行为的效力研究》，中国人民大学出版社 2002 年版，第 5—6 页。

五　研究范围

（一）行政行为范围的界定

1. 行政行为概念的发展脉络

行政行为是大陆法系国家行政法中的核心概念，也是本书研究行政主体依职权撤销问题的逻辑起点。众所周知，行政主体依职权撤销的对象是违法行政行为，而违法行政行为必须以行政行为是否成立（存在）为逻辑起点。因此，研究行政主体依职权撤销，必须首先对行政行为这一概念予以恰当的界定。

行政行为作为行政实体法和行政程序法的共有概念，就行政实体法而言，行政行为将行政法律规范予以具体化，使法律状态得以在个案上获得具有拘束力的确定，并作为行政主体执法的基础。就行政程序法而言，行政行为的作出意味着行政程序的终结。对于行政主体而言，行政行为体现行政效率，是一种方便、合理的管理手段；对于行政相对人而言，行政行为明确确立与划定相对人的权利义务，成为稳定的——在违法时行政主体也不能随意撤销的——进行其他处理的依据，使得国家和公民之间的关系得以明确化、稳定化，因此具有法律安定性原则上的正当根据。[①] 总之，行政行为具有实体法和程序法的双重意义：一方面具有使行政程序告一段落的作用，另一方面可以将行政主体与相对人的法律关系作实体上的规制，形成一定的权利义务关系。[②] 此外，在大陆法系国家，某种行为是否为行政行为，将决定相对人是否能够提起行政救济，亦即行政行为是决定相对人能否提起行政诉讼的标准。正如学者所言，“行政处分始终是大陆法系国家行政法学之中心课题，并架构起行政法学之稳定体系，似不为过誉。”[③]

从历史上考察，行政行为概念的起源，可追溯到法国行政法学

① ［德］哈特穆特·毛雷尔：《行政法学总论》，高家伟译，法律出版社2000年版，第205页。

② 参见朱瓯《两岸行政程序法制之比较研究》，中国人民大学出版社2008年版，第150页。

③ 参见翁岳生《法治国家之行政法与司法》，（台北）三民书局股份有限公司1994年版，第11页。

“acte administratif”[①] 这一概念，本义是指行政机关的一切法律行为，包括公法及私法行为在内。[②] 后来德国学者奥托·迈耶（Otto Mayer）将这一概念引进德国，称之为 Verwaltungsakt。经迈耶改造之后，行政行为概念的范围仅限定于公法领域中采取的行政措施，[③] 已较原先范围大大缩小。[④] 1895 年，德国学者奥托·迈耶在其论述德国行政法的著作中，将行政行为权威性地定义为“行政向人民就什么是个案的法所为的高权宣示”，[⑤] 这一概念后来为德国行政法院所采纳，从而对德国行政法的研究产生了重大影响。然而迈耶所作行政行为概念的含义并不明确，为推进行政行为概念的具体化，继迈耶之后，学者 Kormann 借民法理论，对 Verwaltungsakt 概念加以改进，他认为 Verwaltungsakt 是富有法律行为性质的国家行为，唯有含法律行为的行政行为，始为典型的 Verwaltungsakt。[⑥] 这种国家机关的法律行为与民法上的法律行为并无差异，国家机关的行为到底属于私法上的法律行为抑或公法上的法律行为，需视表意人是以私法上的权义主体或公法上的权义主体所为意思表示而定。学者 Fleiner 在继承 Kormann 理论的基础上，认为“Verwaltungsakt 是行政机关以官方的权威所为，而以发生法律效果为目的的行为”。[⑦] 该观点将法院的判决排除于 Verwaltungsakt 概念之外。此时，行政行为概念在理论上基本成形。另有学者 Jellinek 主张，Verwaltungsakt 是行政机关对特定人所为具

---

① 参见翁岳生《行政法与现代法治国家》，自刊，1979 年版，第 2 页。

② 在法国，行政行为的范围较广，是指行政机关用以产生行政法上效果的法律行为，以及私人由于法律或行政机关授权执行公务时所采取的某些行为。包括行政条例等普遍性行为以及行政处理等具体性行为，还包括私人或团体等在实施公务时采取私法以外的手段所作的行为等。而真正意义上的具德国大陆法意义上的行政行为则是行政处理，是行政机关对具体事件所作的决定。通过这种行为，行政机关单方面决定当事人的法律地位，规定当事人的权利和义务。参见王名扬《法国行政法》，北京大学出版社 2007 年版，第 106、107、119 页。

③ 依 Otto Mayer 在其《德国行政法》第 1 册（1895 年，第 1 版）第 95 页定义，行政处分乃行政对属民在个案中所为，何者对其为法之要求之官方表示。（ein der Verwaltung zugehöriger obrigkeitlicher Ausspruch, der dem Unterthanen gegenüber im Einzelfall für ihn Rechtens sein soll）转引自陈敏《行政法总论》，（台北）新学林出版有限公司 2007 年版，第 296 页。

④ ［印］M. P. 赛夫：《德国行政法——普通法的分析》，周伟译，山东人民出版社 2006 年版，第60 页。

⑤ 参见翁岳生主编《行政法》（上册），中国法制出版社 2002 年版，第 598 页。

⑥ 参见翁岳生《行政法与现代法治国家》，自刊，1979 年版，第 3 页。

⑦ 参见翁岳生《行政法与现代法治国家》，自刊，1979 年版，第 4 页。

有公权力之意思表示。但 Jellinek 此时已注意到：若将民法上的意思表示运用到一切公权力行为上似有欠妥当。[①] 由于学界对行政行为概念难以产生一致看法，为了统一思想，德国于 1976 年制定了行政程序法，并于该法第 35 条对行政行为概念作了明确规定。即“行政行为是行政机关为规范公法领域的个别情况采取的具有直接对外效力的处分、决定或其他官方措施。”[②]

日本学者从德国引进“Verwaltungsakt”这一概念之后，将其直译为行政行为。日本学者田中二郎最初将行政行为概念分为四种：最广义、广义、狭义、最狭义。最广义说，包括行政机关的一切行为，事实行为与私法行为也包括在内；广义说，则仅包括行政机关的公法行为；狭义说，系指行政机关就具体事件所为之公法上的行为，即将公法行为中的立法行为排除于行政行为概念之外；最狭义说，认为行政行为即行政机关就具体事件所为公法上的单方行为，此说不仅将立法行为，而且将公法契约与合同行为排除在行政行为概念之外。最狭义说由于较能体现行政行为概念的本质特征，如今，该说在日本学界已取得了通说地位。[③]

在英美法系国家，不论在理论界还是实务界，行政行为概念皆鲜有提及。在英美法系国家，由于公法、私法并不存在清晰的界限，也不存在专门审理公法案件的行政法院系统，所有案件均由普通法院审理，不存在独立的行政诉讼制度，因此，行政行为概念在英美法系国家并不受重视。正如印度学者赛夫所言：“严格说来，普通法没有任何像在德国法律中发展起来的行政行为这个概念。”[④] 因此，行政行为从本质上说，它是一个地地道道的大陆法系国家的基础性概念，在英美法系的行政法理论中没有它的位置。[⑤]

所不同的是，行政行为概念在德国既属于法律概念，又属于学理概

① 参见翁岳生《行政法与现代法治国家》，自刊，1979 年版，第 5 页。

② 参见应松年主编《外国行政程序法汇编》，中国法制出版社 2004 年版，第 95 页。

③ 参见翁岳生《行政法与现代法治国家》，自刊，1979 年版，第 5—6 页。

④ ［印］M. P. 赛夫：《德国行政法——普通法的分析》，周伟译，山东人民出版社 2006 年版，第67 页。

⑤ 参见章剑生《现代行政法基本理论》，法律出版社 2008 年版，第 126 页。

念；而在其他大陆法系国家和地区，行政行为概念仅属学理概念，而不属于法律概念。例如行政行为概念在日本行政程序法中被称为“处分”；在奥地利行政程序法中被称为“裁决”；[①] 在瑞士行政程序法中被称为“行政处分”；在法国，则被称为“行政处理”；在我国，行政行为概念范围较广，不仅包括具体行政行为，也包括抽象行政行为。而大陆法系的行政行为概念，在我国则仅指具体行政行为而已。[②]

2. 行政行为概念的界定

在我国，行政行为的概念要比大陆法系国家特别是德国行政行为的概念宽泛得多。从理论上讲，行政行为包括抽象行政行为与具体行政行为两类。而德国的“行政行为”仅相当于我国的“具体行政行为”这一概念。何为具体行政行为？这是一个在理论和实践上均存在激烈争论的话题。为了有效指导我国行政诉讼实践，划定行政诉讼的具体范围，最高人民法院在已经废止的《最高人民法院关于〈行政诉讼法〉若干问题的意见》（以下简称《若干意见》）中曾把具体行政行为界定为：“是指国家行政机关和行政机关工作人员、法律法规授权的组织、行政机关委托的组织或者个人在行政管理活动中行使行政职权，针对特定的公民、法人或者其他组织，就特定的具体事项，作出的有关该公民、法人或者其他组织权利义务的单方行为。”然而，这一定义遭到学界的强烈反对。首先，将行政机关委托的组织或个人列入行使行政职权的主体范围，容易让人误解行政机关委托的组织或个人也可以成为行政主体；其次，“行使行政职权”的提法，容易让人误解为违法的行政行为，特别是无效的行政行为不是行政行为；再次，单方行为的限制，明确排除了双方行政行为（比如行政合同）的可诉性；最后，将具体行政行为界定为“作出的……行为”，容易让人以为《若干意见》排除了行政不作为的可

① 参见吴庚《行政法之理论与实用》（增订八版），中国人民大学出版社 2005 年版，第 198 页。

② 我国首次使用“具体行政行为”这一概念的法律，是 1989 年的《中华人民共和国行政诉讼法》，该法第二条规定：“公民、法人或者其他组织认为行政机关和行政机关工作人员的具体行政行为侵犯其合法权益，有权依照本法向人民法院提起诉讼。”第五条规定：“人民法院审理行政案件，对具体行政行为是否合法进行审查。”不过，“具体行政行为”这一概念，目前已不再使用，而是统一使用“行政行为”这一概念。

诉性。[1] 总之，这一定义不仅没有使行政诉讼受案范围更加明确，反而在很大程度上限制了行政诉讼的受案范围。最终，最高人民法院抛弃了对具体行政行为作出明确定义的尝试。至今，我国尚无法律对具体行政行为的含义作出过具体界定。然而，作为行政诉讼对象的具体行政行为如果缺乏法律的具体界定，势必会影响到行政诉讼的起诉范围，进而对公民合法权益的救济产生巨大影响。为此，大陆法系国家或地区均在法律中对（具体）行政行为的基本含义作出了明确界定。德国《1976 年行政程序法》第 35 条规定，行政行为是指行政机关为了调整公法领域的具体事件而采取的，对外直接产生法律效果的命令、决定或其他主权措施。[2] 日本《行政程序法》第 2 条规定，“处分是指行政机关之处分及其他相当于行使公权力之行为”。

在我国，行政行为并非法律概念，仅是学者在理论上所创设的法学概念而已。根据我国学界通说，行政行为，特指行政主体通过行政人，依法代表国家，基于行政职权所作出的，针对特定的行政相对人就特定的事项，能直接或间接引起法律效果的公务行为。[3] 行政行为具有以下几个方面的法律特征。

第一，由行政主体作成。作出行政行为的主体必须是行政主体。所谓行政主体，是指依法拥有独立的行政职权，能代表国家，以自己的名义行使行政职权以及独立参加行政诉讼，并能独立承受行政行为效果与行政诉讼效果的组织。[4] 在我国，行政主体包括行政机关以及法律、法规授权的组织。行政机关，在我国主要是指各级人民政府及其职能部门以及各级人民政府派出机关（例如行政公署、经济开发区、街道办事处等）。法律、法规授权的组织，是指依具体法律、法规授权而行使特定行政职能的非国家行政机关组织，包括社会公权力组织（例如行业协会、基层群众性自治组织、共青团一类的社会团体）、国有企事业单位

---

① 胡建淼主编：《行政诉讼法学》，高等教育出版社 2003 年版，第 26 页。

② ［德］哈特穆特·毛雷尔：《行政法学总论》，高家伟译，法律出版社 2000 年版，第 182 页。

③ 胡建淼主编：《行政法学》，复旦大学出版社 2007 年版，第 191 页。

④ 胡建淼主编：《行政法学》，复旦大学出版社 2007 年版，第 69 页。

（例如烟草专卖公司、电力公司、自来水公司、高等院校等）、私法人或民办非法人组织（例如民营企业、民间社团组织）以及行政机关的内设机构、派出机构（例如派出所、税务所、工商所）等。[①]

第二，性质上是公务行为，而非私人行为。行政行为是由行政主体依法代表国家所实施的行为，体现的是国家意志而非公务员个人的意志，具有强制性。行政行为本质上是国家行政机关实施行政管理的有效手段，其目的是通过落实行政法上的权利与义务，以维持国家良好的行政管理秩序。私人行为不具有行政行为的性质。例如某商店店主李某依照“偷一罚十”的商店“罚则”对顾客王某的偷盗行为予以处罚，因该行为属于私人行为，不具有强制力，体现的并非国家意志，故不能归属于行政行为范畴。

第三，行政主体具有相应的行政职权。行政主体作出行政行为，必须拥有相应的行政职权。行政职权是行政主体实施法律、作出行政行为的一种资格。它可以由法律赋予行政机关和社会组织，也可以由行政主体分配、确定给行政机构和公务员，还可以由行政主体委托给一定的组织或个人。只有具备行政职权的行政主体作出的行为才可能是行政行为，否则就不是行政行为。然而，行政主体与行政职权并不能完全画等号。具备行政职权的组织（例如行政机构及公务员）如果并不具备行政主体的其他资格就不是行政主体，但其所作的行为却仍然可能是一个行政行为，只不过是一种违法行政行为而已。[②]

第四，法律效果的存在。行政行为的作出，必定能对行政相对人直接或间接地发生法律上的影响，亦即设立、变更或消灭一定的权利义务关系。行政主体作出的对相对人权利义务不发生实质性影响的准备行为，例如行政主体通知相对人对行政许可申请材料的补正、道路交通主管部门通知不具有驾驶机动车所应有之身心状况（例如间歇性精神病人）的行政相对人接受医学鉴定等，均不构成行政行为。

第五，意思表示的存在。意思表示是指行政主体将其内在的意思以

---

① 姜明安等主编：《行政法与行政诉讼法教学案例》，北京大学出版社 2006 年版，第 137—138 页。

② 周佑勇：《行政法原论》，中国方正出版社 2005 年版，第 174—175 页。

一定方式表现于外部，并足以为外界所客观理解的行为。行政行为作为一种法律行为，即行政主体的一种意思表示。行政主体只有将自己的意志通过语言、文字或行动及符号（如交通标志）、信号（如交通红绿灯）等行为形式表示出来，并通知行政相对人后，才能成为一个行政行为。如果行政主体的意志还没有表现出来，或者还没有告知行政相对人，就无法被外界识别，就应视为行政行为不存在或不成立。意思表示主要有口头、书面、动作、默示和自动化几种方式。

（二）行政行为撤销范围的界定

从广义上说，行政行为的撤销包括行政主体依职权所进行的撤销；立法机关针对法律、法规所进行的撤销；行政复议机关依复议申请人的申请所进行的撤销（复议撤销）以及争讼机关（有管辖权的法院）依相对人申请所进行的撤销（争讼撤销）。为研究方便起见，本书在此仅将行政行为的撤销限定在行政主体依职权所进行的撤销这一面向。之所以如此界定，主要因为此种撤销方式相对于其他撤销方式（例如争讼撤销）而言，行政主体在依职权撤销行政行为时具有广泛的自由裁量权，而且这一裁量权在法律的控制上极为有限，很容易导致行政权力的滥用，进而侵害与此有关的公共利益以及相对人的信赖利益。为深入了解行政主体依职权撤销行政行为的内在机制及其运作机制，探讨行政主体依职权撤销行政行为的根本趋势和内在规律，并尽量剔除与此问题无关的因素，故本书对行政行为的撤销作此界定，其用意即在如此。依据此种界定，行政行为的撤销（这里指的是行政主体依职权撤销）系指行政主体针对违法或明显不当的行政行为，主动依职权取消其效力的行为。

六 研究综述

（一）国内研究综述

关于行政主体依职权撤销的正当性与必要性，赵宏（2007）提出了法治国下行政行为实质存续力有限性理论，认为行政主体作出行政行为后不得任意撤销，这是实质存续力的要求，但实质存续力并非绝对。①

① 赵宏：《法治国下的行政行为存续力》，法律出版社 2007 年版。

石珍提出了行政主体依职权撤销的理论变迁——由形式法治到实质法治，由严格的瑕疵理论向机动的瑕疵理论转变，导致行政主体主动依职权撤销违法行政行为亦相应由自由撤销到合目的性裁量的转变，从理论上探讨了行政主体由传统自由撤销到现代有限制的撤销之变迁的理论根源。①

关于行政主体依职权撤销的规则，石珍认为应依违法行政行为类型采取不同的撤销规则，即使负担行政行为，亦不应一律撤销，而应区分不同情况做出灵活处理②；谭剑认为行政主体依职权撤销会破坏既有法律秩序的安定性，损害相对人信赖利益或第三人利益，必须从信赖利益保护、禁止不利变更以及撤销的时间、程序等方面加以控制，以实现各项利益和价值的平衡。同时，认为行政主体依职权撤销必须有时间上的限制，否则极易导致行政权力的滥用。③ 赵宏认为立法者在确立行政行为撤销规则时，必须对法安定性原则以及相对人信赖利益予以充分重视，并对撤销规则中可能产生的法安定性与实质正义、行政合法性以及灵活性等价值冲突进行合目的性衡量。创造性地提出了实质法治国下行政行为存续力理论，认为实质法治国要求行政主体不仅要恪守传统行政法中的依法行政原则，亦要注意法的安定性要求、相对人信赖利益及其基本权利的保障。行政主体事后依职权主动撤销行政行为时必须进行合目的性的裁量，不能为强调依法行政，而忽视或牺牲其他的法治国价值。④ 阎尔宝认为行政主体依职权撤销违法行政行为实质上是如何正确处理法律的纯洁性与稳定性之间的矛盾，既要使公共利益得到最大限度的维护，又不会损害社会正常的生活秩序，危及相对人的信赖利益。⑤ 王鹏翔认为行政主体依职权撤销时应综合考虑撤销给相对人及第三人带来的损害、

---

① 石珍：《依职权撤销违法负担行为的法律规制——以［2005］沪行终字第360号判决为研究对象》，《成都理工大学学报》（社会科学版）2012年第5期。

② 石珍：《依职权撤销违法负担行为的法律规制——以［2005］沪行终字第360号判决为研究对象》，《成都理工大学学报》（社会科学版）2012年第5期。

③ 谭剑：《论行政行为撤销的限制》，《湖北大学学报》（哲学社会科学版）2010年第1期。

④ 赵宏：《法治国下的行政行为存续力》，法律出版社2007年版。

⑤ 阎尔宝：《论违法行政行为的限制性撤销——法律纯洁性与稳定性的张力及其解除》，《行政法学研究》1999年第4期。

撤销所维护的公共利益、撤销对法律秩序的破坏、撤销带来的损害是否可以通过代偿措施（如补偿）及对撤销效果的限制加以缓和、行政行为违法的内容、程度及时间长短等因素进行全面衡量，以决定是否撤销。郭鹿敏提出应依行政行为类型决定行政主体依职权撤销限制的程度，认为行政主体依职权撤销应受信赖利益、公共利益、行政行为违法的严重程度、存续时间、行政程序等方面的限制。

关于行政主体依职权撤销的法律效果，章剑生认为原则上，行政行为一经撤销，其法律效力消灭，且追溯到行政行为作出之时，但基于正当事由，行政主体亦可另行确定效力消灭的时间①；洪家殷认为违法行政行为一旦被撤销，则可产生公法不当得利返还请求权、相对人信赖利益补偿请求权以及违法状态结果排除请求权等。倪海明提出行政主体基于公益而撤销违法行政行为，应当给予相对人补偿，并从补偿对象、补偿范围以及补偿方式上完善补偿制度。

关于行政主体依职权撤销的程序和法律救济，宋檀认为对于行政主体依职权撤销，应在程序上加以严格限制，与一般行政行为程序相比，行政主体依职权撤销程序应当更加严格，然而，如何构建具体的程序规则并未展开深入论述；赵银翠、余凌云、关保英等学者专门探讨了某一类行政程序制度，例如行政行为说明理由、行政听证、申辩不加重处罚等，但并未从行政主体依职权撤销的角度对撤销程序展开整体性和系统性研究；王太高认为撤销是行政主体自纠方式的一种，必须由相对人申请作为启动自纠方式的常态，而不能完全寄希望于行政主体依职权主动启动自我纠错机制。② 王文静认为对行政主体依职权撤销应当有所限制，否则极易导致行政权力的滥用，增加行政主体作出行政行为的随意性，破坏已有法律秩序的稳定。并且，行政主体依职权撤销的法律规范缺位，导致行政主体依职权撤销的标准不一，撤销的随意性大，因撤销引发的纠纷越来越多，不仅没有达到提高行政效率的目的，反而增加了司法负担，同时也损害了行政主体的权威。撤销行为本身亦是行政行为，对相

① 章剑生：《现代行政法基本理论》，法律出版社 2008 年版。

② 王太高：《论违法行政行为的行政自纠》，《法治研究》2010 年第 6 期。

对人权利义务会产生不利影响，因此，应当为相对人提供相应的救济途径。

（二）国外研究综述

1. 德国的研究状况

德国对于行政主体依职权撤销的研究比较成熟。德国《联邦行政程序法》第 48 条对行政主体依职权撤销制度作了具体规定。《德国联邦行政程序法》将行政行为分为授予利益的行政行为与非授予利益的行政行为，并分别对两种不同性质的行政行为之撤销作了具体详细的规定，并采取了不同做法。在对授益行政行为撤销规定方面，德国行政程序法将授益行政行为分为给付金钱或可分物的行政行为以及非给付金钱或可分物的行政行为，并针对这两种不同性质的授益行政行为规定了不同的信赖保护方式。对于给付金钱或可分物的行政行为，给予存续保护；对于非给付金钱或可分物的行政行为，则给予财产保护。另外，德国《联邦行政程序法》在第 28 条、39 条、41 条还规定了行政行为撤销前相对人所享有的程序性权利（包括陈述事实、听证、说明理由、通知等）。

此外，德国联邦行政程序法对行政行为撤销后的法律救济、除斥期间等也作了细致的规定。第 50 条对第三人效力的行政行为之撤销方面也有所涉及。另外，第 52 条对行政行为撤销后的法律效果方面也有补充规定。可见，德国行政程序法对行政行为撤销的规定比较全面和成熟。

2. 日本的研究状况

日本的情形比较特殊，第二次世界大战前日本行政法受到德国大陆法系的影响较深，因此大陆法系色彩浓厚；但是第二次世界大战后，日本法制逐渐受到英美法系的影响，日本行政法开始倾向于英美法系注重的程序法方面。战后日本的行政指导极为发达，这在很大程度上与二战后日本所面临的国际形势密切相关。通观 1993 年制定的日本行政程序法，其内容基本倾向于行政程序方面，而有关行政行为撤销的实体规定却难觅踪影。但这并不能说明日本在行政行为撤销研究方面的滞后，日本理论界对于行政行为撤销方面的研究向来都很重视，例如日本盐野宏以及室井力等学者均对行政行为的撤销有较为深入细致的研究。此外，日本在其民事判例集中多有涉及行政行为撤销的讨论，只是这些事实并不为我们所了解而已。

3. 法国的研究状况

法国虽然贵为近代行政法的母国，但法国行政法对于行政行为撤销的研究相对德国来讲，仍然稍显粗糙。主要表现在法国行政法对于行政行为的撤销与废止的区分并不是很明显，合法的行政处理可以适用撤销，违法的行政处理同样可以适用撤销，而且撤销与废止概念经常混淆。法国将行政处理分为创设权利的行政处理与非创设权利的行政处理。法国对于非创设权利的行政处理，任由行政机关随时撤销；对于创设权利的行政处理，只能在相对人提起行政诉讼的期间内撤销，一旦起诉期间已过，行政机关将不能撤销。[①] 由此可见，法国行政法对于行政行为撤销的规定过于机械，远不如德国行政程序法的规定精致、灵活。

（三）简要评述

国内外学者在行政主体依职权撤销方面进行了众多有益探索，研究成果颇丰，研究内容亦日益深入，已有文献成果为本研究的开展提供了丰富的素材，在研究思路和方法上提供了必要的借鉴，为本课题研究奠定了很好的基础。然而，已有研究仍存在以下几点缺憾。

1. 研究行政行为诉讼撤销的程序多，研究行政主体依职权撤销的程序少。国内学者关于行政行为撤销程序的研究大多数都是针对诉讼撤销程序而言，专门针对行政主体依职权撤销程序的研究比较少，即使有所涉及也仅泛泛而谈，远未进行深入细致的研究。立法上亦是如此，关于行政诉讼撤销的程序在《行政诉讼法》及其《司法解释》中均有规定，但关于行政主体依职权撤销的程序却找不到相关的法律依据。可见，无论在立法还是在理论研究方面，我国行政主体依职权撤销程序的研究都极为欠缺。行政主体依职权撤销行政行为时，拥有广泛的自由裁量权，如果不对其加以限制，极易导致行政权力的滥用，进而侵犯相对人的合法权益。相对于一般行政行为而言，行政主体依职权撤销行政行为应受到更加严格的限制，特别是程序上的约束。因此，研究行政主体依职权撤销的程序显得尤为迫切。

---

① 参见王名扬《法国行政法》，北京大学出版社 2007 年版，第 130—133 页。

2. 研究行政主体依职权撤销的规则不够深入，特别是针对行政行为不同类型分类专门研究行政主体依职权撤销规则的成果较为罕见。行政行为按其性质划分，可分为负担行政行为、授益行政行为和复效行政行为。其中，根据行政行为的法律效果是否针对同一相对人，复效行政行为又可分为混合效力的行政行为与第三人效力的行政行为。这几类行政行为在行政主体依职权撤销时所需权衡的利益各不相同，其相应的职权撤销规则也各有不同特点，因此，对于行政主体依职权撤销规则应当根据行政行为的类型分别开展专门性研究，包括负担行政行为撤销规则、授益行政行为撤销规则、混合效力的行政行为撤销规则以及第三人效力的行政行为撤销规则。然而，我国学者在论及行政主体依职权撤销规则时仅仅提及应在公共利益、相对人信赖利益、第三人利益以及依法行政与法的安定性等之间进行利益衡量，至于行政主体依职权撤销行政行为时所需权衡的具体利益有哪些？各种利益之间应当如何考量？权衡的结果如何等等却鲜有深入细致的研究。这种研究显得过于宽泛而具体针对性不强，在实务操作过程中往往也难以把握。其主要原因在于未针对各类行政行为的特点开展行政主体依职权撤销规则的类别化研究。

3. 对于行政主体依职权撤销在时间效力方面的研究仍有待深入。我国学者对行政主体依职权撤销的法律效力普遍认为行政行为一经撤销，其法律效力消灭，且追溯到行政行为作出之时，即撤销的时间效力应追溯到行政行为作出之时。然而，这仅是一般情形，在很多情况下并非如此。例如，在授益行政行为被撤销时，撤销的时间效力关系到对相对人信赖利益的保护，如果撤销的效力追溯到行政行为作出之时，则可能意味着相对人在授益行政行为作出时至撤销时这一段时期的信赖利益将得不到保护，显然有违信赖利益保护原则。并且，在第三人效力的行政行为以及混合效力的行政行为被撤销时，亦可能存在相关信赖利益得不到保护的类似情形。因此，行政主体依职权撤销行政行为的时间效力应依据被撤销行政行为的类型和特点而有所区别，并不能一概而论。我国学者在行政行为撤销的时间效力方面开展专门研究的成果并不多，有的学者虽然提出基于正当事由，行政主体在依职权撤销时可另行确定效力消灭的时间。但具体应当如何操作，似乎并未展开深入论述。

第二章　行政主体依职权撤销的基础理论

行政主体依职权撤销有其内在的法理基础。一方面，行政主体依职权撤销是依法行政原则的具体体现，也是维护公共利益的客观需要。另一方面，行政主体依职权撤销可能侵犯相对人的信赖利益，同时对现有法律秩序的安定性构成破坏。因此，行政主体依职权撤销行政行为，必须在以上几者之间进行利益衡量。行政主体依职权撤销的对象是可撤销的行政行为，而非绝对无效的行政行为。在实践中，如何有效区分可撤销行政行为与绝对无效的行政行为，则是行政行为的瑕疵理论必须加以解决的问题。

第一节　行政主体依职权撤销的法理基础

有关行政主体依职权撤销的法理依据，主要包括行政合法性原则、信赖保护原则、法的安定性原则以及公益原则。其中，行政合法性原则是支持行政主体依职权撤销的因素；信赖保护原则与法的安定性原则是反对行政主体依职权撤销的因素；[①] 而公益原则，可能构成支持行政主体依职权撤销的因素，也可能构成反对行政主体依职权撤销的因素。以下分别进行论述。

---

① 当然也有例外情形存在，例如信赖保护原则也可能成为促成行政行为撤销（尤其第三人效力的行政行为）的因素。

一　行政合法性原则

行政合法性原则是行政法的基本原则之一，而且是其首要原则。行政合法性原则是法治原则在行政法上的体现。所谓行政合法性原则，是指行政主体作出的一切行政行为，必须符合法的规范性要求，不得违背法的原则和精神。[①] 行政合法性原则也叫依法行政原则。[②]

行政合法性原则的基本内容，由于各国行政法的历史背景、理论基础，特别是行政法上合法性原则在适用范围上的不同，使其具有较大的差异。

行政合法性原则在英国主要表现为自然公正和越权无效两大原则。前者是普通法原则，后者是制定法上的程序性原则。其中，越权无效原则的核心内容是：越权的行政行为不具有法律效力。该原则既约束行政实体行为，也约束行政程序行为。根据英国法院判例，实体上的越权主要包括四种情形。一是超越管辖权的范围。即行政机关的行政行为超越了法律为其设立的管辖范围。二是不履行法定的义务。即行政机关应当履行的法定作为义务而不履行。三是权力的滥用。权力的滥用主要表现为：（1）不符合法律规定的目的，即行政主体的行政行为从客观上分析不符合法律、法规授权的目的。具体包括：因行政人出于私人利益（例如恶意报复、歧视等）或所属小集团的利益而使行为目的与法定目的不一致；行政人行使权力的目的虽非出于私利或虽符合公共利益，但不符合法律授予这项权力的特别目的。（2）不相关的考虑，即行政机关在作出行政行为时考虑了不该考虑的因素或者没有考虑应该考虑的因素。例如行政主体以相对人在接受调查时态度不好为由加重对其处罚。（3）不合理的决定，指行政机关做出了一般理智的人都会拒绝做的事情。例如行政机关作出的行政行为在事实上或法律上均不可能实现。[③] 四是记录中所表现的法律错误。记录是指行政机关作出的行政决定文本及其作出

① 参见陈新民《行政法学总论》，（台北）三民书局股份有限公司 1997 年版，第 51—53 页。

② 参见周佑勇《行政法基本原则的反思与重构》，《中国法学》2003 年第 3 期。

③ 参见朱新力主编《行政法律责任研究——多元视角下的诠释》，法律出版社 2004 年版，第 48 页。

行政决定的文献依据。记录中的法律错误则是指记录材料中适用法律错误或者解释法律错误或者证据不足等。[①] 程序上的越权是指行政主体违反成文法明文规定的程序规则。[②] 包括行政内部程序和外部程序。

自然公正原则主要包括两项基本内容：(1) 听取对方的意见。任何人或组织在自己的权益可能受到行政机关侵害或影响时，都有防卫和申辩的权利。包括行政机关在行使权力前必须告知作出该行政行为的事实与理由（说明理由）；在作出行政行为的同时听取相对人的意见和申辩（听取意见），并且应当合理考虑这些意见；在作出行政行为之后必须告知相对人诉讼和救济的权利和途径（告知权利）。任何人不能不经审问，不经辩护就受处罚。这也是现代行政听证制度的核心内容。(2) 不能自己做自己的法官。这是保证实体公正的基本要求，公正必须建立在利益回避的基础之上。总之，自然公正原则是一种程序上的保障。程序性公正是取得实体性公正的前提，只有充分保障相对人的程序性权利，通过相对人对行政权力运行的全过程进行有效的监督和约束，才能有效控制行政权力的滥用。

行政法上的合法性原则在美国主要表现为基本权利原则和正当程序原则。前者系指，一切组织和个人都必须服从法律，但这种法律必须旨在保护而不是摧残人类固有的基本权利。[③] 这些权利便是由权利法案所规定的言论自由、出版自由、宗教信仰自由、和平集会自由、对不法侵害请求救济的权利，人身自由、居住自由、不能被迫自证其罪的自由，以及有关刑事诉讼中的某些权利。正当程序原则是指法律的实施必须通过正当的法律程序进行。该原则直接由美国宪法所确立，[④] 并由 1946 年的联邦行政程序法（Administrative Procedure Act）对其内容（制定法规、进行正式裁决，以及司法审查和行政公开等）作出具体规定。以上两项

---

① 参见胡建淼主编《论公法原则》，浙江大学出版社 2005 年版，第 183 页。

② 参见胡建淼《十国行政法——比较研究》，中国政法大学出版社 1993 年版，第 3—9 页。

③ 人的固有权利最早来源于自然法（Natural Law），尔后被写入美国宪法修正案。

④ 《美国宪法修正案》第 5 条规定，不按照正当的法律程序不得剥夺任何人的生命、自由和财产。《美国宪法修正案》第 14 条把正当法律程序扩张到限制州政府的权力。

作为法治基本要素的原则对行政的直接影响表现在：（1）一切法律、行政行为、司法行为，凡违背人类固有基本权利者不具有约束力；（2）立法、行政、司法行为不通过正当的法律程序无效。①

在法国，由长期的行政判例所确立的行政法治原则包含了三项基本内容：②（1）行政行为必须有法律依据。行政行为是公权力行为，公权力行为必须有严格的法律依据，这是法治对行政法的基本要求，无法律便无行政。（2）行政行为必须符合法律。不仅行政权力的取得要有法律依据，并且实施行政权力的过程也应符合法律，与法律相一致。（3）行政机关必须以自己的行为来保障法律的实施。这是行政法治含义的最新扩展，行政机关不仅有消极的执行法律的义务，随着行政事务的不断增多，专业性不断增强，议会越来越多地将法律的实施细则授权各行政机关来制定，当法律有这样的要求时，行政机关应该主动采取行动，保障法律的实施。

德国行政法的合法性原则包含两项基本内容：一是法律至上；二是法律要件。法律至上（Primacy of law）的中心思想是：一切行政行为都必须服从法律，否则无效。所应服从的法律作广义理解，它包括有效的成文法律和不成文的法律原则，如平等原则、公正原则、非专断原则等。法律要件（requirement of law）的中心含义则是：一切行政权的实施（行政行为的作出）都必须符合法律的授权，越权无效。这一内容的宪法依据是德国《基本法》第20条第3项的规定，行政权受法律的拘束。

日本行政合法性原则，亦称行政法治原则，其基本内容包括以下三项。（1）法律保留原则。这一原则的基本要求是：政府的行政活动必须有国会制定的法律依据。③（2）法律优先原则。这一原则的基本内容是：

① 参见王名扬《美国行政法》，中国法制出版社1995年版，第115—116页。

② 参见王名扬《法国行政法》，中国政法大学出版社1988年版，第196—198页。

③ 但是，是否所有的行政活动都必须有国会制定的法律依据呢？如果要求所有行政行为都要有法律依据，那么将对政府行为构成极大的束缚，使其难以适应当代急剧变化的社会情势。对此，学术界有不同主张。一是“侵害保留论”，即主张法律保留原则只适用于侵害公民权益的行政活动；二是“重大事项论”，即主张关系到公民的自由、平等的重大事项必须有法律的依据；三是“权力行政保留论”，即主张无论是授益行为还是侵益行为，凡权力行政都需要有法律依据；四是“全部保留论”，即主张所有行政活动都必须有法律依据。

法律高于行政；一切行政活动都不得违反法律，行政机关制定的规范不得在事实上废止、变更法律。这一原则适用于权力性行为、非权力性行为、侵益行为、授益行为以及事实行为等一切领域。（3）司法救济原则。一切司法权归属于法院，[①] 法院具有行政纠纷的终裁权；公民的合法权益受到行政机关的不法侵害时，享有不可剥夺的获得法院救济的权利。[②] 这就是司法救济原则的基本内容。

我国学者对行政合法性原则基本内容的探讨由来已久，但至今缺乏共识。有学者认为，中国行政法上合法性原则的基本内容有两项：（1）行政活动必须根据法律；（2）行政行为必须符合法律。[③] 有的认为行政合法性原则的基本内容有三项：（1）行政法律关系当事人应严格遵守并执行行政法律规范；（2）任何行政法律关系的主体不得具有行政法律规范规定以外的特权；（3）一切行政违法主体都应承担相应的法律责任。[④] 有的学者把中国行政法上合法性原则的基本内容归结为四项，即（1）任何行政职权都必须基于法律的授予才能存在；（2）任何行政职权的行使都必须依据法律、遵守法律；（3）任何行政职权的委托及其运用都必须具有法律依据、符合法律要旨；（4）任何违反上述三点规定的行政活动，非经事后法律认许，均得以宣告为“无管辖权”或“无效”。[⑤] 但上述四项内容的归纳，没有包含“制裁”与“责任”的要素，于是又有学者提出了包含该要素的四项内容：（1）所有行政法律关系当事人都必须严格遵守并执行行政法律规范；（2）任何行政法律关系的主体都不得享有行政法律规范以外的特权；（3）一切违反行政法律规范的行为，都属于行政违法行为，自始无效；（4）一切行政违法主体，都必须承担相应

---

① 《日本国宪法》（1946 年）第 76 条第 1 款规定：“一切司法权属于最高法院及由法律规定设置的下级法院。”参见吴东镐、徐炳煊《日本行政法》，中国政法大学出版社 2011 年版，第 284 页。

② 《日本国宪法》（1946 年）第 32 条规定：“不得剥夺任何人在法院接受裁判的权利。”参见吴东镐、徐炳煊《日本行政法》，中国政法大学出版社 2011 年版，第 278 页。

③ 参见王连昌主编《行政法学》，中国政法大学出版社 1994 年版，第 48—51 页。

④ 参见胡建淼主编《行政法学》，复旦大学出版社 2003 年版，第 59 页。

⑤ 参见罗豪才主编《中国行政法讲义》，人民法院出版社 1992 年版，第 30—33 页。

的法律责任。[①] 还有的学者把行政合法性原则的基本内容归结为五项：（1）一切国家行政主体必须严格执行行政法律规范，一切行政相对人必须严格遵守行政法律规范；（2）任何行政法律主体不得享有不受行政法调整的特权，权利的享受和义务的免除都必须有明文的法律依据；（3）国家行政主体必须做到处罚有据，任何处罚性和禁止性行为必须有明文的法律依据，“法无明文”不为罚；（4）一切违反行政法律规范的行为都属行政违法行为，它自发生时起就不具有法律效力；（5）一切行政违法主体均应承担相应的法律责任。[②] 胡建淼教授在总结以上观点的基础上，从行政职权的视角出发，认为行政合法性原则包括如下含义。第一，行政主体的行政职权由法设定与依法授予。一切行政行为以行政职权为基础，无职权便无行政。行政职权必须合法产生，行政主体的行政职权或由法律、法规设定，或由有关机关依法授予。不合法产生的行政职权不能构成合法行政的基础。第二，行政主体实施行政行为必须依照和遵守行政法律规范。行政主体既是实施法律的主体，又是遵守法律的主体。行政主体不得享有法律以外的特权。第三，行政主体的行政行为违法无效。行政主体的行政行为必须合法，它既应符合行政法律条文，更应符合法的精神。第四，行政主体必须对违法的行政行为承担相应的法律责任。对于行政主体的行政违法行为，不仅应确认该行为无效，同时还应追究行为责任者相应的法律责任，这是“违法必究”精神的体现。包括行政赔偿在内的行政责任制度便是这一内容的体现。第五，行政主体的一切行政行为必须接受立法监督、行政监督以及司法监督。也就是说，任何行政行为必须受到监督和救济，否则任何责任都将成为空谈。[③]

行政合法性原则要求行政权的行使不得恣意、任性，应当遵循法定权限、法定条件、法定规则与法定程序。[④] 在行政主体依职权撤销行政行为中，行政合法性原则属于支持行政主体依职权撤销的重要因素。行政主体作出行政行为，若存在违法情形，行政主体一般负有依职权撤销

---

① 参见王重高等编著《行政法总论》，中国政法大学出版社 1992 年版，第 9—11 页。

② 参见胡建淼主编《行政法教程》，杭州大学出版社 1990 年版，第 48 页。

③ 胡建淼：《行政法学》（第二版），法律出版社 2005 年版，第 60—61 页。

④ 参见姜明安等《行政程序法典化研究》，法律出版社 2016 年版，第 14 页。

原行政行为的义务，以实现行政合法性原则的基本要求。

二 信赖保护原则

（一）信赖保护原则的提出

行政法上的信赖保护原则肇始于德国行政法院判例，后经日本及我国台湾地区等效仿、继受与发展，现已成为大陆法系国家和地区行政法的一项基本原则。德国柏林高等行政法院在1956年11月14日的“抚恤年金案”①中首次提出“信赖保护”这一概念。1973年10月召开的德国法学者大会正式以“行政上之信赖保护”为主题，真正确立了信赖保护原则在德国行政法上的法律地位。继德国1976年《联邦行政程序法》规定信赖保护原则以后，《葡萄牙行政程序法（1991年）》《韩国行政程序法（1996年）》相继对这一原则作出了规定。

我国对信赖保护原则的重视远不及大陆法系国家，我国也有在立法及实务方面涉及信赖保护的做法，例如2004年国务院颁布的《全面推进依法行政实施纲要》第五条规定：“依法行政的基本要求——诚实守信。行政机关公布的信息应当全面、准确、真实。非因法定事由并经法定程序，行政机关不得撤销、变更已经生效的行政决定。因国家利益、公共利益或者其他法定事由需要撤回或者变更行政决定的，应当依照法定权限和程序进行，并对行政管理相对人因此而受到的财产损失依法予以补偿。”② 具体个案方面，如李冬彩诉玉环县国土资源局土地行政撤销一案中，浙江省玉环县人民法院就明确适用了信赖保护原则。③ 此外，2005

---

① 该案的原告为一个原居住在民主德国的公务员的寡妻，经被告机关西柏林内政部书面证明，如果原告居住在西柏林，即可获得生活补助。原告于是迁居西柏林，被告机关也对其发放生活救助金。后来，被告机关发现，原告不符合获得救助金的法律要件，因此停止发放生活补助，并通知原告撤回已经支付的生活救助金。柏林高等法院判决认为原告已对被告发放生活补助金的行为产生信赖，基于对这种信赖利益的保护，即使原告不符核准的法律要件，被告也不能随意撤销原行为，并追回已经发放的救济金。

② 《全面推进依法行政实施纲要》，《人民日报》2004年4月21日第6版。

③ 法院认为：“根据信赖保护原则，行政机关对行政相对人的授益性行为作出后，事后即便发现违法或对政府不利，只要行为不是因为行政相对人的过错造成的，不得撤销、废止或改变。原告虽然不是中山村村民或拆迁户，但其受让拆迁户一间房屋并与楚门镇人民政府签订了房屋拆迁协议，原告以自己名义申请建房用地，中山村村委会、楚门镇人民政府及被告是明知的并予以支持和倡导。因此，原告没有骗取建房用地的主观故意，在土地使用权审批过程中不存在过错。被告收回原告的土地使用权，侵犯了原告的合法权益。”李冬彩诉玉环县国土资源局土地行政撤销案，参见《信赖保护原则被适用玉环县农妇告赢国土局》，《今日早报》2005年2月17日。

年3月1日，最高人民法院在“益民公司诉河南省周口市政府等行政行为违法案”行政判决中第一次使用了“信赖利益”的概念。[①]

信赖保护原则提出的主要目的是限制行政主体随意撤销已生效的行政行为，保护相对人的信赖利益，维护已有法律关系的稳定。依传统理论，行政主体为违法行政行为时，应有一律予以撤销的义务，不得任其违法状态继续存在，始能符合法治国家之要求。[②] 这就是所谓的自由撤销原则。但若仅为满足依法行政原则的要求，而无条件地容许行政主体任意行使其撤销权，将有可能侵害相对人的信赖利益。对于负担行政行为的撤销，由于系免除相对人所受到的不利益，故原则上不会侵害其权益，行政主体可以自行裁量决定是否撤销。但对于授益行政行为的撤销，情形截然不同，因此种行政行为系对相对人设定或确认权利，相对人可以从中获得授益，并可能因信赖该行政行为合法存续而在生活上有所支配或作出一定的安排。此时行政主体若遽然撤销该授益行政行为，并发生溯及既往效果时，将使相对人蒙受重大的不利益。因此，对于授益行政行为的撤销，除了考虑依法行政原则外，对信赖保护原则，也不容忽视。行政主体在权衡过程中应当审查：在具体案件中哪一个原则更重要，从而分别根据合法性优先或者信赖保护优先决定是否撤销。

在现代社会法治国家，公民存在和活动的范围远比以前的管制社会宽泛。个人对授益行政行为存续的依赖性越来越大，信赖保护日益受到重视。信赖保护原则提出的主要目的在于限制行政机关任意否定已生效的行政行为，保护相对人善意的信赖，维护已有法律关系的稳定。行政行为作出后，行政机关若随意否定原行政行为（特别是授益行政行为），并使其发生溯及既往效果时，相对人因信赖该行政行为合法存续所存在的利益不仅丧失殆尽，而且，现有稳定的法律秩序也将遭到极大的破坏。可见，信赖保护是行政行为撤销过程中一个重要的限制性因素。信赖保护原则就是为相对人“提供对未来预见的可能性，来避免因新的事物关

---

① 益民公司诉河南省周口市政府等行政行为违法案，《中华人民共和国最高人民法院公报》2005年第8期。

② 翁岳生：《法治国家之行政法与司法》，（台北）元照出版公司1994年版，第35页。

系突然冲击所造成的不利益”。[①]

(二) 信赖保护成立的基本要件

成立信赖保护，一般须具备以下要件。

1. 信赖基础

所谓信赖基础，必须是能够产生某个特定法律状态的公权力决定或行为，而这种决定或行为足以引起相对人产生特定的期望和信赖。简言之，信赖基础就是足以引起相对人期望的公权力行为。[②] 这种行为主要表现为行政主体依公权力作出的行政行为。因行政行为所创设之法的外观，形成相对人信赖的根据。但仅有行政行为作出这一事实，并不当然发生信赖的效果，行政主体还需将行政行为的内容告知相对人。若相对人根本不知该行政行为的内容或者误认为一个事实上已生效力的行政行为并未成立，那么这种行为则不能作为信赖保护的基础。[③] 但无效行政行为因具有重大明显瑕疵自始不生效力，故不能作为信赖基础。

2. 信赖表现

信赖表现系要求主张信赖保护的相对人必须认识到行政行为的存在，并因信赖该行政行为的有效存续而作出相应的处置或安排，例如安排其生活或处分其财产。之所以要求相对人有信赖表现，乃是通过此客观外在的表现与相对人纯属主观的愿望或期待划清界限，并且透过此种客观具体的表现以证实相对人确实存在对行政行为内在的信赖。

3. 信赖值得保护

值得保护的信赖必须是正当的信赖。所谓正当的信赖，是指相对人对行政行为的信赖必须是善意的且对于行政行为的违法并无重大过失。如果导致行政行为撤销的违法事由可归责于相对人，那么这种信赖则不值得保护。《联邦德国行政程序法》第 48 条第 2 项列举了三种不适用信

---

① 参见赵宏《法治国下的行政行为存续力》，法律出版社 2007 年版，第 129 页。

② Vgl. Muckel, Kriterien des verfassungsrechtlichen Vertrauensschutzes bei Gesetzesänderungen, Berlin 1989, S. 80.

③ BVerwGE 48, 92. 德国判例中称：如果一个行政行为已经生效，而相对人因为对期限错误的计算而误以为行政行为并未成立，此时行政相对人是虚假行政行为的相对人，在其中并不存在信赖利益的保护。参见赵宏《法治国下的行政行为存续力》，法律出版社 2007 年版，第 166 页。

赖保护的具体情形：（1）以欺诈、胁迫或行贿取得一行政行为的；（2）以严重不正确或不完整的陈述取得一行政行为的；（3）明知或重大过失而不知行政行为的违法性的。

（三）信赖保护的方式

相对人具有值得保护的信赖时，若遇行政主体事后撤销原行政行为，对其信赖利益有所侵害时，应采取何种方式保护相对人的信赖利益？依《德国联邦行政程序法》第48—49条的规定，存在两种信赖保护方式：一是存续保护；二是财产保护。

1. 存续保护

存续保护又称完全的信赖保护，是指维持原行政行为的存续，不使其失效。存续保护是最完整最有效的信赖保护方式，也是信赖保护的常态。在何种情况下适用存续保护？首先必须就相对人的信赖利益与撤销原行政行为所要维护的公益进行利益衡量，如果信赖利益显然大于所要维护的公益，适用存续保护，使原行政行为予以存续，不因其违法而使其失去效力。

2. 财产保护

财产保护又称补偿的信赖保护，是指撤销原行政行为，使其溯及既往失去效力，并对相对人的信赖损失予以适当的财产补偿。需要注意的是，存续保护与财产保护各有其缺点。存续保护实质上是一种“全有或全无”的信赖保护方式，要么为维护相对人信赖利益而牺牲公益；要么为维护公益而牺牲相对人信赖利益，采用此种保护方式势必无法同时兼顾公、私利益。财产保护方式也有不周之处，在某些不易用财产计算信赖损失的情形，如授予国籍、许可就学等，因为此类行政行为的目的，并不在于使相对人获得经济上的利益，因此撤销的效果不会偏向于经济或财产方面，同时原则上也不致使相对人有金钱上的损失。在此种情形下，若采取财产补偿的方式来弥补，对于相对人的信赖保护将形同空谈。

3. 信赖保护方式的判断基准——公益与私益的衡量。

相对人的信赖利益与撤销所欲维护的公益之间，原则上一方并不具有优越另一方的地位，行政主体在进行利益衡量时应一视同仁。[①] 在此除考虑撤销原行政行为对相对人信赖利益的影响，不撤销对公益的影响之外，还应考虑如下因素。

（1）行政行为违法的严重程度。如瑕疵越轻微相对人越有理由主张信赖保护。

（2）行政行为的种类与产生方式。如越经正式行政程序作成的行政行为，相对人越有理由主张信赖保护；[②] 行政行为越属合法、授益性质，信赖保护就会越强；反之，行政行为越属违法、负担性质，信赖保护就会越弱。

（3）行政行为发布后经过时间的长短。如时间经过越久，相对人越有理由主张信赖保护。

（4）作成行政行为的行政主体自身情况。如行政主体层级越高，相对人越有理由主张信赖保护。

（5）行政行为的性质。如越是具存续性的行政行为，相对人越有理由主张信赖保护。

（6）行政行为是否已具不可争讼性。行政行为如果超过法定救济期间，相对人仍未提起救济的，其信赖保护加强，此时相对人更有理由主张信赖保护。[③]

（7）对于提供金钱或可分物给付的行政行为，通常相对人对此种给付在生活上具有高度依赖性，甚至具有社会正义性质，应有给予特殊保障的必要。故此类给付相对人具有信赖利益时，行政主体不得撤销。[④]

（8）行政行为违法原因是否可以归责于受益人。若违法原因可以归责于受益人，则其信赖比较不值得保护。

（9）相对人信赖行政行为的存续，若因撤销所致的信赖损失非金钱所能充分填补时，可认为此时行政主体的撤销裁量权缩减为零，则不得

---

① Vgl. Stelkens/Sachs in：Stelkens/Bonk/Leonhardt，VwVfG，§48 Rn. 97.

② 翁岳生主编：《行政法》，中国法制出版社 2002 年版，第 692 页。

③ Vgl. Maurer，Allg. VwR11，§11Rdnr. 17.

④ 董保城：《行政处分之撤销与废止》，中国台湾地区行政法学会主编《行政法争议问题研究》，（台北）五南图书出版公司 2000 年版，第 482 页。

撤销。[①]

经过利益衡量后，行政主体权衡的结果，可能维持行政行为的效力，也可能撤销行政行为并根据信赖保护的情况对撤销作时间或内容上的限制。[②] 如对行政行为撤销，但不溯及既往或者只撤销行政行为的一部分，对其余部分仍然使其存续并发生效力。

（四）信赖保护原则的法理依据

关于信赖保护原则的理论依据，[③] 大致有以下几种说法。

1. 社会法治国原则说

法治国理念是一项宪法的基本原则，实质正义与法律安定性均为其所追求的目标。[④] 法治国的基本理念主要系由以下要素构成：法安定性、法的和平状态、权力分立、以正式制定法作为法规范的主要内容、禁止以命令代替法律、法律需以民主方式制定、依法行政、平等原则、比例原则、人民基本权利的保障以及由独立的法院提供人民权利保护的途径等等。[⑤] 信赖保护基于保护相对人信赖利益，以实现个案中的实质正义为目的，此也是法治国所追求的目标。

2. 诚信原则说

行政法上的信赖保护原则与民法上的“帝王条款”——诚实信用原则有着深厚的渊源。民法上的诚信原则要求当事人行使权利、履行义务时“讲究信用、诚实不欺，以信为本，不损害他人利益”。[⑥] “诚信原则是支配私法领域的根本原则，约束一切私人间的权利义务关系。诚信原则一般以社会伦理观念为基础，但其并非‘道德’，而是将道德法律技术化，因为道德的本质为‘自律的’，而诚信原则具有‘他律’的性质，基于法

---

① 参见陈敏《行政法总论》，（台北）新学林出版有限公司 2007 年版，第 458 页。

② ［德］哈特穆特·毛雷尔：《行政法学总论》，高家伟译，法律出版社 2000 年版，第 282 页。

③ 所谓信赖保护原则的理论依据，是指信赖保护原则存在的更上一层的一般法理之解释。参见胡建淼主编《论公法原则》，浙江大学出版社 2005 年版，第 719 页。

④ Vgl. Klaus Stern，Das Staatsrecht der Bundesrepublik Deutschland，S. 774.

⑤ 参见范文清《试论个案正义原则》，城仲模主编《行政法之一般法律原则（一）》，（台北）三民书局股份有限公司 1999 年版，第 397—398 页。

⑥ 王利明：《民商法研究（修订本）》（第 4 辑），法律出版社 2001 年版，第 61 页。

律与道德之间的相互作用关系，使得诚信原则成为法律上的最高指导原则。一般来说，诚信原则的内容极为概括抽象，可因社会变迁而赋予新的意义。因此，相较其他法律原则，诚信原则通常属于上位概念。”①

那么，民法上的诚信原则能否引入行政法领域，在公法领域中发挥作用呢？学者们持不同观点。有学者认为：“行政法作为公法的主要表现形式，与私法有着严格的区别。强行规定主体地位不平等是行政法的重要特征，而意思自治、主体地位平等是私法的主要特征。私法多为任意规定，公法多为强行规定，私法上意思自由原则，为公法上所不许，因此，诚信原则作为私法规则的重要准则，不能适用于行政法，否则，行政法规则的严格性将会受到破坏。”② 也有学者持不同观点，其认为，“法律应以社会之理想、以爱人如爱己的人类最高理想为标准”。③ 从这一标准出发，政府应如同自然人爱己的内在需求一样，热爱人民、照顾人民、给人民以诚信。信赖应当保护的基础是相对人互相的诚实和信任。这样在公法领域所说的信义诚实的原则乃至信赖保护的原则，是将在私人间适用的法原理适用于行政法关系的情况。可见一般法理上的诚实信用原则不仅适用于私法，而且适用于公法。④ 持同样观点的学者认为，“私法上的诚实信用原则也可适用于公法。由于这一原则原本潜在于公法之中，只是私法较早发现该原则而已。⑤ 诚信原则作为所有法律秩序中规范法律上交易秩序的基本原则，理所当然也存在于行政法领域。”⑥

综上所述，诚信原则作为一项伦理色彩浓厚的法基本原则，我们并不能将其严格划分到私法领域或者公法领域，由于诚信原则的适用范围甚广，我们仅能承认诚信原则在公法领域也有其适用的余地。但毕竟私

---

① 杨仁寿：《法学方法论》，中国政法大学出版社 1999 年版，第 138—139 页。

② 林纪东：《行政法与诚实信用原则》，《法令月刊》1990 年第 10 期。

③ Vgl. Stammler Die Lehre von dem Richtigen Rechte, S. 35. 转引自谢孟瑶《行政法学上之诚实信用原则》，城仲模《行政法之一般法律原则（二）》，（台北）三民书局股份有限公司 1997 年版，第 201 页。

④ ［日］盐野宏：《行政法》，杨建顺译，法律出版社 1999 年版，第 58—59 页。

⑤ 参见谢孟瑶《行政法学上之诚实信用原则》，城仲模《行政法之一般法律原则（二）》，（台北）三民书局股份有限公司 1997 年版，第 208 页。

⑥ 黄学贤：《行政法中的信赖保护原则》，《法学》2002 年第 5 期。

法与公法之间存在本质上的区别，因此，不能断然将私法上的诚信原则完全适用于公法。

关于诚信原则可否作为信赖保护原则的理论依据，有学者认为，诚信原则在适用上以具体法律关系的存在为要件，而行政法上的法律关系也为具体关系，适合于诚信原则的适用。故诚信原则可以作为信赖保护原则的依据。[①] 然而，此种观点过于牵强，并无说服力。也有学者基于以下理由反对将诚信原则作为信赖保护原则的理论依据。首先，在某些信赖保护原则适用的领域，以诚信原则作为依据是妥当的，但关于法律溯及效力时的信赖保护，运用诚信原则难以作出合理的解释。[②] 其次，信赖保护原则为宪法层次的原则，而诚信原则则并非宪法层级的原则，可见，同为法律原则，作为较低层次的诚信原则却可以作为具有较高层次的信赖保护原则的理论依据，显然无法让人信服。[③] 最后，诚信是作为正常行政过程中方法上的要求出现的，而信赖保护是在行政过程中法律状态发生变更时提出的。诚信原则拘束双方当事人，不仅要求行政主体善意行政，也要求行政相对人善意参与；而信赖保护原则重点拘束行政主体一方。诚信原则无法包含信赖保护原则，它们基本上是相互并列的两个原则。因此，将诚信原则作为信赖保护原则的理论依据并不充分。[④]

笔者认为，诚信原则固然与信赖保护原则存在一定的联系，但诚信原则毕竟与公法上的信赖保护原则存在一定的区别，若断然承认信赖保护原则完全源于诚信原则，将诚信原则作为信赖保护原则的理论依据，似乎欠妥。

3. 基本权利保障说

在德国，大多数学者认同公法上的信赖保护原则源于宪法上的基本

---

① 参见吴坤城《公法上信赖保护原则初探》，城仲模《行政法之一般法律原则（二）》，（台北）三民书局股份有限公司 1997 年版，第 244 页。

② R. Zuck：Der Schutz der Rechtsstellung der ehrenamtel Verwaltungsgerichten，DÖV，1960，S. 581f. 转引自吴坤城《公法上信赖保护原则初探》，城仲模《行政法之一般法律原则（二）》，（台北）三民书局股份有限公司 1997 年版，第 244 页。

③ 参见胡建淼主编《论公法原则》，浙江大学出版社 2005 年版，第 720 页。

④ 参见王贵松《行政信赖保护论》，山东人民出版社 2007 年版，第 101 页。

权利。但究竟何种基本权利可以作为信赖保护原则的宪法依据，则有争议。有学者认为《德国基本法》第2条第（1）项的人格自由发展权是信赖保护原则的宪法基础。该学者认为，宪法上自由权概念包括国家对个人意志的不干预以及保障个人行为的可能性。也就是说，自由权包括个人因信赖法律、行政行为等而实现其行为的可能性。倘将法律、行政行为等加以撤销，即侵害了个人实现其行为的这种可能性，故信赖保护就是对此种个人自由权的保护。[①] 然而，宪法所保障的自由权是就个人的合法行为而言，至于个人的违法行为是否同样适用个人自由权作为保护依据，显然存在疑问。也有学者认为《德国基本法》第14条第（1）项的财产保障权才是信赖保护原则的宪法基础。该学者认为，不论相对人是合法还是非法取得利益，而权利侵害皆能通过财产权保障或者补偿的方式予以弥补，所以，相对人因信赖所招致的损害，可由财产权途径加以保障。由此可见，信赖保护原则系以财产权之保障为依据。[②] 在德国法律实务中，德国联邦宪法法院亦曾最早在其判决中显示出较注重于财产权的保障，通过保护相对人财产利益，确认其财产上的地位等方式使得财产权得以保障，以实现信赖保护这一宪法原则。[③] 然而，强调财产权保护，并不意味着相对人所有的信赖利益均可通过财产方式予以弥补，对于许多非财产性质的信赖损失，财产补偿显然难以发挥作用。因此，仅以财产权保障作为信赖保护原则的理论依据也似乎欠妥。

从上述可知，作为信赖保护的基本权利并不一致，有的学者倾向于人格自由发展权，有的倾向于财产权保障。由于宪法上基本权利相当广泛，是否所有的基本权利均会与信赖保护发生联系，并适合作为信赖保护的宪法依据，大有商榷的余地。

总之，仅以基本权利作为信赖保护的宪法依据，无论就特定的基本权利还是具体个案所涉的基本权利而言，都难以得出合理的解释。

---

① Vgl. E. Grabitz, Vertrauensschutz als Freiheitsschutz, DVBl. 1973, 581ff.

② Vgl. W. Schmidt, Einführung in die probleme des Verwaltungsrechts, 1982, S. 523ff.

③ BVerfGE 45, 1168; 51, 218; 53, 309; 58, 120f.; 64, 104. 转引自洪家殷《信赖保护及诚信原则》，中国台湾地区行政法学会主编《行政法争议问题研究（上）》，（台北）五南图书出版公司2000年版，第121—122页。

4. 法安定性原则说

一般而言，法治国家由实质法治国和形式法治国共同构成。其中，实质的法治国以实现实质正义为目的，而形式的法治国则着重于法安定性的保障。这种意义上的法安定性，主要体现为一种个人自由安排自己生活的可能性，但此种可能性需以个人有可信赖的基础为前提，尤其是值得信赖的法律状态。①

法安定性为法治国原则的重要组成部分。依德国联邦宪法法院见解，对于相对人而言，法安定性主要系指信赖保护，也就是要求，国家对于相对人可能的侵犯，必须为相对人所能预见并能有所调整因应。②

也有学者对此提出质疑，该学者认为，法安定性着重于强调法律状态稳定时的要求，而信赖保护原则则强调法律状态发生变更时的要求。其次，两者的价值取向不同。法安定性具有中立性，维护法律秩序的稳定可能对相对人有利，也可能对相对人不利；而信赖保护原则以保护相对人权益为主要目的，必然有利于相对人。③ 法安定性体现的是制度正义，而信赖保护体现的是个体正义。因此，信赖保护原则与法安定性原则实际上是处于同一位阶的法律原则，它们作用于两个不同的法律阶段，前者应用于变更法律状态之下，后者则应用于常态之下。将同一位阶的法安定性原则作为信赖保护原则的理论依据，逻辑上无法自圆其说。④

综上所述，似乎任何一种原则均无法单独作为信赖保护原则的理论依据。因此，笔者认为，信赖保护原则的法理依据，并非仅仅取决于以上的某一种原则，而是取决于以上多种原则的整合。也就是说，法安定性原则、基本权利保障、诚信原则、社会法治国原则共同组成信赖保护原则的法理基础。

---

① 参见邵曼潘《论公法上的法安定性原则》，城仲模《行政法之一般法律原则（二）》，（台北）三民书局股份有限公司 1997 年版，第 308 页。

② 参见吴坤城《公法上信赖保护原则初探》，城中模《行政法之一般法律原则（二）》，（台北）三民书局股份有限公司 1997 年版，第 246 页。

③ 参见马怀德主编《行政法与行政诉讼法》，中国法制出版社 2000 年版，第 56 页。

④ 参见王贵松《行政信赖保护论》，山东人民出版社 2007 年版，第 101—104 页。

三　法的安定性原则

法的安定性是一个法治国家的基本要求，是良法的内在品质。法律的产生就是要在人们之间明确各自权益，划定权利和义务的界限，并以此为依据而对以后的行为有所预见。德国学者拉德布鲁赫认为："法律的首要目的在于给出一个'结局'，让社会上的行为都有预见可能，让法律上的权利与义务都趋于安定。法安定性要求缘起于它的深层需要：这种需求渴望将现实既定的纠纷纳入程序之中，渴望对纷乱有事先的防范，并使之在人的控制之内。"① 依据拉德布鲁赫的观点，法安定性必须具备以下要件：其一，需是可实证的，而且是制定法；其二，制定法就其自身而言需是确定的；也就是说，其需是建立在事实的基础上，而非诉诸法官在个案中的自我价值判断，特别是透过"诚实信用""善良风俗"这样的概括条款作为判断依据；其三，作为法律基础的事实，需尽可能无误地确定下来，而该事实也需是"实用的"，然而对于这样的要求，有时我们也必须要忍受其粗糙；其四，法安定性应可确保实证法不会轻易遭到修改。② 拉氏的学生考夫曼认为，法的安定性含义包括三个元素：实证性、实用性、不变性。③

关于法安定性的具体内涵，可以从两方面来理解：其一，是法律权利义务规定的安定性，亦即法本身的安定状态；其二，是借由法律所达成的法律往来关系的安定性，亦即法秩序的安定性。④

当然，上述两种法安定性的含义并非二者择一的关系，而是一个整体的两个方面。毫无疑问，必须先谋求法本身的安定性，才能谈及维护整个法秩序的安定。法本身的安定性要求法律文字规定本身必须具有安定性，要实现这种安定性，法律在内容上必须具备一定的明确性。不仅

---

① ［德］古斯塔夫·拉德布鲁赫：《法律智慧警句集》，舒国滢译，中国法制出版社 2001 年版，第 17 页。

② 胡建淼主编：《论公法原则》，浙江大学出版社 2005 年版，第 788 页。

③ ［德］考夫曼：《法律哲学》，刘幸义等译，法律出版社 2004 年版，第 274 页以下。

④ 参见邵曼璠《论公法上之法安定性原则》，城仲模《行政法之一般法律原则（二）》，（台北）三民书局股份有限公司 1997 年版，第 273 页。

要求法律的构成要件、法律效果需具有明确性，也要求法律对主体、客体、权利、义务等规定的明确。这样，人民才能理解法律的规定，预料法律对自己行为的影响。正如学者所言，“法律的确定性，对于自由社会得以有效且顺利地运行来讲，具有不可估量的重要意义”；[①] 法秩序的安定性要求尽可能维持法律关系和状态的“稳定性”与“存续性”，或者是“不可破坏性”，只有法律关系和法律状态的稳定持续才能促成法的可信赖。因此安定性也被称为“法的可信赖性”[②]。

行政行为作为法的意志的宣示和表达，[③] 其本身也是构成法秩序的要素之一，同样应当具备这种法的安定性。行政行为作成后，倘若行政主体随时都能否定原行政行为的效力，那么，行政行为将难以发挥作用，运用行政行为实现公益的目的也将难以实现，同时可能使相对人遭受其信赖利益随时丧失的风险，行政法律关系最终也将陷入极度的混乱。由此可见，行政行为作为法作用的一种重要方式，应当具备法的安定性。从静态层面上来说，法的安定性要求行政行为的内容必须具体、明确，使得相对人对于行政行为的法律效果具有可预见性；从动态层面上来说，法的安定性要求行政行为必须保持一定的稳定性和存续性，对于已作出并生效的行政行为，行政主体应尽可能保持其存续，而不得随意予以撤销，从而否认其效力。

法安定性要求行政机关必须遵守行政先例，相同情况相同处理，即行政自我拘束。行政机关因适用行政规则及其他的法律或命令处理行政事务而形成行政惯例，在处理相同或类似案件时，若无正当理由，行政机关必须作相同处理；若行政机关无实质的正当理由而作出不同的处理，即违反行政惯例，不符合平等原则。法律的确定性要求执法必须前后一致，相同的情况应当作相同处理，从而使法律具有可预测性，进而保护相对人对行政行为的信赖利益，而不能任由行政机关随心所欲。

法安定性原则要求行政行为应具有存续力。行政主体的行政行为往

---

① ［英］弗里德利希·冯·哈耶克：《自由秩序原理》，邓正来译，生活·读书·新知三联书店 1997 年版，第 264 页。

② 参见许育典《法治国与教育行政》，（台北）高等教育出版社 2002 年版，第 96 页。

③ 参见［德］奥托·迈耶《德国行政法》，刘飞译，商务印书馆 2002 年版，第 97 页。

往是对相对人权利义务的处分，行政行为能否存续将直接影响到相对人的合法权益，所以行政行为应受到一定程度的拘束，不得随意更改，即应具有存续力。倘若行政主体任意撤销或改变行政行为，不仅不利于保护相对人的信赖利益，法安定性也将难以存在。行政行为存续力的含义是指行政行为一经作出，除非存在重大明显的瑕疵，将对行政主体及相对人产生拘束效果。其一，相对人应当遵守行政行为的内容；其二，行政主体不得任意撤销、废止其作出的行政行为。

依德国行政法理论，存续力可以分为形式存续力和实质存续力。形式存续力，即不可诉请撤销性，是指行政相对人在法定复议或诉讼期间内如果不对行政行为及时提起行政救济，法定期限经过后则不得诉请撤销。实质存续力，是指行政行为一经作出，即具有的限制行政机关废弃权限的效果。由于实质存续力的存在，行政机关不能任意否定行政行为的效力，只有在具备一定要件时，方能撤销与废止。[①] 如果形式存续力是用来拘束相对人，而实质存续力则是用来拘束行政机关。由于行政行为存续力对行政机关和相对人都有拘束，法安定性从而得以实现。

实质存续力对行政机关的约束体现在三个方面：（1）行政行为一经作出，即具有相对稳定性，不经法定程序不得撤销或变更；（2）作出行政行为后，原作出行政行为的行政机关或人员的变动不得影响该行政行为的效力；（3）行政机关要改变和撤销已发生形式存续力的行政行为，必须经过作出该行政行为时的同样程序。当然，实质存续力并不意味着行政行为的绝对不可废除性，即并非绝对禁止行政行为的作出机关自行废除行政行为，而是使其废除权限受到一定限制，即“有限制的废除性”。实质存续力仍然许可行政机关在具备一定要件或有法律的特定授权下，能够对行政行为撤销或废止。行政程序强调的是弹性、效率与合目的性的考量，行政机关也并非像法院一样处于客观中立的第三人地位，而是集裁决者与参与者于一身。这些因素使得行政决定的正确性和公信力显然与法院判决不可相比拟，如果绝对地限制行政机关的废除权限既

① 参见翁岳生主编《行政法》，中国法制出版社 2002 年版，第 682 页。

无必要，也缺乏坚实的理由。[①]

只要行政行为不属于存在重大明显瑕疵的无效行政行为，就会自然产生这种实质存续力，而不论行政行为是否合法。当然，实质存续力的法律效果也会因行政行为是合法还是违法，对相对人是授益还是负担而有所不同。基本上，行政行为越属合法、授益性质，存续性就会越强，对于行政机关废除权限的限制也会越严；越属违法、负担性质，存续性就会越强，对于行政机关的限制则越宽。另外，行政行为实质存续力的强弱与行政行为先前的作出程序、决定机关在行政程序中的位置立场以及行政行为的特定规制内容也有很大关联。行政程序越严谨、决定机关的立场越中立、为决定的正确性提供的保障越强，行政行为的实质存续力也会越强。[②]

实质存续力的产生并不以形式存续力为前提。行政行为生效后即产生实质存续力，限制行政机关只有在特定条件下始能对行政行为进行撤销，其与限制行政相对人在期限经过后，再提起法律救济权利的形式存续力并不相干。形式存续力的法律效果主要针对行政相对人，而实质存续力的法律效果则主要针对作出行政行为的行政机关。因此，即使行政机关仅在特定条件下才拥有撤销行政行为的权限，但其行使撤销权并不受行政相对人是否在法律救济期限内提起行政救济所拘束。[③] 实质存续力虽不以形式存续力为前提，但形式存续力的出现可以使实质存续力得以强化。

四　公益原则

所谓公益原则，是指行政机关作出行政行为，必须以达成公共利益为目的，而不是以某种特殊的个人利益为目的。公益，是“公共利益”的简称，是一个典型的不确定法律概念。

公益的内容和范围是在不断变化的，具有不确定性。在自由资本主

---

① 参见赵宏《法治国下的行政行为存续力》，法律出版社 2007 年版，第 70—71 页。

② ［德］哈特穆特·毛雷尔：《行政法学总论》，高家伟译，法律出版社 2000 年版，第 270 页。

③ 参见翁岳生主编《行政法》，中国法制出版社 2002 年版，第 683 页。

义时期，政府在政策上采行放任主义，在个人、社会及经济领域，实行以自由竞争原则为基础的调控机制。[①] 此时政府的职能主要是保障社会秩序，维护社会治安，以尽量减少对个人自由的干涉，要求严格限制政府权力，为个人保留最大的自由空间。在行政上采行的方式仅是单一的干涉行政。[②] 这一时期的公共利益仅限于公共设施、公共工程建设等公用事业。随着资本主义发展到垄断阶段，自由资本主义市场经济已经暴露出其弊端。自由资本主义时期实行的放任政策，虽然促进了社会迅速发展，但也导致社会贫富不均，富者愈富，穷者愈穷，从而引发一系列社会问题，使得社会矛盾越来越突出。[③] 为缓解这一形势，客观上要求政府必须转变职能，对经济和社会实行全面干预以保障社会公平，此时行政的领域已不再局限于传统的消极行政，同时也包括政府为公民提供生存给付、社会保障、教育、医疗保险等服务的积极行政。公民越来越依赖于政府所提供的各种贫困救助、养老保险、失业补助等生存照顾。“正是在此意义上，在政府与公民关系中，相互行为方式可信赖性的作用和价值才日渐突出”。[④] 此时，行政活动的重点从秩序延伸到给付，政府也相应地从秩序的维护者转变为给付的主体，公共行政已经突破与超越了传统“侵害型行政”的范围，更多地发展成一种“给付型行政”。[⑤] 这种行政通常以给付方式为人民的生活提供保障，以实现基本的社会正义。政府变消极为积极，开始全面干预社会事务，政府变成了“从摇篮到坟墓”的全能政府，出现了福利国家、给付国家，“行政往往必须积极介入社会、经济、文化、教育、交通等各种关系人民生活的领域，成为一双处处看得见的手，如此方能满足人民与社会的需要。”[⑥] 这一时期公共利益的范围已不仅限于公用事业，扩大到国家进行政治、经济、文

---

① ［德］哈特穆特·毛雷尔：《行政法学总论》，高家伟译，法律出版社 2000 年版，第 16 页。

② 李垒：《论授益行政行为的废止——基于〈德国行政程序法〉第 49 条的分析》，《中南大学学报》（社会科学版）2014 年第 3 期。

③ 参见陈新民《行政法学总论》，（台北）三民书局股份有限公司 1997 年版，第 19—20 页。

④ Wolf-Rüdier Schenke, Problem der Bestandskraft von Verwaltungsakten, DÖV 1983, S. 321.

⑤ ［德］康拉德·黑塞：《联邦德国宪法纲要》，李辉译，商务印书馆 2007 年版，第 166 页。

⑥ 翁岳生主编：《行政法》（上册），翰芦图书出版有限公司 2002 年版，第 13 页。

化、国防等建设都属于公共利益。

关于公益的概念，目前未见统一的说法。德国 Wolff/Bachof 等学者认为，所谓公益，并非抽象的属于统治团体或其中某一群人的利益，更非执政者、立法者或官僚体系本身的利益，也非政治社会中各个成员利益的总和，而系各个社会成员事实上的利益，经由复杂的交互影响过程所形成的理想整合状态。①

在公益原则中，不仅涉及公益与私益的冲突，也涉及公益与公益的冲突，如何对这些冲突进行抉择，则是公益原则必须面临的一个难题——利益冲突之衡量。关于公益与私益的关系，传统观点将二者对立起来，认为公益优先于私益。“公共利益成了检验政府的标准，正如一位行政官员——他的主要职责也成了保护公共利益——所说：‘基本主题很简单，经济权必须服从公共利益’”。② 但刻意强调公益优先于私益，往往导致私益被忽视，从而会影响到具体个案的公平。为此，德国学者哈特穆特·毛雷尔认为，公共利益和个人利益有时相互一致，有时相互冲突。③ 德国学者克鲁格（E. Krüger）亦认为，基于现代社会生活现象的多样性，不能单纯地将公益和私益视为相反之概念，两者应是一个相成、并行的概念。④ 德国另一学者莱斯纳（W. Leisner）则进一步认为，公益和私益之间有一个不确定关系存在。理由是，多数人之私益可以形成公益，即公益是由众多的私益所组成。有三种私益可以升格为公益：第一，是不确定多数人之利益，通过立法程序的民主原则来决定这个不确定多数人之利益是否构成公益；第二，具有某些性质（品质）的私益，如私人的生命、财产及健康等，因为国家负有危险排除的义务，因而保障这些私益就是符合公益；第三，可以透过民主之原则，对于某些居于少数的特别数量的私益，使之形成公益。⑤ 纯粹法学派代表凯尔森

① 参见城仲模《行政法裁判百选》，（台北）月旦出版公司1996年版，第183页。

② ［美］伯纳德·施瓦茨：《行政法》，徐炳译，群众出版社1986年版，第19页。

③ ［德］哈特穆特·毛雷尔：《行政法学总论》，高家伟译，法律出版社2000年版，第40页。

④ 参见陈新民《德国公法学基础理论》，山东人民出版社2001年版，第200页。

⑤ 参见陈新民《德国公法学基础理论》，山东人民出版社2001年版，第200页。

(Hans Kelsen) 认为："私法规范无疑也体现了保护国家利益……人们总不能否认维护私人利益也是合乎公共利益的。如果不然的话，私法的适用也就不至于托付给国家机关。"①

因此，尽管古典公法理论承认"公益乃最高之法则"，并在公益与私益对立论的指导下，认为为了公益可以对私益有所限制（采取限制人民基本权利的方式）。但是，在现代宪法保障基本权利的理念下，无条件地牺牲人民基本权利以满足公益的绝对性已面临挑战。也就是说，宪法保障人民的基本权利，而基本权利保障人民广泛的自由权利，人民自由权利的行使，可能会影响到其他宪法所要保障的公益。因此，宪法一方面肯定基本权利的存在及保有和行使这个权利所带给私人的利益，另一方面也承认这个利益亦可能侵及公益，故两者间存在一个隐藏的紧张关系。若任凭人民无限制地行使基本权利（私益）是会影响社会其他的法益（公益），因此需要给予适当的限制，但绝不可任意以谋求公益为借口，而牺牲人民的基本权利（私益）。"宪法要兼顾人民的基本权利以及公益，不可使其中之一成为另一个的牺牲品。"② 可见，关于公益与私益的关系，并非公益绝对优先于私益，即只要存在公共利益，私益的保护就应退居次要地位。承认公共利益，并非要彻底否定私益，而是在维护公益的同时也要兼顾私益，在两者之间寻求一个适当的平衡点。

公益的内容是多方面的，例如国家促进经济的发展，是公益所需；保护劳动者的合法权利，也是法律所肯定的公益；同时，保护生存环境，亦具有公益之意义。如果上述公益之间产生了冲突，究竟应该如何选择？

德国学界曾提出一个公益冲突理论，该理论将公益区分为几个优先次序的公益，即公益之间有不同等级的区别。但这一理论遭到了德国学者克莱（W. Klein）的反对，他认为，与其在已成立的几个公益中选择一个最优的公益，而淘汰其他的公益，毋宁是说，在诸多存在的、待斟酌的价值标准中，选择一个最优先考虑的价值标准，而后形成公益。③

① ［奥］凯尔森：《法与国家的一般理论》，沈宗灵译，中国大百科全书出版社 1996 年版，第 232 页。

② 参见陈新民《德国公法学基础理论》，山东人民出版社 2001 年版，第 389 页。

③ 参见陈新民《德国公法学基础理论》，山东人民出版社 2001 年版，第 202 页。

为此，克莱提出了一个判断公共利益的标准，即“量的最广以及质的最高”。所谓“量的最广”是指受益人数量最多，尽可能使最大多数人均沾福利；至于所谓“质的最高”，则是依对相对人生活强度而定，凡与相对人生存愈有密切关系的要素，愈具有“质的最高”性质。[①]

由于“量最广、质最高”的标准仍存在模糊性，因此只能在个案中对冲突进行具体的衡量。诸如德国学者胡泊曼（Hubmann）所言：“各种价值不仅有不同的‘高低阶层’，其于个案中是否应被优先考量，亦完全视具体情况而定。因此，一种‘较高’价值可能必须对另一‘较低’价值让步，假使后者关涉一种基本生活需要，而假使不为前述退让，此生活需要即不能满足的话。”[②] 德国学者拉伦兹（Karl Larenz）指出：“之所以必须采取‘在个案中之法益衡量’的方法，是因为缺乏一个由所有法益及法价值构成的确定阶层秩序。”[③]

拉伦兹归纳出了下述解决冲突的原则。(1）首先取决于——依基本法的“价值秩序”——与此涉及的一种法益较他种法益是否有明显的价值优越性。他认为，相较于其他法益（尤其是财产性的利益），人的生命或人性尊严有较高的位阶。(2）当涉及位阶相同，或所涉及的权利如此歧义，因此根本无从作抽象的比较时，一方面取决于应受保护法益被影响的程度，另一方面取决于假使某种利益须让步时，其受害程度如何。(3）最后尚需适用比例原则、最轻微侵害手段或尽可能做最小限制的原则。[④]

第二节　行政行为的瑕疵理论

行政行为的瑕疵，是指不具备使行政行为合法、有效成立的要件。[⑤]

---

① W. Klein, Zum Begriff des öffentlichen Interesses, 1969, S. 74 – 76.

② Hubmann, Wertung and Abwägung im Recht, 1977, S. 20f. , 118ff.

③ ［德］拉伦兹：《法学方法论》，陈爱娥译，（台北）五南图书出版社 1996 年版，第 313 页。

④ ［德］拉伦兹：《法学方法论》，陈爱娥译，（台北）五南图书出版社 1996 年版，第 319—320 页。

⑤ ［韩］金东熙：《行政法Ⅰ·Ⅱ》（第 9 版），赵峰译，中国人民大学出版社 2008 年版，第 238 页。

具有瑕疵的行政行为，通常会影响行政行为的效力，依大陆法系国家行政行为瑕疵理论，瑕疵行政行为产生无效及可撤销两种法律效果。[①] 所谓无效，是指行政行为违法情形十分严重，自始至终都不具有法律效力，相对人可不受其约束并有权对其予以抵制，任何机关都有权随时宣告或确认该行政行为无效，相对人也可随时请求有关机关确认该行政行为无效。对于无效行政行为，不存在事后治愈的可能，亦即无效行政行为不能通过事后的补正、转换或追认等方式使其从无效而变为有效。[②] 所谓可撤销，是指行政行为本身违法，但其违法程度尚未达至无效。可撤销的行政行为必须经法定程序由有权机关撤销后才能否定其法律效力，在未撤销以前，该行政行为仍具有法律效力，相对人必须服从。可撤销的行政行为依其内容及其瑕疵程度的不同，可事后经有权机关通过补正、转换、追认等方式使其瑕疵得以治愈，即由违法变为合法；也可事后经有权机关通过撤销的方式彻底否定其效力，从而使其在法律上彻底消灭。

大陆法系国家行政行为的瑕疵理论，对于行政主体依职权撤销具有重要影响。大陆法系国家行政行为的瑕疵理论经历了不同时期，并体现了不同特点。

一　19 世纪自由法治国家的一元瑕疵理论

19 世纪自由法治国家有关瑕疵行政行为的效果方面，基本倾向于：只要行政行为发生违法，无论该违法属于实体违法还是程序违法，一律认定无效。此即所谓严格的法治主义。由于该理论重在维护国家法律的威信，强调任何行为都必须严格遵守法律的明文规定，凡是没有法律依据的行政行为或者违反法律明文规定的行政行为一概无效，必须随时予以纠正。行政行为正是通过这种“一概否定”“推倒重来”的方式，使其合法状态得以存续，以保证法治精神在现实生活中得以贯彻实施。[③] 由于该理论过于机械，难以适应灵活多变的行政情势，极易导致行政执

---

① Vgl. P. Badura/H. – U. Erichsen, Allgemeines Verwaltungsrecht. 1975. S. 170.

② 金伟峰：《我国无效行政行为制度的现状、问题与建构》，《中国法学》2005 年第 1 期。

③ 章志远：《行政撤销权法律控制研究》，《政治与法律》2003 年第 5 期。

法（行为）在个案上的不公，并严重破坏已有法律秩序的稳定。后来，行政行为的瑕疵理论开始引入民法上无效与可撤销行为的概念，认为民法上的无效行为与可撤销行为同样可以适用于行政法之上，故提出违法行政行为不仅仅限于无效的法律效果，而且应有被撤销的可能。不过，此种观点在19世纪自由法治国的瑕疵理论中仅居次要地位。

二　20世纪开始的二元瑕疵理论

奥地利学者凯尔森（1881—1973年）创立了形式瑕疵理论，依据该理论，所有的瑕疵行政行为有同一的法律效果，均是以无效来代替有效。[①] 也就是说，行政行为无论涉及内容上的违法、形式上的违法还是程序上的违法，均应认定为无效。如果违法行政行为被认定为可撤销，必须有法律的明文规定。然而，当行政行为作成后，若仅因其瑕疵，动辄无效，不仅严重破坏已有社会秩序的稳定，进而损害社会公共利益，而且有损行政机关的威信，不利于相对人对行政行为存续之信赖。随着福利行政的兴起，传统的一元瑕疵理论逐渐遭到否定，行政行为瑕疵理论已不再拘泥于形式上的严格法治，转而注重公共利益与相对人信赖利益之维护。行政行为纵有瑕疵，为顾全其对社会已产生之影响，非万不得已，不轻易使之无效。有鉴于此，学者对瑕疵理论之主张已较前趋于缓和，由严格瑕疵理论转而变为机动瑕疵理论。在德国，最显著的表现就是将行政行为的违法与违法的法律效果加以区别，当时的主流观点认为，行政行为违法的法律效果，一方面出于依法行政，维护形式上合法性的需要，另一方面也应考虑到法的安定性之要求，同时还应兼顾相对人信赖利益之保护。因此，违法行政行为的法律效果，并非一概无效，而是基于公共利益与个人利益的衡量，衡量的结果是这种违法行为的法律效果也有出现可撤销的可能。可见，20世纪的瑕疵理论开始放弃凡违法行政行为一概无效的传统一元瑕疵理论，承认通过利益衡量的方式区分违法行政行为效力究竟是无效或可撤销的二元瑕疵理论。

---

① ［奥］凯尔森：《纯粹法理论》，张书友译，中国法制出版社2008年版，第138—145页。

三　关于无效行政行为与可撤销行政行为的区分标准

随着二元瑕疵理论逐渐取代传统的一元瑕疵理论，那么，如何有效区分无效行政行为与可撤销行政行为就成为二元瑕疵理论必须面临的核心问题。关于无效行政行为与可撤销行政行为的区分标准，主要存在以下几种学说。

（一）不可能理论

此说系德国学者沃尔夫（Hans J. Wolff）提出。根据该理论，行政行为的内容如果在事实上根本不可能实现（事实上的不能），或者行政行为内容本身在根本上抵触法律（法律上的不能），则可认定该行政行为无效；反之，若行政行为仅因认定事实或适用法律过程中存在函摄错误或解释错误而存在瑕疵，由于这类瑕疵具有较大的争议，应由有权机关（行政复议机关或法院）予以认定较为适宜，故应保有其效力，但仍具有将来被有权机关撤销的可能。[①] 可见，该理论将行政行为无效区分为两种情形：事实上的不能与法律上的不能，如果行政行为出现以上两种情形，应当认定无效，反之，则为可撤销。所谓事实上的不能，系指行政行为所要求实现的内容在事理上绝无可能。例如行政机关下令拆除已全部倒塌的建筑物、强制理智上健全的人进入精神病院接受治疗或者给已经死去的人颁发营业执照等。所谓法律上的不能，系指行政行为在法律构成要件上不可能实现，即行政行为必须违反法律才有实现的可能。[②] 例如行政机关给从事赌博、卖淫的业主颁发营业执照；或者行政机关批准相对人走私、贩卖军火等物资。

不可能理论存在以下缺点。一是以近似于列举的方式阐述行政行为无效标准的认定，难以满足复杂多变的行政实务，容易犯以偏概全的错误。[③] 二是事实上的不能或法律上的不能，在概念和法律后果方面都很难明确区分，在实务操作上存在很大困难。三是该理论并没有研

① 翁岳生主编：《行政法》，中国法制出版社2002年版，第678页。

② ［德］汉斯·J. 沃尔夫、奥托·巴霍夫、罗尔夫·施托贝尔：《行政法》第二卷，高家伟译，商务印书馆2002年版，第84—86页。

③ 章剑生：《现代行政法基本理论》，法律出版社2008年版，第159页。

究严重的形式或程序瑕疵导致行政行为无效的情形，考虑问题并不全面。

（二）重大明显理论

此说系德国学者哈契克（J. Hatschek）提出。根据该理论，行政行为若存在特别重大、明显的瑕疵，一般理智、谨慎的市民依其一切足以斟酌的情况，在合理判断上均可辨别出瑕疵的存在，或诚如哈契克所言，罹患“在某种程度上犹如刻在额头上一般”明显的瑕疵，归于无效；[①] 反之，若未达重大、明显程度的瑕疵，依然有效，只是得撤销。

该理论的疑点在于，此说以瑕疵的“重大”与“明显”作为并列的两大支柱。然而，“重大”与“明显”本身系两个不确定的法律概念。何谓“重大”？何谓“明显”？并无纯粹客观的标准。所谓瑕疵的“重大”，是指行政行为的瑕疵，已经达到连信赖保护原则都无法为其辩护的程度，而必须使其无效。[②] 这里的“重大”，主要是基于个人权利价值与行政价值间的衡量。前者属于法治国家内个人正义理念的实现，后者属于现代行政在实现公益目的时，出于对行政权威的维护。瑕疵行政行为必须对法律价值的违背为相对人所无法忍受，且同时无法预期相对人能遵守该瑕疵行政行为时，才可认为有“重大”瑕疵，方得认定无效。[③] 至于瑕疵的“明显”，究竟应以何者为认定标准，学者间存在争议，主要有以下几种观点。

第一种：以当事人对全部事实已清楚地了解为准。例如学者 Bachof 认为，凡任何一个知道其具体事实的当事人均能立即认识其违法的，即系明显性。

第二种：以精通法律专业人士的认识为准。例如学者 Koehler 认为，凡任何一位法学专家都认得出的重大瑕疵，即为无效行政行为。

第三种：以公正且具有常识的平均观察者的认识能力为准。例如学

① Lehrbuch des deutschen und preussischen Verwaltungsrechts, 8. Aufl. , 1931, S. 102.

② 黄异：《行政法总论》，（台北）三民书局股份有限公司 2006 年版，第 113 页。

③ 例如行政机关在作出某一企业的设立许可时，为防止该企业对周边环境的污染，要求企业主装置一套绝对有效的空气过滤设备，但依当时的科学技术水准，根本不可能被完成，此时可认定该行政行为存在重大瑕疵。

者 Heike 认为，无效行政行为的瑕疵必须以任何人均能立即认得出来为准，然而，这并不意味着以各个相对人的不同认识能力为基准，而是以细心且有常识的平均观察者（一般人）可得认识的能力为基准。

瑕疵的“明显性”应以何种标准认定？若以相对人的认识能力为准则过于主观（因为各个相对人的认识能力是不一样的，对于不同的相对人必然会得出不同的结论）；若以精通法律的法学家的认识标准加以判断，则会将无效行政行为的范围过分扩大（此时可撤销行政行为也可能被划入无效行政行为范畴内）。因此，确定明显瑕疵的标准既不是相对人的主观想象，也不是受过训练的法学家的认识能力，而是一个典型的、理智的公民（公正且具有常识的平均观察者）的认识。尽管如此，明显瑕疵并不总是“明显”。在具体案件中，关于行政行为是否明显并且严重违法，完全可能发生争议。① 另一个存在争议的问题是，行政行为存在的瑕疵是必须自始明显，还是包括一些隐性的瑕疵？有学者认为，自综合考虑全案情况发现的瑕疵也导致行政行为无效。如果当事人认识到这种隐性的严重瑕疵，不能期望他临时服从行政行为，这种隐性的严重瑕疵也可导致行政行为无效。②

通常情况下，为保证既有法律关系的稳定性，体现作出行政行为的行政机关之公信力，即使行政行为存在瑕疵，仍然承认其具有相应的法律效力；但行政行为倘存在重大且明显的瑕疵，此时仍然承认该行政行为的法律效力将违反法的实质正当性原则。③

围绕重大明显说，尤其在如何理解明显性方面，在日本行政法学界又存在两种学说。④

其一，外观上一目了然明显说。对于当然无效行政行为的判断基准问题，日本最高法院于 1956 年 7 月 18 日在一项大法庭判决中提出了明

---

① 参见［德］哈特穆特·毛雷尔《行政法学总论》，高家伟译，法律出版社 2000 年版，第 251 页。

② 参见［德］汉斯·J. 沃尔夫、奥托·巴霍夫、罗尔夫·施托贝尔《行政法》第二卷，高家伟译，商务印书馆 2002 年版，第 84 页。

③ ［德］哈特穆特·毛雷尔：《行政法学总论》，高家伟译，法律出版社 2000 年版，第 251 页。

④ 应松年主编：《四国行政法》，中国政法大学出版社 2005 年版，第 259—260 页。

显且重大的违法性基准，之后，最高法院分别于 1959 年 9 月 22 日、1961 年 3 月 7 日和 1962 年 7 月 5 日的三项判决中进一步将该基准具体明确化。概括而言，最高法院的这些判例指出所谓明显性的要件主要是：（1）所谓构成无效原因的重大、明显的违法性属于错误认定处分要件范围中的违法性；（2）是否明显的判断基准时是行政处分成立时；（3）所谓明显性是指外形上客观上的明显，即依任何人的判断都基本能够得出同一程度结论的明显性；（4）判断是否具有上述的明显性与行政厅是否因懈怠而忽视了应该调查的资料无关；（5）同样，上述判断与处分的相关人员是否知道行政厅的处分具有违法性无关。

其二，客观明显说。客观明显说具有对上述外观上一目了然明显说的批判倾向，在一定程度上缓和了明显性的要求。1961 年 2 月 12 日，东京地方法院在一个判决中提出了这项主张。该判决认为，在认定是否具有违法性方面，不能只限定在即使不作任何调查也能够认定基础事实的范围，还需要将此范围作少许扩张，即即使对事实进行稍许的调查就可知晓存在违法性的情况也归入存在明显性要件范围。这样，该判决将稍许进行调查就明显的事实与即使不作调查也明显的事实置于同列的位置。

在判断明显性要件之外，违法的重大性也是确认当然无效的要件之一。日本行政法在通常情况下将行政厅的越权行为、对行政厅完全不具有意思的行为、没有以书面方式表现应该以书面方式表现的行为、缺乏相对人申请的依申请行为、未被告知的行为、欠缺法律上要求的理由附记或听证的行为、法律上或事实上不能实现的行为以及内容不明确的行为等均视为存在重大违法的行为。

（三）最低要件标准说

依据该理论，行政行为只有具备某些最基本的要件（最低要件），才能认定其是有效的行政行为；[①] 反之，若行政行为连这些最基本的要

① 有效的行政行为包括形式有效的行政行为与实质有效的行政行为两种。其中，形式有效的行政行为包括可撤销的行政行为以及经有权机关宣告后确定无效的行政行为；实质有效的行政行为是指合法行政行为。

件都不具备，则可判断该行政行为无效。所谓最低要件，是指作成裁决能力的行政机关，对个别事件以书面所作的意思表示。① 然而，最低要件具体指什么？该学者并未具体指明。其实，最低要件也无法加以具体明确化，因为不同类型的行政行为可能需要的最低要件并不一样，由此可见，最低要件本身应当属于不确定法律概念。那么，如何确定最低要件？需要在法的安定性与法的正确性之间寻求平衡。如果过于强调法的安定性，那么最低要件的标准应当降低，此时无效行政行为趋于减少；反之，如果过于强调法的正确性，那么最低要件的标准应当提高，此时无效行政行为趋于增多。②

（四）概念论

该理论认为，瑕疵行政行为的法律效果应就法之内在意义、目的、作用为合理的解释，因此应从瑕疵的内部性质上来区分其是否为无效或可撤销，亦即从规定行政行为要件之法规性质探求其区分标准。约可分为两种。

第一种：Walter Jellinek 将法律分为强行性法规与非强行性法规，瑕疵行政行为是否为无效或可撤销，应视其所欠缺的要件在法律上是否重要而定。若其违反强行性法规之规定者，应为无效；反之，则为可撤销。此外，又将法规要件分为本质的与非本质的，而所谓无效行政行为，系欠缺本质要件时始能成立。反之，则不成立。③

第二种：日本学者美浓布达吉将法律分为能力规定与命令规定，行政行为若违反能力规定者无效；若违反命令规定者，则为可撤销。所谓能力规定，是指以法律上之力或否认法律上之力的规定，违反此种发生特定法律上之力的规定，行政行为之效力必不能发生，应属无效。所谓命令规定，是指命令为某事或不为某事之规定，其所生之效果，仅为服从其命令之义务，义务人违反该命令时，纵有责任，但对

---

① 吴庚：《行政法之理论与实用》（增订八版），中国人民大学出版社 2005 年版，第 252—253 页。

② Vgl. L. Adamovich, Handbuch des österreich. Verwaltungsrechts, 5. Aufl., Bd. 1, 1954, S. 222.

③ Vgl. W. Jellinek, Gestetz Gesetzesanw endung und Zweckmässigkeitserwägung, 1913. S. 209.

其法律上之效力并无直接影响；行政行为若违反命令规定，并非当然无效，仅为可撤销。[①]

以上两种见解皆主张从规定行政行为要件之法规性质及重要性着眼，以其程度轻重作为区别无效与可撤销之标准。然而，何为强行性法规，何为非强行性法规，事实上很难认定。正如美浓部达吉所言："法令之规定，究属命令规定或能力规定，实为各个场合之解释问题，应按照事件之性质与条理决之，概括言之，能力之规定仅依法律或基于法律委任之命令而定；而一般命令仅能规定命令规定，而不及于能力规定。"[②] 归纳其含义，其意思为：违反能力规定者为无效的原因，不遵守命令规定者为可撤销之原因，换言之，亦即违反无效原因之法规时为无效；违反撤销原因之法规时，则为可撤销。[③] 其实为毫无内容的循环理论，并不能从根本上解决问题。

（五）目的论

该说认为，无效行政行为与可撤销行政行为之间的区分应依据行政行为的性质并斟酌行政行为的目的而定。在考虑行政行为法律效果时，必须兼顾法的安定性、相对人信赖利益保护以及公平原则。当行政行为存在瑕疵时，是否让国家忍受负担而对相对人或有利害关系的第三人信赖利益加以保护？抑或牺牲相对人或第三人信赖利益而维护公共利益？对此即发生利益分配上的问题。例如学者 Jèze 认为，瑕疵行政行为法律效果的认定，需就三种情形，即公共利益、相对人利益以及有利害关系的第三人利益加以比较衡量。有时甚至为保护第三人利益更应限制行政行为无效的法律效果。[④] 因此，决定瑕疵行政行为法律效果的主要因素，不仅取决于瑕疵本身是否重大，还应权衡各种相关利益的优先次序。学者 Hippel 认为，除考虑上述三种利益之间的比较衡量之外，也应兼顾行政行为作出的目的及与此有关的一切情事，才能决定该瑕疵行政行为的法律效果竟为无效还是可撤销。当然，在具体判定时，应依行政行为所

---

① ［日］美浓部达吉：《行政法摘要》上卷，有斐阁 1941 年版，第 106 页。

② ［日］美浓部达吉：《行政法摘要》上卷，有斐阁 1941 年版，第 112 页。

③ ［日］柳赖良干：《行政行为の瑕疵》，河出书房 1943 年版，第 123 页。

④ ［日］田中二郎：《行政行为论》，有斐阁 1944 年版，第 28 页。

涉的具体法规以及具体的个案而定。只有当该行政行为已因其瑕疵而无存在价值时，始得认定无效，否则，尽可能将其视为有效，亦即可撤销。[①]

目的论主张应依行政行为的目的及有关个案的具体情形来衡量行政行为所涉的各种利益之状况，进而决定瑕疵行政行为的法律效果究为无效或可撤销。相比其他理论，目的论似乎更能适应个案的具体情况，具有一定的灵活性。然而，该理论缺乏具体的可操作性，同时也会导致同样情况不同处理，从而有违平等原则。[②]

通观上述有关无效行政行为与可撤销行政行为认定标准的各种学说，不可能理论仅以法律上或事实上的不可能来认定无效行政行为，很容易犯以偏概全的错误，显然不可取；最低要件标准说过于抽象，况且，最低要件如何确定？尚无具体的标准，亦不可取；概念论从行政行为欠缺法规要件之性质及重要性着眼，以其作为区别无效与可撤销之标准。然而，如何认定强行性法规与非强行性法规？本质规定与非本质规定、能力规定与命令规定？其本身具有较强的专业性，行政相对人很难具备此方面的判断能力；目的论主张应依个案情形并结合行政行为的目的以及相关的利益衡量予以具体判定，此说虽具有一定的合理性，但由于不具备一般标准应当具有的预测性，往往造成同样案件不同处理，有违平等原则，对法的安定性也是一种极大的破坏。相比之下，重大明显理论对于无效行政行为的认定标准不仅严格得多，而且相对具体，对行政相对人的认识能力而言也较为适合。重大明显理论要求行政行为必须具有瑕疵“重大”且“明显”两个要件，方能认定该行政行为无效，该说以具有“一般理智的人”的认识能力来判断瑕疵本身是否明显，具有切实的可能性。尽管“重大”“明显”本身属不确定法律概念，但相对其他标准来说，重大明显理论仍具有相对的具体性。目前，在大陆法系国家，无论在立法，还是理论方面，重大明显理论在各种学说中均已处于通说地位。立法方面，《联邦德国行政程序法（1976 年）》第 44 条第 1 款规

① ［日］田中二郎：《行政行为论》，有斐阁 1944 年版，第 15—17 页。

② Vgl. Ossenbühl, Die Rücknahme fehlerhafter begünstigender Verwaltungsakt, 1965, S. 38.

定，“行政行为具有严重瑕疵，该瑕疵按所考虑的一切情况明智判断属明显者，行政行为无效。”可见，联邦德国行政程序法对无效行政行为的认定标准采用的是重大明显理论。理论方面，学者亦倾向于明显理论。例如日本学者南博方认为，“如果行政厅在认定行为要件的主要问题上存在重大的失误，并且，该重大的失误达到了在行为的外观上、客观上一目了然的程度的情况下，则判其为无效也不至于损害相对方及一般公众对行政行为的信赖。这样，只要是从信赖保护的立场来看，仅有行政行为存在重大的瑕疵还不够，还必须是该瑕疵在外观上一目了然时，方构成无效。”① 德国学者平特纳认为，“只有在行政行为的瑕疵严重和明显到这种程度，没有人会认为它正确，因其明了而不言而喻地会引致采取反对措施时，才存在无效。无效性在行政行为中必须‘明显得让人一目了然’”。②

四　大陆法系国家行政行为瑕疵理论对我国的借鉴意义

（一）我国有关行政行为瑕疵的立法现状

我国在行政行为瑕疵立法方面主要存在以下几点不足。

1. 无效行政行为与可撤销行政行为未作区分，两者在适用程序上发生混淆。

由于我国采取类似于英美法系国家的“一元化”模式，行政立法对无效行政行为与可撤销行政行为未作具体区分。然而，无效行政行为与可撤销行政行为显然不同。无效行政行为是指存在重大明显违法的行政行为，无效行政行为自始至终不具有任何法律效力；可撤销行政行为是指存在一般违法但违法程度尚未达到重大明显程度的行政行为。可撤销行政行为自成立时起具有法律效力，只是在被有权机关撤销后才失去法律效力而已。然而，在我国法律中，无效行政行为与可撤销行政行为未作区分，经常将

---

① ［日］南博方：《行政法》（第六版），杨建顺译，中国人民大学出版社 2009 年版，第 54 页。

② ［德］G. 平特纳：《德国普通行政法》，朱林译，中国政法大学出版社 1999 年版，第 137 页。

两者混同使用。例如我国《行政处罚法》（2017 年修正）[①] 第三条第（二）款规定："没有法定依据或者不遵守法定程序的，行政处罚无效。"此处的"无效"并非一概指重大明显违法而无效，亦包括行政行为因一般违法"可撤销"。[②]

我国《行政诉讼法》虽然规定了确认无效判决与撤销判决，由于理论上并未将无效行政行为与可撤销行政行为予以区分，导致确认无效诉讼与撤销诉讼适用同一程序。在大陆法系国家，确认无效诉讼程序与撤销诉讼程序存在显著差别。确认无效诉讼程序，仅适用于相对无效的行政行为而言，由于无效行政行为自始至终不具有任何法律效力，因此，确认无效诉讼程序没有法定争讼时限的限制，相对人可随时提起确认无效诉讼；不仅如此，任何法院（包括行政法院和普通法院）均可受理确认无效诉讼。撤销诉讼程序，则适用于可撤销行政行为而言，由于可撤销行政行为在未经撤销前具有法律效力，具有形式确定力和实质确定力，相对人提起撤销诉讼时必须受法定时效的限制，超过法定期限，法院将不予受理，当事人也不得就此事件再行争执。并且，相对人提起撤销诉讼，仅能向有管辖权的行政法院起诉，普通法院无权受理。[③] 可见，在大陆法系国家，确认无效诉讼与撤销诉讼是完全不同的两种诉讼程序。然而，在我国法律中，经常将确认无效诉讼与撤销诉讼适用同一程序。例如我国《专利法》（2020 修正）第四十五条规定："自国务院专利行政部门公告授予专利权之日起，任何单位或者个人认为该专利权的授予不符合本法有关规定的，可以请求国务院专利行政部门宣告该专利权无效。"此处当事人仅能通过"请求"的方式使该专利被宣告"无效"，显然这种规定是针对可撤销行政行为，而非针对存在重大明显瑕疵的无效

---

① 1996 年 3 月 17 日第八届全国人民代表大会第四次会议通过，根据 2017 年 9 月 1 日第十二届全国人民代表大会常务委员会第二十九次会议《关于修改〈中华人民共和国法官法〉等八部法律的决定》第二次修正。

② 不过，最新的《行政处罚法》（2021 修正）对此进行了修订。《行政处罚法》（2021 修正）第三十八条规定："行政处罚没有依据或者实施主体不具有行政主体资格的，行政处罚无效。违反法定程序构成重大且明显违法的，行政处罚无效。"很显然，这里的"无效"仅指重大明显违法。

③ 金伟峰：《我国无效行政行为制度的现状、问题与建构》，《中国法学》2005 年第 1 期。

行政行为而言。此时则是将确认无效适用于可撤销程序，显然混淆和模糊了两者的界限。

2. 立法上“无效”一词的含义模糊，存在多重含义。

（1）指存在重大明显瑕疵（违法），此时行政行为自始、确定、当然无效。例如《行政诉讼法》（2017 修正）第七十五条规定：“行政行为有实施主体不具有行政主体资格或者没有依据等重大且明显违法情形，原告申请确认行政行为无效的，人民法院判决确认无效。”此时的“无效”是指存在重大明显违法。

（2）仅指一般意义上的违法，既包括无效行政行为，也包括可撤销行政行为。例如《中华人民共和国税收征收管理法》（2015 修正）第三十三条规定：“纳税人依照法律、行政法规的规定办理减税、免税。地方各级人民政府、各级人民政府主管部门、单位和个人违反法律、行政法规规定，擅自作出的减税、免税决定无效，税务机关不得执行，并向上级税务机关报告。”此时的“无效”应指一般意义上的违法，即广义上的无效，既包括一般违法（可撤销），也包括重大明显违法（无效）。

（3）指行政行为因被撤销、废止、确认等而失去法律效力，仅指行政行为消灭后的自然效果。例如《政府制定价格听证办法》（2018）第三十一条规定：“定价机关制定定价听证目录内商品和服务价格，未举行听证会的，由本级人民政府或者上级政府价格主管部门宣布定价无效，责令改正；对直接负责的主管人员和其他直接责任人员，依法给予行政处分。”此时的“无效”是指违法行政行为因被有权机关确认后失去法律效力。

（4）指因有效期限届满而失效。例如《消毒产品生产企业卫生许可规定》第十七条规定：“消毒产品生产企业未按照规定申请延续、省级卫生行政部门不予受理延续申请或者不准予延续的，卫生许可证有效期届满后，原许可无效。”此时的“无效”是指许可期限届满后许可证失去法律效力。

3. 用其他词语代替真正意义上的“无效”（重大明显违法）。

我国立法中往往通过其他词语代替真正意义上的“无效”（重大明

显违法），例如《行政处罚法》（2021修正）[①] 第七十条规定："行政机关及其执法人员当场收缴罚款的，必须向当事人出具国务院财政部门或者省、自治区、直辖市人民政府或者省、自治区、直辖市人民政府财政部门统一制发的专用票据；不出具财政部门统一制发的专用票据的，当事人有权拒绝缴纳罚款。"此时是用"有权拒绝"代替严格意义上的"无效"（重大明显违法）。又如：《中华人民共和国安全生产法》（2021修正）第五十四条第（一）款规定："从业人员有权对本单位安全生产工作中存在的问题提出批评、检举、控告；有权拒绝违章指挥和强令冒险作业。"此时是用"有权拒绝"代替严格意义上的无效（重大明显违法）。《中华人民共和国道路交通安全法》（2021修正）第一百零八条规定："当事人应当自收到罚款的行政处罚决定书之日起十五日内，到指定的银行缴纳罚款，对行人、乘车人和非机动车驾驶人的罚款，当事人无异议的，可以当场收缴罚款。罚款应当开具省、自治区、直辖市财政部门统一制发的罚款收据；不出具财政部门统一制发的罚款收据的，当事人有权拒绝缴纳罚款。"此时也是用"有权拒绝"代替严格意义上的"无效"（重大明显违法）。

（二）大陆法系国家行政行为瑕疵理论对我国的启示

以上可知，我国行政立法上对于"无效"行政行为的含义还存在不同理解，使得"无效"并非仅指大陆法系国家所谓"存在重大明显瑕疵的行政行为"这一特定内涵，也未有无效行政行为与可撤销行政行为之分，导致行政诉讼法虽然规定了确认无效判决与撤销判决，但却适用同一程序，并未将两种诉讼程序作准确的区分。更为关键的问题是，我国立法上尚无完善的无效行政行为认定标准（虽然新修订的行政诉讼法已经规定了认定无效行政行为的"重大明显"标准，[②] 但也仅是权宜之计，

---

① 1996年3月17日第八届全国人民代表大会第四次会议通过，根据2017年9月1日第十二届全国人民代表大会常务委员会第二十九次会议《关于修改〈中华人民共和国法官法〉等八部法律的决定》第二次修正。2012年1月22日第十三届全国人民代表大会常务委员会第二十五次会议修订。

② 关于无效行政行为的认定标准，我国行政诉讼法第七十五条已有所规定。《行政诉讼法》（2017修正）第七十五条规定："行政行为有实施主体不具有行政主体资格或者没有依据等重大且明显违法情形，原告申请确认行政行为无效的，人民法院判决确认无效。"

并未将其作为一项专门的无效行政行为制度，更是缺乏理论与司法实务界等专家、学者充分合理的论证），使得我国司法实务部门在如何认定无效行政行为时存在诸多迷惑，如何有效地认定无效行政行为则是我国立法及其司法实务上亟待解决的问题。对此，我国应借鉴大陆法系国家立法的成功经验，将无效行政行为在形式上分为相对无效与绝对无效两种。可以采取概括式和列举式相结合的方式来确定无效行政行为的认定标准。概括式就是对无效行政行为的基本含义作一抽象性规定，以归纳无效行政行为应当具备的基本特征（此谓相对无效），亦即确立无效行政行为的一般标准。列举式是指在立法中明文列举存在无效行政行为的具体情形（此谓绝对无效），亦即确立无效行政行为的具体标准。

借鉴德国行政程序法有关行政行为无效制度的专门规定，关于我国无效行政行为的认定标准可作如下设计。

无效行政行为始终不产生效力。（规定无效行政行为的法律效果）

行政行为具有严重瑕疵，该瑕疵按所考虑的一切情况明智判断属明显者，行政行为无效。（规定相对无效的认定标准是“重大且明显”违法）

行政行为具有下列各款情形之一的，无效：（规定绝对无效的认定标准）

①不能由书面行政行为中得知行政主体的。

②行政行为仅以交付一定的证书方式作出，而未交付证书的。

③内容对任何人均属不能实现的。

④行政行为的完成以违法行为为要件，该违法行为构成犯罪的。

⑤内容违背公共秩序、善良风俗的。

⑥未经授权而违背法律有关专属管辖之规定或缺乏事务权限的。

⑦其他具有重大明显瑕疵的。

第三章　行政行为撤销的概念界定

行政行为撤销的概念是本书研究的逻辑起点，任何概念在不同情景、不同状态下均有其特定的内涵，我们的目的就是通过比较发现它们的共同特征，从而提炼该概念的本质。行政行为撤销概念在大陆法系国家或地区研究得较为普遍，因此，比较借鉴大陆法系国家或地区对行政行为撤销概念的实践和做法不失为一条合理的路径。

第一节　大陆法系国家行政行为撤销的概念

一　大陆法系国家行政行为撤销的概念界定

行政行为的撤销，是大陆法系国家或地区行政法学中的一个重要概念。在德国，行政行为的撤销，系指原作成行政行为的行政机关，在法律救济程序和监督程序之外，消除违法行政行为的效力。[①] 在法国，行政行为的撤销，系指行政机关取消原来的决定，被撤销的决定从其成立时起丧失效力，视为自始没有发生效力。有撤销权的机关是原处理的机关和对该行政处理有监督权的机关。[②] 在日本，有学者认为，行政行为的撤销，是指由于行政行为而形成、消灭法律关系时，该行政行为具有瑕疵，因而撤销该行政行为，以使法律关系恢复原来状态，并认为撤销

① ［德］汉斯·J. 沃尔夫、奥托·巴霍夫、罗尔夫·施托贝尔：《行政法》，高家伟译，商务印书馆2002年版，第115页。

② 王名扬：《法国行政法》，北京大学出版社2007年版，第130页。

就是消灭现有的法律状态，使原有法律状态复原。在这种情况下，撤销行为本身在性质上也属行政行为。[①] 亦有学者认为，行政行为的撤销是为了使有瑕疵的行政行为失去效力。即行政厅依据职权，以行政行为成立之时就存在（违法或不当）瑕疵为理由而使该有效的行政行为失去效力的行为。[②]

二　大陆法系国家行政行为撤销概念的区分

由上述关于行政行为撤销的定义可知，大陆法系国家或地区的行政行为撤销概念均指有权机关依职权取消违法行政行为的效力，但在撤销的主体上则存在一定区别：其中，法国、日本的行政行为撤销概念，其撤销主体均为有正当权限的机关，包括作成原行政行为的机关以及有监督权的机关。而德国的行政行为撤销概念，其撤销权主体仅限于作成原行政行为的机关，有监督权的机关则不包括在内。亦即是说，法国、日本的行政行为撤销，既包括行政主体依职权撤销（系作出行政行为的主体若发现行政行为存在违法情形，主动依职权撤销自己之前所做的违法行政行为），亦包括行政复议机关的撤销（系行政复议机关通过行政复议程序对违法行政行为的撤销）和行政争讼撤销（系法院通过行政诉讼程序对违法行政行为的撤销）。而在德国，行政行为撤销，仅指行政主体依职权撤销自己之前所做的违法行政行为。

第二节　我国行政行为“撤销”的含义

一　本书所指行政行为撤销的含义

在我国，对于行政行为撤销的概念，不仅理论界存有分歧，而且在立法上也包含多重含义。关于行政行为撤销的概念，国内学者说法不一，有的从广义来界定撤销的概念，有的则从狭义来界定撤销的概念。广义

---

① ［日］盐野宏：《行政法》，杨建顺译，法律出版社 1999 年版，第 119—128 页。

② ［日］室井力主编：《日本现代行政法》，罗微译，中国政法大学出版社 1995 年版，第 112 页。

说包括两种：最广义说与相对广义说。主张最广义说的学者认为，行政行为撤销系指有权机关针对违法或明显不当的行政行为，取消其效力的法律制度。[①] 包括行政主体依职权所进行的撤销；立法机关针对法律、法规所进行的撤销以及有权机关（包括行政复议机关和有管辖权的法院）依相对人申请所进行的撤销等。主张相对广义说的学者认为，撤销在法理上可分为职权撤销与争讼撤销。前者是由行政机关主动依职权所进行的撤销，后者则是有权机关（包括行政复议机关和有管辖权的法院）依相对人申请所进行的撤销。[②] 主张狭义说的学者认为，行政行为的撤销，是指行政机关针对违法且又没有达到无效的行政行为作出的一种取消该违法行政行为效力的行为。[③] 由此可知，狭义说的撤销概念仅指职权撤销，即作出原行政行为的行政主体主动依职权撤销自己所作的违法行政行为。另有相对狭义说（不过，在我国尚未有学者提出），主张相对狭义说的学者认为，行政行为的撤销，是指就已有效成立的行政行为，因其具有撤销的原因，由正当权限机关依申请或依职权另以行政行为予以撤销，使其不发生效力，或撤销已发生的效力，而恢复其未作出前的状态。[④] 可见，相对狭义说的撤销概念包括行政主体依职权撤销以及行政复议机关依行政复议程序所进行的撤销，但不包括法院依行政诉讼程序所进行的撤销。

本书研究的行政行为撤销，仅指狭义的撤销即职权撤销，是指行政主体针对违法或明显不当的行政行为，主动依职权取消其效力的行为。依此界定，行政行为撤销具有如下法律特征。

1. 撤销必须以行政行为违法为前提。对于作成时违法的行政行为，由于不符合法律规定，自应予以撤销，以恢复其合法性。这里的违法，是以行政行为作成时为准，而非以撤销时为准。

2. 撤销的主体必须是具有撤销权的行政主体。亦即作出原行政行为的行政主体以及具有撤销权的上级行政主体。行政主体依职权撤销违法

---

① 参见胡建淼《行政法学》（第三版），法律出版社 2010 年版，第 177—178 页。

② 参见姜明安主编《行政法与行政诉讼法》，法律出版社 2003 年版，第 195 页。

③ 参见章剑生《现代行政法基本理论》，法律出版社 2008 年版，第 170 页。

④ 参见张家洋《行政法》，（台北）三民书局股份有限公司 2002 年版，第 500—501 页。

行政行为，一般情况下由原作出行政行为的行政主体（依职权）予以撤销，但若原行政主体因职能调整而不复存在的情形下，可由具有撤销权的上级行政主体（依职权）予以撤销。

3. 撤销行为本质上仍是行政行为。撤销不仅针对行政行为，而且其自身也是行政行为。撤销行为本身完全符合行政行为的构成要件，且遵循新的行政程序作成，在本质上应是一个独立的行政行为。撤销行为原则上与被撤销的行政行为适用相同的管辖权、方式及程序规定。

4. 撤销的效力原则上溯及既往，例外情形下，撤销的效力也可不溯及既往。行政行为的撤销，以发生溯及既往效力为原则，经撤销后法律关系恢复到行政行为未作出前的状态，等同于行政主体未作出任何行政行为。但在例外情形下，若溯及既往将对相对人信赖利益及公共利益形成不适当的侵害时，则为维护公益及法律关系的稳定，可以使撤销的效力向后发生。

5. 撤销既可以是行政行为的全部，也可以是行政行为中可分的一部分。行政行为若全部违法，行政机关可以全部撤销，经撤销后原行政行为全部失效。反之，行政行为若仅有部分违法，行政主体可以针对此部分违法行为予以撤销，经撤销后仅被撤销部分的违法行为失效，其他部分仍为有效。但撤销部分违法行为，必须具备一前提条件，即该行政行为必须具有可分性。行政行为可分性包括内容上的可分与时间上的可分。内容上的可分在实践中表现为行政行为的变更。例如，对原来针对违章建筑物的拆除命令可以限于拆除该建筑物的一部分。时间上的可分主要针对行政行为的效力期间，且只能适用于持续效力的行政行为。[①] 例如，对存在夜盲症患者的人员申请机动车驾驶证，行政机关要求其必须白天驾驶，晚上休息。

6. 撤销必须由行政主体主动依职权进行。行政主体依相对人申请所进行的行政复议撤销则不能包括在内。

---

① ［德］哈特穆特·毛雷尔：《行政法学总论》，高家伟译，法律出版社2000年版，第272—273页。

二　相关概念的厘清

行政行为撤销概念经常与以下概念相混淆，因此有必要予以区分。

（一）职权撤销与争讼撤销

职权撤销即指本文所指的撤销，其与争讼撤销应该加以区别。所谓争讼撤销，是指有权机关（包括行政复议机关和有管辖权的法院）依相对人申请所进行的撤销。职权撤销与争讼撤销，在许多方面存在不同之处。

1. 争讼撤销审查的对象是行政行为的违法性，若争讼机关在审查过程中发现行政行为违法，即符合撤销要件的，争讼机关应当撤销；职权撤销，虽以行政行为违法为前提，但违法仅是行政机关裁量是否撤销时众多考虑因素之一，行政机关仍需考虑相对人信赖利益、撤销所维护的公共利益以及法的安定性所体现的利益等因素综合裁量决定是否撤销，并非行政行为违法必然导致撤销。

2. 争讼撤销，若经审理后，被争讼的行政行为符合撤销要件的，争讼机关应当判决撤销，对此并无裁量权；职权撤销，即使该违法行政行为具备撤销要件，行政主体仍可在撤销与变更间作出选择，即是否撤销由行政机关裁量决定。

3. 争讼撤销一般受争讼期间限制，相对人必须在法定期间内请求法律救济，否则将丧失其权利；职权撤销，原则上行政主体行使撤销权并无时间限制，即使行政行为已过争讼期间，行政主体仍然可以维护重大公共利益为由撤销原行政行为。

4. 争讼撤销，其程序较严格、正式；职权撤销，其程序相对宽松。对于争讼撤销，具有裁判权的是客观中立的第三方，而且当事人之间可以相互辩论、陈述事实、说明理由，程序比较严格、正式；对于职权撤销，具有裁判权的则是作为当事人一方的行政主体，并就自己案件作出决定，难以保证决定的客观、公正。因此，争讼撤销的效力要强于职权撤销的效力。

5. 争讼撤销，其效力原则上溯及既往；职权撤销，其效力可能溯及既往，也可能为保护相对人信赖利益经行政主体裁量决定后不溯及既往。

（二）行政行为的撤销与行政行为的废止

行政行为的废止，系指行政主体合法作出行政行为之后，由于客观情况的变化，使得该行政行为不再适应新的情况，便依职权决定停止该行政行为的往后效力。[①] 撤销与废止均属行政主体依职权作出的行政行为，但二者存在以下不同。

1. 对象不同。撤销的对象是违法行政行为；废止的对象则是合法行政行为。值得注意的是，这里的违法或合法应以行政行为作成时为准，而非以行政行为撤销或废止时为准。

2. 法律效果不同。撤销主要系针对作成时违法的行政行为，撤销发生溯及既往效力，撤销后行政行为的法律效果恢复到未作出前的状态；废止主要针对成立时合法的行政行为，仅因其后事实或法律状态的变更，使之不宜继续存在下去，故原则上废止的效力只面向未来发生，废止之前行政行为的法律效果则不受影响。

3. 目的不同。撤销的目的在于纠正错误，恢复行政行为形式上的合法性；废止的目的则是使行政行为适用新的客观情况。如果原来合法的行政行为因作为其根据的事实或法律状态发生变化，使其缺乏继续存在下去的理由时适用废止。

4. 从依法行政原则追求合法性的角度加以比较，违法的行政行为应以撤销为原则，而合法的行政行为则应以存续不加以废止为原则。

5. 撤销与废止的作用均在于排除原行政行为的效力，但从结果上看，撤销原则上在于消灭违法行政行为的效力；废止由于针对作成时合法的行政行为，故废止效力不溯及既往，废止目的在于终止行政行为的效力。

（三）行政行为的撤销与行政行为的撤回

行政行为的撤回，系指行政主体作出行政行为以后，发现该行为违法或不当，便依职权收回该行政行为，使社会关系回归到未作出该行政行为的状态。行政行为的撤销与撤回在某些方面存在共同点，例如无论行政行为撤销或撤回与否，行政主体均享有裁量权，即使撤销或撤回负

---

① 胡建淼：《行政法学》（第二版），法律出版社 2005 年版，第 217 页。

担行政行为时也不例外；撤销的效力一般溯及既往，但撤销有时也可向将来生效，此时，撤销的作用如同撤回；撤销与撤回均可由原作出行政行为的行政主体行使；无论撤销还是撤回，均由行政主体主动依职权为之。然而，撤销与撤回也存在区别。

1. 从对象上看，撤销的对象仅仅是一般违法或不当的行政行为，而撤回的对象除包含了作出时违法或不当的行政行为之外，也包含了在作出时合法的行政行为，这里行政行为之所以被撤回是因为行政行为若继续存续已不符合公益目的。

2. 从法律效果上看，撤回的法律效果随撤回对象的不同而不同。若撤回针对的是作出时违法或不当的行政行为时，撤回的效力溯及既往，其法律效果恢复到行政行为未作出前的状态；当撤回针对的是合法的但不合情事变更的行政行为时，撤回的效力不能溯及既往，原则上只能向将来发生；撤销原则上溯及既往生效，使原行政行为的法律效果恢复到行政行为未作出前的状态。

3. 从主体上看，撤销除由原作出行政行为的行政机关行使之外，上级行政机关也可行使撤销权；撤回则只能由原作出行政行为的行政机关依职权行使。这是因为撤回行政行为的目的在于使行政行为适应新情况，因此，撤回权不属监督权，不应由行政监督主体行使，而应由原行政机关行使。① 而且，从性质上看，行政行为的撤回与重新作出同一行政行为相同，应该归属于原行政主体的专属管辖，其他任何行政机关均不得行使。②

（四）行政行为的撤销与行政行为的无效

行政行为的无效，系指存在重大明显瑕疵，自始不产生法律效力的行政行为。所谓瑕疵的“重大”，系指行政行为欠缺法定要件，而此要件依据法规的目的、意义及作用，为该行政行为的重要要件，若行政行为欠缺该要件即具有重大的瑕疵。③ 所谓瑕疵的“明显”，系指行政行为

① 参见杨登峰《论合法行政行为的撤回》，《政治与法律》2009 年第 4 期。

② 参见姜明安主编《行政法与行政诉讼法》，法律出版社 2003 年版，第 197 页。

③ 参见江利红《日本行政法学基础理论》，知识产权出版社 2008 年版，第 448—450 页。

的瑕疵在外形上能被任何人一见即可认识的程度。[①] 行政行为的撤销与无效均在于否定行政行为的效力，但二者存在本质上的区别。

1. 对象不同。撤销所针对的对象是存在一般瑕疵的行政行为；无效所针对的对象是存在重大明显瑕疵的行政行为。

2. 行政行为的无效即自始至终不具有法律效力，而撤销使行政行为在被撤销之后才失去法律效力，尽管这种失效可以一直追溯到行政行为作出之时，但行政相对人却在撤销决定作出之前一直在受该行政行为的约束。

3. 在判断的主体上，对于无效行政行为，一般行政机关及法院均可以独立见解判断其无效，对于撤销的行政行为，仅能由有正当权限的机关加以撤销，一般机关及个人不得随意否定其效力。

4. 对于撤销的行政行为，相对人在该行政行为被撤销前，必须予以遵守；对于无效行政行为，相对人无须遵守，当被强制执行时，相对人有相应的抵抗权。如果无效行政行为被执行的，相对人可以要求有关机关对已执行的财产或物予以返还。

（五）行政行为的撤销与行政行为的失效

行政行为的失效，是指因一定事由的出现，行政行为自然地往后失去效力的现象。行政行为的失效具有两个主要特点：客观自然性以及效力的无溯及性。行政行为的撤销与行政行为的失效均作为行政行为消灭的一种形态，两者之间存在以下差别。

1. 行政行为的撤销由行政主体主动依职权消灭原行政行为的效力，使其在效力上彻底失去效力；行政行为的失效则是因客观事实的发生自然导致行政行为效力的消灭。

2. 法律效果不同。行政行为的撤销，其效力一般溯及既往，被撤销行政行为的法律效果恢复到未作出前的状态；行政行为的失效原则上效力不溯及既往，只是向将来发生。

三　我国行政行为“撤销”的含义

行政行为撤销概念不仅在我国理论界存有分歧，而且在立法上也存

① 参见江利红《日本行政法学基础理论》，知识产权出版社2008年版，第448—450页。

在多种含义，并且各种含义之间甚至差别很大。归纳我国法律、法规中有关“撤销”一词的含义，主要有以下几种。

（一）私法上的撤销

私法上的撤销，即指民法上有关意思表示的取消或民事法律行为（事实）的消灭。例如《中华人民共和国民法典》第四百七十七条：“撤销要约的意思表示以对话方式作出的，该意思表示的内容应当在受要约人作出承诺之前为受要约人所知道；撤销要约的意思表示以非对话方式作出的，应当在受要约人作出承诺之前到达受要约人。”此处的“撤销”即民法上意思表示的取消。后者如《中华人民共和国民法典》第五百零七条：“合同不生效、无效、被撤销或者终止的，不影响合同中有关解决争议方法的条款的效力。”此处的“撤销”即民事法律行为的消灭。又例如《中华人民共和国民法典》第一千零五十二条：“因胁迫结婚的，受胁迫的一方可以向人民法院请求撤销婚姻。请求撤销婚姻的，应当自胁迫行为终止之日起一年内提出。被非法限制人身自由的当事人请求撤销婚姻的，应当自恢复人身自由之日起一年内提出。”此处的“撤销”即民事法律事实（合法婚姻）的消灭。

（二）刑法上的撤销。

刑法上的撤销，即指刑法上有关刑罚的取消或者对刑事追诉等刑事诉讼活动的撤除。例如《刑法》（2020 修正）第七十七条第（二）款：“被宣告缓刑的犯罪分子，在缓刑考验期限内，违反法律、行政法规或者国务院有关部门关于缓刑的监督管理规定，或者违反人民法院判决中的禁止令，情节严重的，应当撤销缓刑，执行原判刑罚。”此处的“撤销”是指对缓刑这种刑罚执行方式的撤销。《中华人民共和国刑事诉讼法》（2018 年修正）第十六条：“有下列情形之一的，不追究刑事责任，已经追究的，应当撤销案件，或者不起诉，或者宣告无罪：（一）情节显著轻微、危害不大，不认为是犯罪的；……（六）其他法律、法令规定免予追究刑事责任的。”此处的“撤销”是指对刑事追诉案件的撤除。又例如《中华人民共和国人民检察院组织法》（2018 年修正）第二十四条：“上级人民检察院对下级人民检察院行使下列职权：（一）认为下级人民检察院的决定错误的，指令下级人民检察院纠正，或者依法撤销、

变更；……”此处的“撤销”是指上级人民检察院对下级人民检察院错误决定的效力之否定。

（三）立法上的撤销

立法上的撤销，即指法律规范效力的消灭。例如《中华人民共和国立法法》（2023 修正）第一百零七条：“法律、行政法规、地方性法规、自治条例和单行条例、规章有下列情形之一的，由有关机关依照本法第一百零八条规定的权限予以改变或者撤销：（一）超越权限的；（二）下位法违反上位法规定的；（三）规章之间对同一事项的规定不一致，经裁决应当改变或者撤销一方的规定的；（四）规章的规定被认为不适当，应当予以改变或者撤销的；（五）违背法定程序的。”此处的“撤销”是指对法律、行政法规、自治条例和单行条例、规章等法律规范的撤销，使其失去法律效力的行为。

（四）行政机关职能部门的撤销

行政机关职能部门的撤销，是指因行政职能调整的需要，经法定程序使行政机关某些职能部门被裁撤。例如《中华人民共和国国务院组织法》第八条：“国务院各部、各委员会的设立、撤销或者合并，经总理提出，由全国人民代表大会决定；在全国人民代表大会闭会期间，由全国人民代表大会常务委员会决定。”此处的“撤销”是指对国务院各部、各委员会等职能部门的裁撤。

（五）具有行政处罚性质的撤销

具有行政处罚性质的撤销，即指该撤销实质上就是一种行政处罚。例如《中华人民共和国道路交通安全法》（2021 修正）第九十四条第（二）款：“机动车安全技术检验机构不按照机动车国家安全技术标准进行检验，出具虚假检验结果的，由公安机关交通管理部门处所收检验费用五倍以上十倍以下罚款，并依法撤销其检验资格；构成犯罪的，依法追究刑事责任。”此处的“撤销”其实是指“取消检验资格”这种行政处罚。又如《中华人民共和国道路交通安全法实施条例》（2017 修正）第一百零三条：“以欺骗、贿赂等不正当手段取得机动车登记或者驾驶许可的，收缴机动车登记证书、号牌、行驶证或者机动车驾驶证，撤销机动车登记或者机动车驾驶许可；申请人在 3 年内不得申请机动车登记或者机动车驾驶许可。”此处的“撤销”其实是指“吊销许可证”这种行政处罚。《中华人民共和国标准化法》（2017 修正）第四十二条：“社会团体、企业未依照本法规定对团体标准或者企业标准进行编号的，由标准化行政主管部门责令限期改正；逾期不改正的，由省级以上人民政府标准化行政主管部门撤销相关标准编号，并在标准信息公共服务平台上公示。”此处的“撤销”其实指的是“取消标准编号”这种行政处罚。

（六）争讼撤销

争讼撤销，即争讼机关依照争讼程序并经依法审理后，作出支持或否定起诉人（上诉人）诉讼请求的裁决。例如《行政复议法》（2017 修正）第二十八条：“行政复议机关负责法制工作的机构应当对被申请人作出的具体行政行为进行审查，提出意见，经行政复议机关的负责人同意或者集体讨论通过后，按照下列规定作出行政复议决定：……”（三）具体行政行为有下列情形之一的，决定撤销、变更或者确认该具体行政行为违法，决定撤销或者确认该具体行政行为违法的，可以责令被申请人在一定期限内重新作出具体行政行为：1. 主要事实不清、证据不足的；2. 适用依据错误的；3. 违反法定程序的；4. 超越或者滥用职权的；5. 具体行政行为明显不当的。此处的“撤销”是指行政复议机关支持复议申请人的复议请求，作出取消行政行为效力的复议决定。《行政诉讼法》（2017 修正）第七十条：“行政行为有下列情形之一的，人民法院判决撤销或部分撤销，并可以判决被告重新作出行政行为：（一）主要证据不足的；（二）适用法律、法规错误的；（三）违反法定程序的；（四）超越职权的；（五）滥用职权的；（六）明显不当的。”此处的“撤销”是指法院支持行政诉讼起诉人的诉讼请求，作出取消行政行为效力的判决。

（七）属行政行为废止性质的撤销

此种情形的“撤销”，法律上虽规定为“撤销”，但若具体分析其内涵，可以发现此处的“撤销”，并非针对作成时即属违法的行政行为而言，而是针对作成时原属合法行政行为，只是由于其后事实或法律状态的变更，或由于相对人后来的行为偏离了当初作出行政行为的目的，致使原行政行为不宜存续下去，而由行政主体消灭该行政行为的往后效力，

故此种行为应属合法行政行为的废止，而非违法行政行为的撤销。此种以撤销取代废止的规定，具体表现在下列几种情形。

1. 由于法律或事实状态的变更而废止。例如《中华人民共和国文物保护法》(2017 修正) 第六十九条规定："历史文化名城的布局、环境、历史风貌等遭到严重破坏的，由国务院撤销其历史文化名城称号；历史文化城镇、街道、村庄的布局、环境、历史风貌等遭到严重破坏的，由省、自治区、直辖市人民政府撤销其历史文化街区、村镇称号；对负有责任的主管人员和其他直接责任人员依法给予行政处分。"此处的"撤销"是基于历史文化名城、历史文化街区、村镇等由于遭受严重破坏这一事实而被废止。《中华人民共和国中医药法》第五十七条第（一）款规定："违反本法规定，发布的中医医疗广告内容与经审查批准的内容不相符的，由原审查部门撤销该广告的审查批准文件，一年内不受理该医疗机构的广告审查申请。"此处的"撤销"是基于发布的中医医疗广告内容与经审查批准的内容不相符这一事实而被废止。《出版管理条例》(2020 修正) 第五十二条："国务院出版行政主管部门制定出版单位综合评估办法，对出版单位分类实施综合评估。出版物的出版、印刷或者复制、发行和进口经营单位不再具备行政许可的法定条件的，由出版行政主管部门责令限期改正；逾期仍未改正的，由原发证机关撤销行政许可。"此处的"撤销"实际上指的是由于行政相对人不再具备许可的法定条件并且逾期仍未改正这一法律事实而导致该行政许可被废止。

2. 基于公益目的而被废止。例如《湖南省行政程序规定》(2022 修正) 第八条："非因法定事由并经法定程序，行政机关不得撤销、变更已生效的行政决定；因国家利益、公共利益或者其他法定事由必须撤销或者变更的，应当依照法定权限和程序进行，并对公民、法人或者其他组织遭受的财产损失依法予以补偿。"其中，第二句中的"撤销"，实质上指行政行为因公益目的而被废止，此处"撤销"与"废止"概念显然发生了混淆。[①]《中华人民共和国行政许可法》(2019 修正) 第六十九条

① 李垒：《论授益行政行为的废止——基于〈德国行政程序法〉第 49 条的分析》，《中南大学学报》(社会科学版) 2014 年第 3 期。

第（一）—（三）款："有下列情形之一的，作出行政许可决定的行政机关或者其上级行政机关，根据利害关系人的请求或者依据职权，可以撤销行政许可：（一）行政机关工作人员滥用职权、玩忽职守作出准予行政许可决定的；（二）超越法定职权作出准予行政许可决定的；（三）违反法定程序作出准予行政许可决定的；（四）对不具备申请资格或者不符合法定条件的申请人准予行政许可的；（五）依法可以撤销行政许可的其他情形。被许可人以欺骗、贿赂等不正当手段取得行政许可的，应当予以撤销。依照前两款的规定撤销行政许可，可能对公共利益造成重大损害的，不予撤销。"其中，此条中前三处"撤销"指的是行政许可机关依职权所进行的撤销，最后一处的"撤销"实质上是基于公益目的对原行政行为的废止。

（八）上级行政主体对下级行政主体作出违法行政行为的撤销

上级行政主体若发现下级行政主体作出的行政行为违法，可主动依职权撤销下级行政主体作出的违法行政行为。例如《中华人民共和国行政许可法》（2019 修正）第六十九条第（一）款规定："有下列情形之一的，作出行政许可决定的行政机关或者其上级行政机关，根据利害关系人的请求或者依据职权，可以撤销行政许可：（一）行政机关工作人员滥用职权、玩忽职守作出准予行政许可决定的；（二）超越法定职权作出准予行政许可决定的；（三）违反法定程序作出准予行政许可决定的；（四）对不具备申请资格或者不符合法定条件的申请人准予行政许可的；（五）依法可以撤销行政许可的其他情形。"又如《中华人民共和国人民警察法》（2012 修正）第四十三条："人民警察的上级机关对下级机关的执法活动进行监督，发现其作出的处理或者决定有错误的，应当予以撤销或者变更。"这里的"撤销"是指上级行政主体对下级行政主体作出的违法行政行为之撤销。

（九）职权撤销

职权撤销，是指行政主体依职权取消原违法行政行为的效力，使其效力恢复到行政行为未作出前的状态。具体分为以下几种情形。

1. 由于相对人主观过错而造成行政主体取消原行政行为效力。例如《中华人民共和国科学技术进步法》（2021 修订）第一百一十四条第

（一）款规定：“违反本法规定，骗取国家科学技术奖励的，由主管部门依法撤销奖励，追回奖章、证书和奖金等，并依法给予处分。”《中华人民共和国药品管理法》（2019 修订）第一百二十三条规定：“提供虚假的证明、数据、资料、样品或者采取其他手段骗取临床试验许可、药品生产许可、药品经营许可、医疗机构制剂许可或者药品注册等许可的，撤销相关许可，十年内不受理其相应申请，并处五十万元以上五百万元以下的罚款；情节严重的，对法定代表人、主要负责人、直接负责的主管人员和其他责任人员，处二万元以上二十万元以下的罚款，十年内禁止从事药品生产经营活动，并可以由公安机关处五日以上十五日以下的拘留。”此处的“撤销”均指由于行政相对人主观上存在故意欺骗、提供虚假材料等事实以骗取行政机关的信任，进而获得行政许可或行政奖励，后由原行政主体取消该许可或奖励的效力。

2. 由于相对人违法行为或有责行为而造成行政主体取消原行政行为效力。例如《公安机关办理行政案件程序规定》（2018 修正）第一百七十二条第（二）款规定：“对已经依照前款第三项作出不予行政处罚决定的案件，又发现新的证据的，应当依法及时调查；违法行为能够认定的，依法重新作出处理决定，并撤销原不予行政处罚决定。”此处的“撤销”是由于相对人存在违法行为而由公安机关取消原不予行政处罚决定的效力。《出版管理条例》（2020 修订）第五十二条：“国务院出版行政主管部门制定出版单位综合评估办法，对出版单位分类实施综合评估。出版物的出版、印刷或者复制、发行和进口经营单位不再具备行政许可的法定条件的，由出版行政主管部门责令限期改正；逾期仍未改正的，由原发证机关撤销行政许可。”此处的“撤销”是由于相对人存在有责行为而由原行政主体取消该出版许可的效力。

3. 由于行政人主观过错或违法行为而造成行政主体取消原行政行为效力。例如《中华人民共和国行政复议法》（2023 年修订）第六十五条第（二）款规定：“行政行为有下列情形之一，不需要撤销或者责令履行的，行政复议机关确认该行政行为违法：（一）行政行为违法，但是不具有可撤销内容；（二）被申请人改变原违法行政行为，申请人仍要求撤销或者确认该行政行为为违法；（三）被申请人不履行或者拖延履行法定职责，责令履行没有意义。”其中该款第三项所指的“撤销”即是由于行政机关工作人员（行政人）违法行为（不履行或拖延履行法定职责）而造成行政复议机关取消原行政行为的效力。

（十）用其他词语代替“撤销”一词的含义

法律条文中含有这种撤销意义的用语主要有以下几种。

1. “吊销”。例如《中华人民共和国未成年人保护法》（2020 修正）第一百二十六条规定：“密切接触未成年人的单位违反本法第六十二条规定[①]，未履行查询义务，或者招用、继续聘用具有相关违法犯罪记录人员的，由教育、人力资源和社会保障、市场监督管理等部门按照职责分工责令限期改正，给予警告，并处五万元以下罚款；拒不改正或者造成严重后果的，责令停业整顿或者吊销营业执照、吊销相关许可证，并处五万元以上五十万以下罚款，对直接负责的主管人员和其他直接责任人员依法给予处分。”《中华人民共和国消防法》（2023 修订）第六十九条第（一）款：“消防设施维护保养检测、消防安全评估等消防技术服务机构，不具备从业条件从事消防技术服务活动或者出具虚假文件的，由消防救援机构责令改正，处五万元以上十万元以下罚款，并对直接负责的主管人员和其他直接责任人员处一万元以上五元以下罚款；不按照国家标准、行业标准开展消防技术服务活动的，责令改正，处五万元以下罚款，并对直接负责的主管人员和其他直接责任人员处一万元以下罚款；有违法所得的，并处没收违法所得；给他人造成损失的，依法承担赔偿责任；情节严重的，依法责令停止营业或者吊销相应资格；造成重大损失的，由相关部门吊销营业执照，并对有关责任人员采取终身市场禁入措施。”以上两处“吊销”营业执照、“吊销”相应资质、资格均属于行政处罚，均会产生使已有许可（营业执照、资质证、资格证）效力消灭的法律效果，此时“吊销”与“撤销”同义。

---

① 《中华人民共和国未成年人保护法》第六十二条规定：密切接触未成年人的单位招聘工作人员时，应当向公安机关、人民检察院查询应聘者是否具有性侵害、虐待、拐卖、暴力伤害等违法犯罪记录；发现其具有前述行为记录的，不得录用。密切接触未成年人的单位应当每年定期对工作人员是否具有上述违法犯罪记录进行查询。通过查询或者其他方式发现其工作人员具有上述行为的，应当及时解聘。

2. “取消”。《中华人民共和国防震减灾法》（2008 修订）第八十六条：“违反本法规定，外国的组织或者个人未经批准，在中华人民共和国领域和中华人民共和国管辖的其他海域从事地震监测活动的，由国务院地震工作主管部门责令停止违法行为，没收监测成果和监测设施，并处一万元以上十万元以下的罚款；情节严重的，并处十万元以上五十万元以下的罚款。外国人有前款规定行为的，除依照前款规定处罚外，还应当依照外国人入境出境管理法律的规定缩短其在中华人民共和国停留的期限或者取消其在中华人民共和国居留的资格；情节严重的，限期出境或者驱逐出境。”此处的“取消”是指我国出入境管理的行政主体针对外国人在我国从事的违法行为，撤销其在我国居留资格的一种处理措施。此时“取消”与“撤销”同义。《中华人民共和国统计法》（2009 修订）第四十五条：“违反本法规定，利用虚假统计资料骗取荣誉称号、物质利益或者职务晋升的，除对其编造虚假统计资料或者要求他人编造虚假统计资料的行为依法追究法律责任外，由作出有关决定的单位或者其上级单位、监察机关取消其荣誉称号，追缴获得的物质利益，撤销晋升的职务。”此处的“取消”是指因相对人通过欺骗的方式使得行政人作出了错误的行政奖励，行政主体事后依职权撤销其作出的行政奖励行为的效力。此时“取消”与“撤销”同义。《中华人民共和国职业病防治法》（2018 修正）第八十条：“从事职业卫生技术服务的机构和承担职业病诊断的医疗卫生机构违反本法规定，有下列行为之一的，由卫生行政部门责令立即停止违法行为，给予警告，没收违法所得；违法所得五千元以上的，并处违法所得二倍以上五倍以下的罚款；没有违法所得或者违法所得不足五千元的，并处五千元以上二万元以下的罚款；情节严重的，由原认可或者登记机关取消其相应的资格；对直接负责的主管人员和其他直接责任人员，依法给予降级、撤职或者开除的处分；构成犯罪的，依法追究刑事责任：（一）超出资质认可或者诊疗项目登记范围从事职业卫生技术服务或者职业病诊断的；（二）不按照本法规定履行法定职责的；（三）出具虚假证明文件的。”此处的“取消”是指卫生行政主体针对行政相对人（从事职业卫生技术服务的机构或承担职业健康检查、职业病诊断的医疗卫生机构）的违法行为作出的撤销其从事卫生职业服务资格的效力。此时“取消”与“撤销”同义。

3. “改变”。《中华人民共和国行政许可法》（2019 修正）第八条第（一）款：“公民、法人或者其他组织依法取得的行政许可受法律保护，行政机关不得擅自改变已经生效的行政许可。”此处的“改变”是指行政机关不得擅自对已经作出的行政许可任意予以撤销，否定该许可的效力。此时“改变”与“撤销”同义。

4. “废止”。《国务院办公厅关于妥善解决当前农村土地承包纠纷的紧急通知》（六）认真处理好占用基本农田植树造林的遗留问题规定：“市、县、乡（镇）政府未经承包农户同意与企业签订的承包、租赁或提供农民集体土地特别是基本农田植树的合同，属无效合同，应予废止。林业部门不得颁发林权证，已颁发的要立即收回并注销。”此时“废止”并非针对合法行政行为，使其往后消灭该行政行为的效力，而是针对违法行政行为，使其溯及既往消灭该行政行为的效力。此时“废止”并非行政行为的废止，实质上是行政行为的撤销。

四 我国立法在行政行为“撤销”概念使用上存在的问题

经过以上归纳，可以发现我国立法上使用的“撤销”一词存在以下问题。

其一，我国立法上对“撤销”一词的使用非常广泛，只要使原行为丧失效力，皆可称为撤销，而不论该行为是否具有公法性质还是私法性质，也不论该行为撤销的主体是否为行政机关、法院甚或私法当事人。显然，私法上的撤销与行政行为的撤销存在本质区别，前者体现的是私法当事人完全的意思自治，后者通常体现的是行政管理方对行政相对人权利义务的单方处置。故两者不能混同。

其二，就行政行为部分而言，法条中规定的“撤销”一词，其意义不仅限于违法行政行为的撤销，也包含合法行政行为的废止。由于行政行为的撤销与废止，二者之间存在很大差异，所以在法律规定上应有所区别，不得与撤销相混淆。

其三，就违法行政行为而言，我国立法上的“撤销”一词，主要集中于专门职业人员违法取得资格，或是相对人申请事项有违法或欺诈等

主观过错，事后由行政机关撤销。显然，撤销所涵盖的范围过窄，并未包含各种其他可能发生撤销的情形。

其四，我国立法上无论对于法律救济程序内的撤销（争讼撤销），还是法律救济程序外的撤销（职权撤销），均使用“撤销”一词加以规定，容易造成二者概念适用上的混淆。①

其五，我国立法上除在“撤销”一词的使用上表现不同含义之外，对于真正意义上行政行为的撤销，除使用“撤销”一词外，还改用其他词语例如“吊销”“取消”“改变”“废止”等予以替代（如前所述）。

总之，我国立法上所规定的“撤销”与行政行为撤销的实际含义，在表达效果上存有很大的差异，前者适用的领域远远大于后者，故对我国立法上“撤销”一词的规定，需进一步分析所涉内容后，方能了解该“撤销”一词的真正含义。此外，我国立法上对于真正意义上行政行为的撤销，除使用“撤销”一词以外，还改用其他词语加以规定，使得我国立法上真正意义的撤销并非用“撤销”一词加以规定，而不具真正意义的撤销却使用“撤销”一词加以规定的奇特现象，这不仅使得撤销的词义含混不清，难以把握，而且给司法适用带来诸多困惑，同时给相关理论探讨和学术交流造成无形阻碍。因此，立法上“撤销”一词的使用应当予以规范和统一，以防出现歧义。

---

① 在德国，若本于相对人请求，而由诉愿机关或行政法院撤销的，属争讼撤销，称为“Anfechtung”，而行政机关基于本身职权自行撤销的，属职权撤销，称为“Rücknahme”。在日本，对于法律救济程序内的撤销与法律救济程序外的撤销，大致上也会以争讼取消与职权取消加以区别。

第四章　依职权撤销的主体、权限、性质及对象

第一节　依职权撤销的主体

职权撤销必须由具备相应管辖权的行政主体依法行使。相应的管辖权与适格的行政主体必须同时具备，行政行为的职权撤销方才合法。若其中任何一项欠缺，那么该撤销行为本身非但不合法，甚至有可能导致行为本身丧失行政行为的根本性质，而不再属于行政行为范畴。

职权撤销必须由适格的行政主体作出，撤销的主体不适格，要么导致行政行为的撤销不合法甚至无效，要么导致撤销行为本身从根本上丧失行政行为的本质属性，而归属非行政行为的范畴，例如假象行政行为。假象行政行为，是指从外观上看疑似行政行为，但实际上行政行为根本就没有成立，不具备行政行为构成要素，因而不是行政行为的行为。又称“行政行为不存在”。[①] 正如学者所言：“假象行政行为应当是指非行政机关（不具有行政主体资格）作出的外观与行政行为类似的一种活动。”[②]

一　原行政主体

原行政机关是作出行政行为的适格主体，当然也有权撤销该行政行为。若行政机关有权作出行政行为，而无撤销自己所作出的行政行为的权力，那么，这种行政行为一旦违法，将很难得到及时纠正。况且，行

① 胡建淼主编，朱新力副主编：《行政违法问题探究》，法律出版社2001年版，第504页。
② 章剑生：《现代行政法基本理论》，法律出版社2008年版，第157页。

政行为违法，由原行政机关依职权撤销，也是给予原行政机关一次自我纠错的机会，同时，原行政机关对于自己作出的行政行为比较了解，能够更有效、及时地处理行政行为违法后的情况。这也很好地体现了“谁作出，谁负责”的原则。

二　上级行政主体

上级行政机关具有监督下级行政机关依法行政的权力。若下级行政机关作出的行政行为不合法，上级行政机关可以责令下级行政机关依法纠正，下级行政机关应当服从。除非该项权力属于下级行政机关的专属管辖权，否则上级行政机关皆可主动依职权撤销下级行政机关已经作出的违法行政行为。[①] 其主要原因在于：上级行政主体与下级行政主体同属行政系统，并且双方之间是行政隶属关系。上级行政主体有权在业务上对下级行政主体进行指导和监督，下级行政主体必须服从。上级行政主体若发现下级行政主体作出的行政行为违法，有权依职权对该行政行为予以撤销，或者责令下级行政主体自行纠正其错误的行为，这是上级行政主体指导和监督下级行政主体的具体方式和体现。但若某一事项属于下级行政主体的专属管辖权，则意味着法律仅授权下级行政主体作为处理该事项的唯一合法主体，其他任何机关包括上级行政主体均不得干预，更不能代替下级行政主体行使相应的管辖权（包括依职权撤销下级行政主体作出的行政行为之权力）。否则，就是违背依法行政原则。

第二节　依职权撤销的权限

行政主体无论依职权作出行政行为，还是依职权撤销行政行为，必须拥有相应的行政权限，否则不得行使。一般来说，行政主体的行政权限主要包括三类：即地域权限、事务权限以及层级权限。

① 参见王贵松《行政信赖保护论》，山东人民出版社 2007 年版，第 130—131 页。

一　地域权限

所谓地域权限，系指行政组织系统中确定同级行政机关之间首次处理行政事务的分工和权限。[①] 行政机关行使职权时往往具有一定的区域限制。行政机关必须在法律所规定的区域范围内行使职权，不得逾越。例如杭州市公安局执法人员只能在杭州市执法，不得到沈阳市去执法，否则，即逾越了地域管辖权。地域管辖权的划分主要是基于行政便宜的目的，使同种类的行政事务交由接近一定区域的行政机关行使，以提升行政效率。一般来说，各个行政区域之间的管辖划分比较容易辨别，但对于两个或两个以上行政区域的相邻地带，由于存在区域划分上的争议性，因此，在地域管辖权方面容易发生分歧，有时甚至出现各个行政区域的行政机关争相管辖，或者各个行政区域的行政机关竞相回避管辖的局面。对于这种情形，应当由共同的上一级行政机关报国务院或省、自治区、直辖市的人民政府裁决。[②] 另外，值得注意的是，当行政机关作成时虽有地域管辖权，但由于行政区域管辖权范围的变更，使得原行政机关丧失管辖权。在这种情形下，行政行为的撤销权应当如何行使？对于此情形，原则上，原行政机关无管辖权，只能由在撤销时拥有管辖权的行政机关行使。但若经撤销时拥有管辖权的行政机关同意，原行政机关也可行使管辖权。[③]

二　事务权限

事务权限的划分是出于行政组织内部为迅速有效地处理日益复杂的行政事务、达成公益目的而作出的在行政事务处理权限上的明确分工。通常具有事务权限的行政机关自然也具有撤销该事务方面的权限。有争

① 参见章剑生《行政程序法基本理论》，法律出版社 2003 年版，第 93 页。

② 参见《宪法》第八十九条第（十五）项规定：国务院行使下列职权：批准省、自治区、直辖市的区域划分，批准自治州、县、自治县、市的建置和区域划分；《宪法》第一百零七条第（三）款规定：省、直辖市的人民政府决定乡、民族乡、镇的建置和区域划分。

③ 参见《德国行政程序法》第 3 条第 3 款规定："构成管辖权理由的情况在行政程序过程中变更的，原机关继续进行程序有利于保护当事人且符合程序简化和程序目的，征得现拥有管辖权的机关的同意，可由原机关继续。"

议的是：作出行政行为时无事务管辖权或者作出时虽有事务管辖权但后来却变为无事务管辖权的行政机关是否具有撤销该事务方面的权限？有学者认为，[①] 对此应区别对待。如果该撤销权仅涉及纯粹地消灭原违法行政行为的效力，由于该撤销权并没有侵害到拥有事务管辖权的行政机关重新作出新的行政行为这一权限，所以应承认最初作出原行政行为的行政机关拥有撤销权；反之，若原行政机关的撤销权侵害到拥有事务管辖权的行政机关变更原行政行为的权限，则原行政机关不得行使撤销权。此外，还存在这样一种情形：对同一行政事务，同级几个行政部门均有管辖权，如果无该事务管辖权的行政机关作出一行政行为，应当由哪一行政机关（部门）行使其撤销权？一般来说，各个拥有事务管辖权的行政部门均有撤销权，但若各个拥有该事务管辖权的行政部门争相行使其撤销权或竞相避免行使其撤销权，应当如何确定合适的撤销权主体？类比我国行政处罚法的相关规定，[②] 应当先由拥有该事务管辖权的各行政部门协商解决；协商不成的，由其共同的上一级行政机关指定。

三 层级权限

层级权限是指行政组织系统中确定上下级行政机关之间首次处理行政事务的分工和权限。[③] 层级权限的划分依据，大体有下列确定标准。（1）行政相对人的地位与级别。一般说来，行政相对人的地位和级别越高，所设定的管辖主体也就越高，反之亦然。（2）对社会公共利益的影响程度。一般说来，对社会公共利益影响较大的事务，由较高层次的行政主体管辖，相反，便由较低的行政主体管辖。（3）对相对人权利义务的影响程度。这就是说，对相对人的权利义务影响大的，由较高层次的行政主体管辖；对相对人的权利义务影响小的，则由较低层次的行政主体管辖。（4）标的物的价值。这就是说，标的物的价值

① 参见洪家殷《论违法行政行为——以其概念、原因与法律效果为中心》，《东吴法律学报》1995 年第 2 期。

② 例如《中华人民共和国行政处罚法》（2017 修正）第二十一条规定："对管辖权发生争议的，报请共同的上一级行政机关指定管辖。"

③ 章剑生：《行政程序法基本理论》，法律出版社 2003 年版，第 90 页。

较大的，由较高层次的行政主体管辖；标的物的价值较小的，由较低层次的行政主体管辖。（5）涉外因素。这就是说，具有涉外因素的事务由较高层次的行政主体管辖，不具有涉外因素的事务则由较低层次的行政主体管辖。①

一般来说，作成行政行为的行政机关同时也具有撤销原行政行为的权力。对于上级行政机关作出的行政行为，下级行政机关显然不具有撤销权。凡属上级行政机关管辖范围内的行政事务，如果没有其授权，下级行政机关均不得行使。存在疑问的是：对于下级行政机关作出的行政行为，上级行政机关可否行使撤销权？有学者认为，上级行政机关基于行政监督权，当然可以行使下级行政机关所作行政行为的撤销权；也有学者认为，上级行政机关原则上可以行使撤销权，但下级行政机关依其专属管辖权作出的行政行为，上级行政机关同样不得行使。笔者认为，上级行政机关依职权撤销下级行政机关作出的行政行为，其本质上是用一种行政行为取代另一种行政行为，这种行为具有外部性质，涉及外部行政法律关系的变更或消灭，也就必然涉及相对人权利、义务关系的变化。而上级行政机关对下级行政机关的监督权即层级监督权，仅涉及上级行政机关与下级行政机关之间的行政内部关系，并不涉及外部的行政相对人。行政监督权的意义仅在于避免下级行政机关的行政违法，或矫正违法的行政行为，以达到依法行政的目的，故上级行政机关虽然可以通过内部指示等方式要求下级行政机关纠正违法的行政行为，但并不能直接依职权撤销下级行政机关作出的行政行为，否则将与行政监督权的性质相违背。这与上级行政机关依相对人申请对下级行政机关作出的违法行政行为采取复议方式予以撤销有所不同。前者属于职权撤销的范畴，后者则属于争讼撤销的范畴。二者虽然均属于撤销，但存在本质上的不同。前一撤销中，行政机关处于当事人地位，对自己事件作出处理；后一撤销中，行政机关则处于中立的第三方地位对他方事件作出处理。故原则上上级行政机关同样不得依职权撤销下级行政机关作出的行政行为，除非法律另有特别规定。

---

① 胡建淼：《行政法学》（第四版），法律出版社2015年版，第534—535页。

第三节 依职权撤销的性质

一 依职权撤销为行政行为

撤销行为就其性质而言，其本身也是一行政行为，原则上与被撤销的行政行为适用相同的管辖权、方式及程序规定。行政行为的撤销，其效力一般溯及既往，从而使得原法律状态恢复到行政行为未作出前的状态。正如学者所言，从使法律关系复原这种角度来看，使其形成、消灭的是行政行为，所以，予以复原的也应该是行政行为。因为撤销的意义在于使法律关系复原，如果没有可以作为复原的法律关系存在的行政行为，撤销的概念便不涉及。① 此外，既然撤销行为被视为行政行为，当该撤销行为本身也具有撤销事由时，同样可能被撤销。若第一个撤销行为被第二个撤销行为撤销，根据学者观点，将致使被第一个撤销行为所撤销的最初行政行为再度“复活”，准确地说，视为自始没有被撤销。② 然而，也有学者对此观点提出异议。行政行为撤销的法律效力不及于法院裁判。如果行政行为内容如认定的事实、法律的解释以及结论已为产生既判力的法院裁判所确认，那么，即使该行政行为被撤销，利害关系人也不能以此对抗法院裁判的既判力。因此，基于既判力理论，行政主体在此情况下对行政行为的撤销权应予否定，以确保法院判决的安定性。③

二 依职权撤销为裁量行为

裁量行为，是指被认定有权决定是否进行行为（决定裁量）或在多个行为中选择一个的行为（选择裁量）。④ 行政主体依职权撤销违法行

① ［日］盐野宏：《行政法》，杨建顺译，法律出版社 1999 年版，第 120—121 页。

② 参见［德］哈特穆特·毛雷尔《行政法学总论》，高家伟译，法律出版社 2000 年版，第 276 页。

③ 参见章剑生《现代行政法基本理论》，法律出版社 2008 年版，第 174 页。

④ ［韩］金东熙：《行政法Ⅰ·Ⅱ》（第 9 版），赵峰译，中国人民大学出版社 2008 年版，第 204 页。

政行为，该违法行政行为撤销与否，原则上属于行政主体之裁量范围。但行政主体的裁量并不是不受任何限制的自由裁量，行政主体对于撤销裁量权的行使，除符合法定授权目的，并遵守裁量之法定界限外，还需在个案中仔细考量各种相关利益之状态，经综合权衡后方能决定是否撤销。

一般来说，行政主体依职权撤销时应在对行政行为的种类、性质、相对人和第三人的地位等作出考虑的基础上，对因撤销而获得的价值、利益（例如依法行政）与因维持行政行为的效力而获得的价值、利益（例如保护相对人、关系人的既得利益、保护第三人的信赖、维持法律生活的稳定性、圆满执行行政等）的相互关系，通过适当的利益调整来决定。① 对于不同类型的违法行政行为，行政主体依职权撤销时所需斟酌的相关利益应有所不同。例如在负担行政行为撤销时，需要在法安定性与依法行政原则间作出选择；在授益行政行为撤销时，不仅要考虑依法行政所维护的公益，同时也要考虑相对人的信赖利益；在复合效力的行政行为撤销时，则需考虑的相关利益因素更多、更加复杂，在此不仅需要考虑撤销所欲维护的公益，还需考虑相对人的信赖利益以及第三人利益。

因此，行政主体依职权撤销行政行为时，必须在各种相互冲突的利益间仔细斟酌，然后进行利益衡量。可见，依职权撤销行为是一种典型的裁量行为。

不过，也存在例外情形。裁量一般系指行政主体在依职权撤销时享有各种不同行为方式的选择，然而，在某些情形下，若此种选择可能限缩到只有一种方式可供选择，亦即只有一种决定没有裁量瑕疵，而全部其他的决定均有裁量瑕疵。在此种情形下，行政主体即有义务选择该项没有瑕疵的决定。一般将此种情形称为“裁量收缩”或“裁量收缩至零”。② 此时，依职权撤销行为就变成羁束行为而非裁量行为了。

---

① ［日］室井力主编：《日本现代行政法》，罗微译，中国政法大学出版社 1995 年版，第 107—108 页。

② 翁岳生主编：《行政法》（上册），中国法制出版社 2002 年版，第 274 页。

第四节　依职权撤销的对象

一　依职权撤销的对象必须是违法行政行为

撤销以违法行政行为为对象。所谓违法行政行为，是指不具备行政行为合法要件的行为。何谓行政行为合法要件，德国学者毛雷尔认为，行政行为合法要件有三：其一，行政机关有权通过行政行为作出处理（行政行为的适法性）；其二，行政行为符合有关管辖权、程序和形式的规定（行政行为的形式合法性）；其三，行政行为的内容合法（行政行为的实体合法性）。[①] 对于违法，可分为行政行为作成时违法以及事后因情事变更而导致的违法，原则上，违法应依照行政行为作成时的法律及事实状态为依据进行判断。[②] 也就是说，这里的违法，应指行政行为作成时的违法，至于事后因情事变更引致的违法则适用废止规则而非撤销规则。亦即行政行为的违法应以行政行为作成时的标准予以认定，而非以撤销时的标准认定。正如学者所言，“合法性判断的基准时是行政行为的作出时间。行政行为作出后，作为其根据的事实状态或法律状态发生变化的，不影响其合法性或违法性。”[③]

但这种认定标准可能存有疑问：对于不具持续效力的行政行为而言，这一标准显然是适合的。但对于具持续效力的行政行为即效力能够持续一定期间的行政行为，例如营业许可或者尚未执行的行政行为而言，是否依然适用？笔者认为，即使是具持续效力的行政行为，起初存在违法，其后因情事变更而成为合法时，其违法性的判断依然以作成时为准，但行政机关依职权撤销时应在时间上加以限制。即将撤销的效力仅限于行政行为作成时至行政行为由违法变成合法之时，而不是将撤销的效力全

① ［德］哈特穆特·毛雷尔：《行政法学总论》，高家伟译，法律出版社2000年版，第274—276页。

② Kopp/Ramsauer, Verwaltungsverfahrensgesetz Kommentar, Verlag C. H. Beck, 8. Auflage, 815ff.

③ ［德］哈特穆特·毛雷尔：《行政法学总论》，高家伟译，法律出版社2000年版，第230—231页。

部溯及既往。

当然，违法也分为全部违法和部分违法。部分违法主要是针对可分的行政行为而言。所谓可分的行政行为，是指行政行为在其对象或内容等方面可以分成数个部分，各个部分具有独立行政行为的性质，且各个部分之间不存在不可分割的关系，而对外则以一个整体行政行为的形式表现。构成可分行政行为的部分，若单独被作成一个行政行为时，即是部分行政行为。部分行政行为违法的，构成行政行为的部分违法。行政行为部分违法，只需撤销违法部分即可，没有必要撤销全部行政行为。

二　依职权撤销的对象必须是可撤销的违法行政行为

根据通说，行政行为的违法可分为三类，明显轻微的违法、一般违法以及重大明显违法。对于明显轻微的违法，例如行政行为存在误写、误算及类似之显然错误，可以随时予以更正。行政行为若在程序或形式上存在轻微违法，可以通过事后补正、转换或追认的方式以消除其违法性。对于这类违法行政行为，虽然在程序或形式上存有微小的瑕疵，但并不影响行政行为的实体内容，一般可以通过“治疗”（例如追认、补正或转换等）的方式使行政行为的违法性得以“治愈”，使其恢复合法性，此种明显轻微的违法，出于程序经济的考虑，行政机关没有必要撤销；对于重大明显的违法，由于其本身无效，在发生争议时，只需有关机关确认即可，也没有必要予以撤销；因此，我们所说的通常意义上的撤销，主要针对的是一般违法的行政行为（通常也称可撤销行政行为）而言。可撤销的违法行政行为具有以下几个特征。

一是可撤销的违法行政行为在撤销前仍具有效力，撤销后其效力归于消灭。可撤销的违法行政行为，在其被撤销之前，仍具有公定力、拘束力和执行力，行政相对人必须服从。可撤销的违法行政行为在被有权主体依法撤销后，一般情况下其法律效果应追溯至未作出前的状态。但为保护相对人信赖利益，也可有条件的不溯及既往。

二是可撤销的违法行政行为必须由有权主体在法定期限内予以撤销，亦即可撤销的违法行政行为受除斥期间的限制。可撤销的违法行政行为，

相对人或利害关系人如果在法定期限内不提起行政救济，事后再次提起行政救济，若无特殊事由，有权主体将不予受理。

三是可撤销的违法行政行为，其违法程度属于一般违法。明显轻微的违法行政行为一般通过更正、补正、追认、转换等方式以消除其违法性，出于程序经济的考虑，一般不予撤销；重大明显违法的行政行为，由于自始不生效力，亦无从撤销。

第五章　违法行政行为

行政主体依职权撤销必须以违法的行政行为为对象。所谓违法行政行为，是指不具备使行政行为合法、有效成立要件的行政行为。[①] 行政行为作成时具有瑕疵，始为违法行政行为。对于违法行政行为，行政主体可以依法撤销；若行政行为作成时不具有任何瑕疵，则为合法行政行为，即使后来因情事变更而不再符合法律规定，也不致影响该行政行为作成时的合法性。对于合法的行政行为，应当适用废止而非撤销。行政主体依职权撤销，是指行政主体依职权取消原违法行政行为的效力，使其效力恢复到行政行为作出之前的状态。违法行政行为在未经行政主体依职权撤销之前依然有效，相对人必须服从。无效行政行为与可撤销行政行为是大陆法系国家依据行政行为违法程度所作的分类，在英美法系国家则不存在无效行政行为与可撤销行政行为之分，所有行政行为，一旦违法，无论是程序违法还是实体违法，无论是严重违法还是轻微违法，均可能面临司法审查，不具有实质的法律效力。

依传统的形式法治主义，凡行政行为违法一律无效，并予以撤销，使其恢复到行政行为未作出前的状态。然而，行政行为（尤其是授益行政行为）若一概予以撤销，将会侵害相对人的信赖利益，同时也不利于已有法律关系的稳定，甚至会严重影响到公共利益的实现。因此，当代机动法治主义主张违法行政行为应依具体情形作适当处理，不再对违法行政行为一概予以撤销，而是通过追认、补正、转换等方式尽量维持其

---

① ［韩］金东熙：《行政法Ⅰ·Ⅱ》（第9版），赵峰译，中国人民大学出版社2008年版，第240页。

存续，以体现实质法治主义的价值观。所谓追认，是指有权行政主体对无权行政主体作出的存在特定管辖权瑕疵的行政行为事后予以认可的法律制度。例如《葡萄牙行政程序法》第 137 条第 3 款规定："如属无权限的情况，则有权限作出该行政行为的机关有追认该行为的权力。"所谓补正，是指对于程序或形式上违法的行政行为，通过事后补正以消除其违法性，使之成为合法行政行为的法律制度。例如《湖南省行政程序规定》（2022 修正）第六十五条第一款规定："行政机关对当事人提出的申请，应当根据下列情况分别作出处理：……（三）申请材料不齐全或者不符合法定形式的，应当当场或者在 5 日内一次告知当事人需要补正的全部内容，逾期不告知的，自收到申请材料之日起即为受理；当事人在限期内不作补充的，视为撤回申请。……"所谓转换，是指违法行政行为与另一合法行政行为具有相同的目的且具备作成该行政行为所必需的方式、程序及实质要件时，将该违法行政行为转变为另一合法、无瑕疵行政行为的法律制度。例如《德国行政程序法》第 47 条第 1 款规定："具瑕疵的行政行为与另一行政行为目的相同，作出前者的行政机关依已发生的程序和已采取的形式也可能合法作出后者，且具备作出要件的，可将前者转换为后者。"无效或撤销是要彻底否定行政行为的效力，使其效力不再持续而彻底终止，以维护形式上的依法行政；补正、追认、转换是通过事后方式消除行政行为的瑕疵，使其效力持续，以稳定已有的行政法律关系，保护相对人的信赖。

由于违法行政行为样态的多样性，究竟何种违法行政行为无效，何种违法行政行为可撤销，何种违法行政行为可通过事后追认、补正或转换的形式使其瑕疵得以消除从而维持其存续，需依违法行政行为的具体情形而定，既要考虑是否有利于公共利益的维护，又要兼及相对人信赖利益的保护；既要考虑是否符合依法行政原则的基本要求，又要注重行政效率的提高和已有行政法律关系的稳定（即法的安定性）。以上仅是违法行政行为处理的一般原则，但在处理具体的违法行政行为时，还需结合违法行政行为的类型作进一步具体分析。关于违法行政行为的类型，依据不同的标准可以有不同的分类，笔者在此以行政行为共同具有的一般有效要件为标准，将违法行政行为分为五类：主体违法、职权违法

（亦称管辖权违法）、形式违法、程序违法和内容违法。之所以将违法行政行为分为五类，主要基于以下理由：其一，行政行为通常具有成立要件与有效要件，行政行为的成立要件是判断行政行为与非行政行为的标准，行政行为的有效要件则是判断行政行为合法与违法的标准，在我国，“合法”通常与“有效”连用，“违法”通常与“无效”连用（当然，这样使用是存在问题的）；其二，行政行为的有效要件，也称行政行为的效力要件，是指行政行为要有效成立即获得实质上的效力所必须具备的条件。行政行为的有效要件因不同的行政行为而有所不同。概括而言，各种行政行为共同具有的一般有效要件包括：[①] 1. 主体要件。即作出行政行为的主体必须合法，包括作出行政行为的主体必须符合行政主体资格，作出行政行为的人员必须是依法取得合法资格的公务员。2. 职权要件。即作出行政行为的行政主体必须具有相应的法定管辖权，包括层级管辖权、事务管辖权和地域管辖权。3. 形式要件。即行政行为的作出必须符合法定的形式。4. 程序要件。即行政行为的作出必须符合法定程序。5. 内容要件。即行政行为的内容必须合法、适当、真实、明确。行政行为若要合法有效，除符合各行政行为的特殊要件之外，还必须符合以上几个共同要件，否则违法。可见，以行政行为的有效要件为标准，违法行政行为可分为五类：主体违法、职权违法、形式违法、程序违法和内容违法。以下分别就该五种类型的违法行政行为展开论述。

第一节　主体违法

主体违法，即指作出行政行为的行政主体不具有相应的管辖权限，或者作出行政行为的主体缺乏真实的意思表示，或者作出该行为的主体事实上根本不属于行政主体，不具备行政主体资格。对于后一种情形一般不将其列入主体违法的范畴。因为根本不属于行政主体作出的行为，此行为因不具备行政行为的性质而不能归入行政行为的范畴，对于此种违法也就不能认为是行政行为违法，只能将该行为作为非行政行为处理。

---

① 周佑勇：《行政行为的效力研究》，《法学评论》1998 年第 3 期。

当然也存在特殊情形，即“事实上的公务员”。如果强调权限合法原则，那么只有行政机关的行政首长或者依法具有管辖权的行政机关之公务员才有权作出行政行为。但已经不具备公务员身份的个人在外观上足以令相对人误认为其是具有权限的行政机关之公务员时，为了保护相对人的信赖利益，也应承认该个人行为的合法性。这就是所谓的“事实上的公务员”。主要有两种情形的事实上的公务员。其一，根据需要的事实上的公务员。一个没有正式地位的人在特殊情况下，例如行政机关不存在或不能行使职权时，由于公共利益的需要而执行行政机关的任务，即公法上的无因管理。其二，表面上合法的事实上的公务员。例如任命手段不合法的公务员，刚卸任的公务员，相对人不知道该事实上的公务员无正当权力，通过外在表现而相信其有正当职权。这种行为本应无效，但为维护相对人信赖利益，而将其认定为合法有效的行政行为。[①] 主体违法的情形主要包括以下情形。

一　主体无权限

行政主体作出行政行为，必须具有相应的行政权限。行政主体作出的行政行为若完全超出了行政主体的行政权限范围，进而侵入立法机关或司法机关的权限领域，例如行政主体以行政行为的方式对某一行政事项作出统一规定，或者行政主体以行政行为的方式对某一行政救济案件作出具有终局性的裁决，或者行政主体强制执行应当申请法院予以执行的案件等等，由于此种违法破坏了法治国家中的权力分立原则，属于重大明显违法而无效。[②] 所以此种违法，应由有权机关确认无效，而非撤销。

二　行政主体缺乏真实的意思表示

行政行为必须反映行政主体的真实意思表示。行政行为若由欠缺意思能力的公务员作成，或公务员作成行政行为时，存在受欺诈、胁迫或

① 王贵松：《行政信赖保护论》，山东人民出版社 2007 年版，第 146—147 页。
② 江彦佐：《行政程序法》，（台北）新学林出版有限公司 2007 年版，第 357 页。

收受贿赂等不正当情形，均为行政主体缺乏真实的意思表示。

（一）公务员欠缺意思能力

如果行政行为是在公务员无意识能力（例如作成行政行为的公务员属于间歇性精神病患者并且处于发病状态）或遭到无法抗拒的外力强迫下作出的，由于该公务员已失去其自主意思，有学者认为，此种欠缺意思能力的公务员在无意识状态下所作出的行政行为，若该行为合法且对事件的处理又正确，应承认其具有完全的效力。[①] 即此种情形下，即使公务员欠缺意思能力，也不认为违法。也有学者认为，公务员既已丧失意识能力，其作出的行政行为理应无效。即此种情形下，若公务员丧失意识能力，应属于重大明显违法。[②] 笔者认为，公务员在欠缺意思能力的情形下作出的行政行为不能一概认定无效。因为行政行为作为公法上的法律行为，完全不同于私法上的法律行为，私法上的法律行为，其效力是否有效，完全是以当事人的意思自治为依据，若私法行为欠缺当事人的真实意思表示，该私法行为完全不产生法律效力；作为公法上的行政行为，与私法上的法律行为截然不同。因行政行为具有公定力，即使行政行为由欠缺意思能力的公务员作出，也不能完全否认该行政行为的效力，如果行政行为在形式和内容上均符合法律规定，且对公益无任何损害，出于保护相对人信赖利益的考虑，原则上宜承认此种违法行政行为的效力。

（二）公务员存在受欺诈、胁迫或收受贿赂等不正当情形

行政行为若是在公务员受欺诈、胁迫或收受贿赂等不正当情形下作出的，由于公务员作出行政行为时仍有独立的自主意思，仅是其意思表示受到不正当手段的影响，进而损害到行政主体决定之正当性，故此类行政行为虽存在意思方面的瑕疵，但原则上仅为可撤销，并非无效。[③] 依《德国行政程序法》第48条第2款规定，基于恶意欺诈、胁迫或贿赂而成立的行政行为，即使系授益行政行为，行政机关仍可以撤销，并且

① 参见翁岳生《行政法与现代法治国家》，1976年版，第8—9页。

② 参见张家洋《行政法》，（台北）三民书局股份有限公司2002年版，第496页。

③ 参见林纪东《行政法》，（台北）三民书局股份有限公司1985年版，第338页。

相对人因此所受的信赖损失不受保护。《中华人民共和国行政许可法》第六十九条亦规定，若被许可人以欺骗、贿赂等不正当手段取得行政许可的，作出行政许可决定的行政机关或者其上级行政机关，根据利害关系人的请求或者依据职权，应当撤销行政许可，且对相对人因撤销所遭受的信赖损失不予赔偿。

第二节　职权违法

职权违法，是指行政主体作出行政行为时逾越法定的管辖权限。管辖权是行政主体之间就某一行政事务的首次处置权所作的权限划分。这种权限划分主要发生在纵向的同一性质行政主体之间以及横向的不同性质行政主体之间。任何行政主体必须在行政管辖权限范围内作出行政行为，否则，行政行为的效力即受影响。职权违法主要表现为以下情形。

一　逾越层级管辖权

层级越权，亦称纵向越权，是指上下级行政主体之间一方违法行使另一方的行政职权。层级管辖权违法分为两种情形：下级行政主体侵犯上级行政主体的管辖权和上级行政主体侵犯下级行政主体的管辖权。出于行政主体之间的层级监督关系，除非经过上级行政主体的授权，下级行政主体不得行使属于上级行政主体的管辖权，否则无效。但是，当下级行政主体行使了上级行政主体的职权时，除非该职权依法或依职权性质专属于上级行政主体外，上级行政主体可通过追认消除该行为的管辖权瑕疵。当然，即使这种行为本身无效，也应承认通过转换使得该行政行为由违法转换为合法的可能。[①] 例如，根据《治安管理处罚法》第九十一条的规定，治安管理处罚由县级以上人民政府公安机关决定，其中警告、500 元以下的罚款可以由公安派出所决定。因此，公安派出所对违反治安管理行为的处罚权限仅限于警告和 500 元以下的罚款，如果派出所对违反治安管理行为实施了 500 元以上的罚款或吊销执照以及拘留

---

① 胡建淼：《行政法学》（第四版），法律出版社 2015 年版，第 446 页。

的行政处罚，则属于下级行政主体侵犯上级行政主体的行政处罚权。

至于上级行政主体侵犯下级行政主体的管辖权，此种违法行政行为应如何处理？则有争议。若基于上级行政主体对下级行政主体的监督权，下级行政主体对上级行政主体应绝对服从，或可推知上级行政主体代替下级行政主体行使其权限并无不妥。然而，行政事务复杂多变，上级行政主体实际上无法取代下级行政主体对各项行政事务作出完全适合之处置，况且，监督权的目的仅在于防止下级行政主体违法作出行政行为并予以及时矫正，主要是通过事后审查的方式监督下级行政主体依法行政，原则上上级行政主体不可直接代替下级行政主体行使其职权，特别是具有专属管辖权的情形更是如此。此外，下级行政主体并非上级行政主体的地域代表，其设置及权限并非出自上级行政主体，而是来源于法律的规定；如果允许上级行政主体任意行使下级行政主体的职权，那么下级行政主体也就失去设置的必要，且会妨碍相对人行政救济权的行使（上级行政主体是下级行政主体的复议机关，若上级行政主体直接行使下级行政主体的职权将使行政复议失去意义）。当然，上级行政主体直接行使下级行政主体的职权并非绝对排除，在特定情形下，也应承认其合法性。例如在德国，依据下列理由，上级行政主体可以行使下级行政主体的职权：（1）由于事实上或法律上的原因，致使下级难以行使权限；（2）上级机关之指令无从到达时；（3）因情况紧迫由上级机关介入之必要者。①

可见，行政行为若是出于下级行政主体违反上级行政主体管辖权而作出，无效，除专属于上级行政主体职权外，允许通过追认或转换的方式消除该行为的管辖权瑕疵；行政行为若是出于上级行政主体违反下级行政主体管辖权而作出，除专属管辖权情形无效外，一般予以撤销。然而，由于层级管辖权涉及行政主体内部权限的划分，情形十分复杂，相对人对此难以准确认知。因此，对于行政主体逾越层级管辖权作出的行政行为，除非法律有明文规定，为保护相对人信赖利益起见，此种违法

① 洪家殷：《论违法行政处分——以其概念、原因与法律效果为中心》，《东吴法律学报》1995 年第 2 期。

行政行为不得轻易认定无效，原则上仅在通过追认或转换等方式仍不能消除管辖权瑕疵时，方可撤销。

二　逾越事务管辖权

事务越权，亦称横向越权，是指无行政隶属关系的行政主体之间一方违法行使另一方的行政职权。在我国，各行政部门享有各自独立的事务管辖权，如果某一行政主体逾越本部门的事务管辖范围而行使应由其他行政部门独立管辖的职权，即为事务越权。由于事务越权严重破坏了各行政部门之间的专业分工，影响相对人对行政权限基本规则的信赖，其违法程度已属重大明显，无效。例如审计机关越权行使公安机关维持治安处罚的权力，教育部门越权行使药品监管部门的权力，等等。当然，如果在特殊情形下，即使行政主体间相互逾越事务管辖权，也仅可将此种违法认定为一般违法，由有权主体予以撤销。例如新冠疫情期间，许多高校管理部门采取严格限制学生的人身自由，禁止学生在一定期间内离开学校的应急措施。限制人身自由本来属于公安机关的专有职权范围，但学校出于特定事由（新冠疫情期间）禁止学生随意出入校园，虽然侵犯了公安机关的专有事务管辖权，但并不能认定为重大明显违法，只得认定为一般违法，并可由有权机关予以撤销。

三　逾越地域管辖权

地域越权，是指行政主体超出法定的地域范围行使其行政职权。行政主体行使行政职权往往具有一定的地域限制，如果某一行政主体逾越其地域管辖范围而在其他行政主体所管辖的地域范围内行使职权，即为地域越权。此种越权一般发生在不同地区的两个职责相同的行政主体之间，例如甲地公安局执法人员到乙地公安局管辖区域执法。有学者认为，凡是行政主体逾越地域管辖权作出的行政行为，一概无效。[①] 亦有学者认为，此类行为原则上可撤销，仅在违反有关土地专属管辖时，方为无

① 林纪东：《行政法》，（台北）三民书局股份有限公司 1985 年版，第 336 页。

效。[①] 另有学者认为，有管辖权的行政主体若重新作出的行政行为与已存在的行政行为结果相同时，该行政行为的瑕疵可通过有权主体追认的方式得以消除，无须撤销。[②]

第三节　形式违法

出于保护相对人合法权益以及防止行政权力滥用的需要，法律往往规定行政行为作出时必须采取相应的形式并应具备相应的形式构成要件，行政主体作出行政行为时若违反法定的形式或者欠缺必要的形式要件，一律构成行政行为形式上的违法。

一　违反法律规定的形式

（一）未采取法律规定的形式

以是否具备一定的法定形式为标准，行政行为可分为要式行政行为与非要式行政行为。要式行政行为，是指行政主体必须以法定的形式作出才能生效的行政行为。非要式行政行为，是指法律未规定具体形式，行政主体无论采取何种形式作出均可生效的行政行为。对于要式行政行为而言，若法律规定了特定形式，行政主体必须依法定形式作出，否则，构成违法。未依法定形式作出的行政行为，一般通过事后补正的方式得以消除其瑕疵，不得仅因其未采取法定形式而撤销之。例如，《德国行政程序法》第46条规定：对不属于第44条（指行政行为无效情形）的行政行为，不得仅因以其成立违反程序、形式或地域管辖的规定而主张将之撤销，除非另一决定也会导致同样的结果。

（二）应以证书形式作出而未交付证书

有的行政行为依法应以证书形式作出，并且要求行政主体向相对人交付证书，交付证书是行政行为的必备要件。若行政行为应以证书形式作成而行政主体尚未向相对人交付证书，则该行为无效。例如，《德国

---

① 江彦佐：《行政程序法》，（台北）新学林出版有限公司2007年版，第357页。

② 张峰振：《论违法行政行为的消除》，《政治与法律》2007年第6期。

行政程序法》第44条第2款规定：根据法规，行政行为仅可以交付一定的文书方式作出，而未交付文书的，为无效行政行为。

二　欠缺必要的形式要件

（一）欠缺行政主体署名或盖印

行政主体作出行政行为时，必须在行政决定书上署名或盖印，否则，相对人将难以知悉行政行为究竟是由哪一主体作出，倘若发生争议，相对人也不知应以谁为争讼对象，从而影响其救济权利的行使，故此种违法已达重大明显之程度，无效；[①] 亦有学者认为，行政处分作成时，虽未注明作出机关，但若经识别行政处分之内容，或经由解释，可以辨认作成之行政机关时，并非无效；若经行政处分本身根本无法辨认作成行政处分之行政机关，纵然相对人已知作成行政处分之行政机关，该行政处分仍属无效。[②] 行政处分虽表明行政机关之名称，但该行政机关显不可能作成该行政处分，或事实上并无该行政机关时，应属无法辨认作成之行政机关。行政处分如仅表示某种行政机关之一般称谓，而有多数此种机关存在时，亦属无法辨认。若通过行政处分虽可辨认作成机关，但因欠缺签署印信，无法认定其为文稿或终局决定时，亦属重大明显违法，无效。[③] 依《德国行政程序法》第44条第2款规定：虽已书面作出，但作出的行政机关却未表明该行为由谁作出的，无效。

（二）欠缺记载重要事项

行政决定书若欠缺记载重要事项，将会严重影响行政行为内容的完整性，使得相对人根本无法了解行政行为的主要内容，从而在实质上影响行政行为的效力，属于重大明显违法，无效。例如《中华人民共和国行政处罚法》（2021修正）第五十二条第（二）款规定："前款（执法人员当场作出行政处罚决定）规定的行政处罚决定书应当载明当事人的违法行为，行政处罚的种类和依据、罚款数额、时间、地点，申请行政

---

① ［德］哈特穆特·毛雷尔：《行政法学总论》，高家伟译，法律出版社2000年版，第252页。

② Vgl. Kopp. VwVfG6，§44，Rdnr. 27.

③ Vgl. Kopp. VwVfG6，§44，Rdnr. 29.

复议、提起行政诉讼的途径和期限以及行政机关名称，并由执法人员签名或者盖章。”行政机关作出行政处罚决定书，若欠缺处罚的种类、处罚的行政机关名称等重要事项，则行政处罚决定无效。

（三）欠缺诉权或者起诉期限

行政主体作出行政行为，应当告知相对人相应的诉权或者起诉期限。如果行政决定书中欠缺诉权或者起诉期限，将会影响相对人行政救济权的行使。依我国《最高人民法院关于执行〈中华人民共和国行政诉讼法〉若干问题的解释》（以下简称《若干解释》）第六十四条规定：“行政机关作出行政行为时，未告知公民、法人或者其他组织起诉期限的，起诉期限从公民、法人或者其他组织知道或者应当知道诉权或者起诉期限之日起计算，但从知道或者应当知道行政行为内容之日起最长不得超过一年。复议决定未告知公民、法人或者其他组织起诉期限的，适用前款规定。”可见，对于欠缺诉权或起诉期限的行政行为，会导致相对人法律救济期限的延长，但不影响行政行为的效力。

第四节　程序违法

程序违法，是指行政主体在作出行政行为时违反了法定的方式、步骤、顺序及时限。[①] 行政程序具有防止行政权力滥用、维护相对人合法权益以及确保和提高行政效率的作用。合法正当的行政程序不仅能够确保行政行为实体内容的正确，而且使得行政行为的作出更易为相对人所理解和接受，从而增强行政行为的实效。行政主体作出行政行为，应当遵循法定的行政程序，否则，构成程序违法。程序违法的行政行为效力如何？应视所违反的程序对行政实体决定的影响而定。若程序违法对实体内容有重大影响，以致达到非常严重的程度，无效；若程序违法虽然影响行政行为的实体内容，但并非重大，可撤销；若程序违法轻微，通过事后补行相应程序并不妨碍行政目的的实现，可以补

① 姜明安等主编：《行政法与行政诉讼法教学案例》，北京大学出版社 2006 年版，第 365 页。

正。分述如下。

一 未经通知

行政主体作出行政行为后，必须通过一定方式使相对人知悉，否则，对相对人不生效力。通知不仅是行政程序结束的标志，也是行政行为在法律上存在的起点。未通知的行政行为不是行政行为，通知不仅是行政行为的合法要件，而且是行政行为的成立要件。[①] 然而，不同类型的行政行为，其通知方式并非一致，包括口头通知、书面通知、公告通知以及法律上的通知。以下几类行政行为即使未经通知，一旦某种法律事实在客观上已经形成，即具有法律效力，产生相应的法律效果。

（一）拟制行政行为

拟制行政行为，是指行政主体依相对人申请，本应在法定期限内作出而未作任何意思表示的，在法律上即视为行政主体同意相对人申请的行政行为。拟制行政行为系透过法律明确规定，使得法定期间经过后，将行政主体不作为拟制为如同行政主体作成对相对人有利的行政行为且与后者具有相同的法律效果。例如《中华人民共和国集会游行示威法》第九条第（一）款规定："主管机关接到集会、游行、示威申请书后，应当在申请举行日期的二日前，将许可或者不许可的决定书通知其负责人。不许可的，应当说明理由。逾期不通知的，视为许可。"

（二）行政不作为

行政不作为，是指行政主体负有法定作为义务但逾期未履行其作为义务的行为。[②] 例如相对人王某夜间在马路上行走，在其随身携带的手提包遭到李某抢夺后立即报警，公安机关接到报警后不及时出警。

（三）默示的行政行为

默示的行政行为，是指行政行为虽未通知，但通过行政主体作出的

---

① ［德］哈特穆特·毛雷尔：《行政法学总论》，高家伟译，法律出版社2000年版，第222页。

② 马生安：《行政行为研究——宪政下的行政行为基本理论》，山东人民出版社2008年版，第207页。

相关行为即可在事实上推知行政主体已作出某一行政行为的意思表示。[①]例如相对人申请生活补助，行政机关没有任何表示也未经通知，即将所申请款项直接汇入相对人指定账户。

二　依申请的行政行为欠缺相对人申请

原则上，行政主体通常主动依职权作出行政行为，但就某些授益行政行为而言，法律规定行政主体必须依相对人申请方能作出，例如行政许可，没有相对人申请，行政主体不得主动作出，否则违法。行政主体未经相对人申请主动作出行政行为，一般可以通过当事人事后申请予以补正。例如《德国行政程序法》第45条第1款规定，除无效情形外，若事后相对人提交作出行政行为所需的申请，视为补正。

三　未说明理由

行政主体作出行政行为（尤其是不利的行政行为）时应依法向相对人告知作出行政行为的法律依据和事实上的理由。行政主体在行政程序中，通过向相对人展示令人信服的理由并听取相对人合理的申辩，可以有效防止行政权力的专横和滥用，从而增强行政行为的说服力和正当性。行政主体作出行政行为时若未依法向相对人说明理由，由于此种违法一般而言尚不至于达到重大明显之地步，故原则上仅可撤销；然而，在法律明确规定该说明理由为行政行为作成之必备要件时，若行政主体作成行政行为时未向相对人说明理由，可视为重大明显违法，无效。[②]例如《中华人民共和国行政处罚法》[③]（2021修正）第六十二条规定："行政机关及其执法人员在作出行政处罚决定之前，不依照本法第四十四条、第四十五条的规定向当事人告知拟作出的行政处罚内容及事实、理由、

① 洪家殷：《消极处分》，《月旦法学教室》2007年第8期。

② 洪家殷：《论行政处分之理由说明》，《政大法学评论》1995年第52期。

③ 1996年3月17日第八届全国人民代表大会第四次会议通过，根据2017年9月1日第十二届全国人民代表大会常务委员会第二十九次会议《关于修改〈中华人民共和国法官法〉等八部法律的决定》第二次修正。

依据，或者拒绝听取当事人的陈述、申辩，不得作出行政处罚决定；[①]当事人明确放弃陈述或者申辩权利的除外。”亦有学者将理由分为强制性理由和任意性理由。强制性理由，是指法律规定行政主体作出行政行为时必须说明的理由。任意性理由，是指行政主体可以在自由裁量的基础上，决定是否说明的理由。对于前者，行政主体若未说明理由，将会严重侵害相对人的合法权益，影响实体决定的作成，无效；对于后者，由于该理由并非行政行为作成的必备要件，即使相对人提出异议，若行政主体能够证明不说明理由的正当事由，则不影响行政行为的合法性。[②]依《德国行政程序法》第45条第1款规定，除导致无效的情形外，若行政行为的作出欠缺理由说明，行政机关事后提出所需的说明理由的，视为补正。当然，并非任何行政行为都必须说明理由，依《德国行政程序法》第39条第2款规定：下列情况不需要说明理由：（1）行政机关满足一请求或符合一声明的，且行政行为未损害其他人权利；（2）行政行为的相对人或涉及的人，已知道行政机关在法律或事实方面的观点，或不需要书面说明理由也可以直接了解这种观点；（3）行政机关大量作出的同类行政行为，或借助自动设备作出的行政行为，根据具体情况，不需要说明理由；（4）法规规定不需要说明理由；（5）公布的一般处分。

四　未经其他行政机关的参与

行政主体作出行政行为，有时需要其他行政机关的参与，例如批准、审核等。此种行政行为亦称多阶段行政行为。所谓多阶段行政行为，是指须其他行政机关或行政主体同意，在行政内部予以协力，始能合法作成的行政行为。[③]有学者认为，行政行为的作成若欠缺其他行政机关的参与，无论该参与系同意或听证，也无论该行政行为是否无视其他行政机关之反对而作成，若此种参与并非在于共同作成决定，而仅系程序上

---

① 此处“行政处罚决定不能成立”并非行政处罚不成立，而是指行政处罚因存在重大明显瑕疵而无效。参见韩凤然《试论无效行政行为制度》，《河北法学》2005年第12期。

② 宋雅芳：《行政程序法专题研究》，法律出版社2006年版，第227页。

③ 陈敏：《行政法总论》，（台北）新学林出版有限公司2007年版，第354页。

应经其参与，此种违法仅属可撤销，而非无效。[①] 亦有学者认为，若其他行政机关与作出行政行为的行政主体之间存在直接的行政隶属关系，行政行为的作出必须经上级机关核准始能对外生效，作出行政行为的行政主体对此没有任何裁量余地，此时若未经其他行政机关的参与，将对行政行为效力产生重大影响，无效；反之，若其他行政机关的参与，仅属单纯提供意见或指导，并不具有拘束后阶段行政主体作成行政行为之法律效力，则此种参与仅系行政内部指示，欠缺直接对外法效性，纵有违反，亦不影响行政行为之合法性。[②] 例如《德国行政程序法》第 45 条第 1 款规定，未经其他行政机关参与的行政行为，除无效情形外，若事后其他行政机关补作其应作的共同参与，视为补正。

五　行政主体未举行听证

行政主体作成行政决定（尤其是限制或剥夺相对人自由或权利的行政决定）前，应给予相对人陈述意见或主张权利的机会，听取相对人的申辩或举行必要的听证。所谓听证，是指行政主体在作出影响相对人合法权益的决定前，由相对人表达意见、出示证据并要求行政主体基于其所提出的意见和证据作出行政决定的权利。[③] 透过听证程序，使行政决定所依据的重要事实更充分、更完整，可以极大地降低行政决定错误的概率，使行政决定更易为相对人所接受，从而大大降低后续行政救济的可能性，提高行政的效能。[④] 行政主体作出行政行为若涉及相对人重大利益的，应当给予相对人听证的机会，以充分听取相对人意见，这是行政程序公正的内在要求。有学者认为，行政主体若有依法应举行听证而未举行的，基于严格贯彻依法行政原则和保障相对人合法权益之目的，无论该行政行为是否需依听证记录作成，均属无效。[⑤] 也有学者主张将

---

① Vgl. Kopp［M］. VwVfG6，§44 ，Rdnr. 59.

② 吴庚：《行政法之理论与实用》（增订八版），中国人民大学出版社 2005 年版，第 227 页。

③ 胡建淼主编：《行政行为基本范畴研究》，浙江大学出版社 2005 年版，第 433 页。

④ 萧文生：《陈述意见之机会》，《月旦法学教室》2007 年第 46 期。

⑤ 罗传贤：《行政程序法》，（台北）五南图书出版公司 2004 年版，第 238 页。

听证分为正式听证与非正式听证。正式听证，是指法律规定行政主体必须依听证记录作成行政决定；非正式听证，是指虽然举行听证，但法律并不要求行政主体必须依听证记录作成行政决定。行政主体作出行政行为时未举行非正式听证，若该听证之举行对行政决定的实体结果不生影响时，可以通过事后及时举行听证的方式补正；若事后举行听证将使行政决定的实体结果发生变更的，则不得补正，仅能请求有权机关撤销。行政主体作出行政行为时若未举行正式听证，因正式听证要求行政决定的作成必须以听证记录为依据，若无听证记录则不得作出行政行为，故此种行为应属重大明显违法，无效。① 例如《德国行政程序法》第 45 条第 1 款规定，行政机关应当举行听证而未举行的，除无效情形外，若事后补作对参与人的听证的，视为补正。

六　行政人员应当回避而未回避

行政回避，是指行政人员在行使职权过程中，因与所处理的事务有利害关系，为保证实体处理结果和程序进展的公正性，根据当事人的申请或行政机关工作人员的请求，有权机关依法终止其职务的行使并由他人代理的一种法律制度。② 其主要是为了防止行政人员在作出行政决定时出于个人偏见，而使案件的处理出现不公正。行政人员应回避而未回避包括两种情形：“全程未回避”与“半途始回避”。两者对于终局行政决定或有重大影响，但皆非明显瑕疵，尚非无效。关于“全程未回避”，由于此时违法瑕疵已无从补正，应推定因此所为之终局行政处分违法，可经有权机关撤销。关于“半途始回避”，应区别回避系在“陈述意见”开始（或举行“听证”）之前或之后。若行政人员在“陈述意见”（或“听证”）后始回避的，理应重新进行“陈述意见”或“听证”程序。亦即，仅其重新进行“陈述意见”或“听证”之程序，始能消除“未及时回避”之瑕疵；其未重新进行“陈述意见”或“听证”程序的，应视同“全程未回避”处理；若行政人员在“陈述意见”（或“听证”）开

① 苏宏杰：《行政处分违反听证程序规定之法律效果》，《万国法律》2006 年第 150 期。

② 章剑生：《行政程序法基本理论》，法律出版社 2003 年版，第 131 页。

始前即已回避的，应认其先前“未回避”对于终局处分不生实质影响，该程序违法已因及时回避而消除。[①] 亦有学者认为，应回避而未回避之公务员参与作成行政处分，固然存在程序上的瑕疵，但行政处分原则上可撤销，并非无效。但是，若应回避的公务员本身即为当事人，而参与作成行政处分，则该行政处分即存在重大明显瑕疵，无效。[②]

七　违反法定期限

行政行为的作成应有一定期限的限制，这是防止行政机关疏于履行职责、保障行政效率的需要。一般来说，法律规定期限的目的在于提高行政效率，对相对人实体权利义务并无直接影响，故违反法定期限的行政行为原则上可撤销而非无效。然而，对于某些依申请的授益行政行为，若法律规定行政主体必须在一定期限内作出而未作出的，将因法定作出期限届满自动产生对相对人有利的法律后果。例如《中华人民共和国行政许可法》（2019 修正）第五十条规定：被许可人需要延续依法取得的行政许可的有效期的，应当在该行政许可有效期届满三十日前向作出行政许可决定的行政机关提出申请。行政机关应当根据被许可人的申请，在该行政许可有效期届满前作出是否准予延续的决定；逾期未作决定的，视为准予延续。

第五节　内容违法

行政行为的内容是指行政法律关系中双方当事人依法所享有（或承担）的权利和义务。内容违法的行政行为主要有以下几种情形。

一　没有法律依据

行政主体作出行政行为应有法律依据或经法律授权，否则，不得为相对人设定权利或义务，这是行政法律保留原则的基本要求。不具有法

① 翁岳生主编：《行政法》，中国法制出版社 2002 年版，第 1043 页。

② Vgl. Ule/Laubinger. VwVfR4， §12 ，Rdnr. 23；Kopp. VwVfG6， §44 ，Rdnr. 54.

律依据的行政行为，其效力应当如何处理？一般来说，应依据行政行为的性质分别作出处理:[①] 对于负担行政行为，由于系为相对人设定义务或限制权利，其作出必须有明确的法律依据，否则违法，并由有权机关撤销；对于授益行政行为，由于系为相对人赋予权利或减免义务，其作出并不需要明确的法律依据，仅需行政主体具有职权范围内组织法上的依据即可。[②]

二 适用法律依据错误

适用法律依据错误，是指行政主体作出行政行为没有正确地适用法律依据。主要表现为以下情形。其一，适用的具体法律规范错误。即应当适用此法规的，却适用了彼法规或者应当适用效力层级高的法规，却适用了效力层级低的法规。其二，适用某一法律规范的具体条款错误。即应当适用某一法规中的此条款的，却适用了彼条款。其三，适用了尚未生效的法规。其四，适用了已被废止、撤销的法规。其五，应适用特别法，却适用了一般法。其六，错误解释或理解法律规定。行政主体作出行政行为时，若适用的法律依据错误，依据《中华人民共和国行政复议法》(2023 修订) 第六十四条[③]、《中华人民共和国行政诉讼法》(2017 修正) 第七十条[④]之规定，有权机关除撤销或部分撤销外，可以责令行政机关在一定期限内重新作出行政行为。

---

① 李垒:《公共行政视野下行政法学研究范围的调整》,《南华大学学报》(社会科学版) 2016 年第 6 期。

② 胡建淼主编:《论公法原则》，浙江大学出版社 2005 年版，第 349 页。

③《中华人民共和国行政复议法》(2023 修订) 第六十四条：行政行为有下列情形之一的，行政复议机关决定撤销或者部分撤销该行政行为，并可以责令被申请人在一定期限内重新作出行政行为：(一) 主要事实不清、证据不足；(二) 违反法定程序；(三) 运用的依据不合法；(四) 超越职权或者滥用职权。行政复议机关责令被申请人重新作出行政行为的，被申请人不得以同一事实和理由作出与被申请行政复议的行政行为相同或者基本相同的行政行为，但是行政复议机关以违反法定程序为由决定撤销或者部分撤销的除外。

④《中华人民共和国行政诉讼法》(2017 修正) 第七十条规定：行政行为有下列情形之一的，人民法院判决撤销或者部分撤销，并可以判决被告重新作出行政行为：(一) 主要证据不足的；(二) 适用法律、法规错误的；(三) 违反法定程序的；(四) 超越职权的；(五) 滥用职权的；(六) 明显不当的。

三 认定事实错误

认定事实错误，是指行政主体对作为行政行为构成要件的主要事实，在认识上发生错误，使得其判断结果与客观事实不符，例如将合法房屋误认为违章建筑。依据《中华人民共和国行政复议法》（2023修订）第六十四条、《中华人民共和国行政诉讼法》（2017修正）第七十条之规定，主要事实不清，证据不足的，有权机关（行政复议机关或法院）除撤销或确认违法外，可以责令行政机关在一定期限内重新作出行政行为。如果因此造成行政相对人合法权益遭受损害的，应当依法承担赔偿责任。

四 不履行法定职责

不履行法定职责，是指行政主体负有法律、法规明确规定的行政管理职责，在相对人要求其履行时，不予答复、拖延履行或拒绝履行。对于行政主体不履行法定职责的行为，依据《中华人民共和国行政复议法》（2023修订）第六十四条、《中华人民共和国行政诉讼法》（2017修正）第七十二条①、第七十四条第（二）款②之规定，行政复议机关或人民法院可以决定其在一定期限内履行；若事后履行已无实际意义，可确认违法。

五 内容具有裁量瑕疵

在被赋予裁量权的情况下，行政主体作出行政行为时享有一定的决定空间，但必须遵守裁量权的界限和法律授权的目的。③ 内容具有裁量瑕疵，主要表现为裁量逾越和裁量滥用，以及行政裁量上的不作为。所

① 《中华人民共和国行政诉讼法》第七十二条规定：人民法院经过审理，查明被告不履行法定职责的，判决被告在一定期限内履行。

② 《中华人民共和国行政诉讼法》（2017修正）第七十四条第（二）款规定：行政行为有下列情形之一，不需要撤销或者判决履行的，人民法院判决确认违法：……（三）被告不履行或者拖延履行法定职责，判决履行没有意义的。

③ ［德］哈特穆特·毛雷尔：《行政法学总论》，高家伟译，法律出版社2000年版，第238页。

谓裁量逾越，是指行政主体作出的行政行为逾越了法定的裁量范围。例如行政机关作出行政处罚决定时，超越了法定的范围、种类或幅度进行处罚。所谓裁量滥用，是指行政主体作出的行政行为虽然没有逾越法定的裁量范围，但裁量结果明显违反行政法上的比例原则或平等原则，以致明显与行政行为的目的相违背。例如行政机关对于同一性质的违法行为作出行政处罚时畸重畸轻，反复无常。在英国，权力的滥用被归纳为三种情况：(1) 不符合法律规定的目的；(2) 不相关的考虑；(3) 不合理的决定。[①] 美国学者认为滥用自由裁量权有六种情形：不正当的目的；错误的和不相干的原因；错误的法律或事实依据；遗忘了其他有关事项；不合理的迟延；背离了既定的判例和习惯。[②] 法国行政法把权力滥用归结为三种现象，即行政主体行使权力的目的不是出于公共利益，而是出于私人利益或所属团体的利益；行政主体的行为虽然符合公共利益，但不符合法律授予这种权力的特别目的；不按法律要求适用程序，如司法程序代替行政程序。[③] 德国行政法认为有下列情形之一的，构成滥用自由裁量权：违反合理性原则；不正确的目的；不相关的因素；违反客观性；违反平等对待。[④] 日本行政法认为裁量的滥用主要表现有三：事实的误认；目的的违反和动机不正；违反比例原则和平等原则。[⑤] 我国有学者将职权滥用归纳为六种：一是因受不正当动机和目的支配致使行为背离法定目的和利益；二是因不合法考虑致使行为结果失去准确性（例如处罚结果畸重畸轻）；三是任意无常，违反同一性和平等性；四是强人所难，违背客观性；五是不正当的迟延或不作为；六是不正当的步骤和方式。[⑥] 所谓行政裁量上的不作为，是指行政主体作出行政行为时本应行使裁量权的而未行使。例如行政机关对于相对人申请 KTV 营业

---

① 参见王名扬《英国行政法》，中国政法大学出版社 1988 年版，第 171—172 页。

② ［美］伯纳德·施瓦茨：《行政法》，徐炳译，群众出版社 1986 年版，第 571 页。

③ 参见王名扬《法国行政法》，中国政法大学出版社 1986 年版，第 664—665 页。

④ 参见［印］M. P. 赛夫《德国行政法——普通法的分析》，周伟译，山东人民出版社 2006 年版，第 211—232 页。

⑤ 参见［日］南博方《行政法》（第六版），杨建顺译，中国人民大学出版社 1988 年版，第 37—38 页。

⑥ 胡建淼：《行政法学》（第四版），法律出版社 2015 年版，第 659—660 页。

许可的行为，一律不予受理或答复。行政行为内容具有裁量瑕疵，其法律效果如何？依据《中华人民共和国行政复议法》（2023 修订）第六十四条、《中华人民共和国行政诉讼法》（2017 修正）第七十条之规定，超越或滥用职权的，有权机关除撤销或部分撤销外，可以责令（判决）行政机关在一定期限内重新作出行政行为。《行政许可法》（2019 修正）第六十九条规定，行政机关工作人员滥用职权、玩忽职守作出准予行政许可决定的，作出行政许可决定的行政机关或者其上级行政机关，根据利害关系人的请求或者依据职权，可以撤销行政许可。

六　事实上或法律上不可能

事实上的不可能，系指行政行为所要实现的内容在事理上绝无可能。例如行政机关下令拆除已全部倒塌的建筑物或者给已经死亡的相对人颁发营业执照等等。当然，事实上的不可能，并不仅仅局限于事理上的不可能，行政行为所要求的事项，若依当今科技，任何人均不可能达成，例如行政机关禁止工厂排放任何废气。或者，行政行为所要求的事项，技术上虽有可能，但需耗费巨额资金或存在重大困难，任何人在理性情形下，均不会作此考虑，亦属事实上的不可能。① 所谓法律上的不可能，系指行政行为在法律构成要件上不可能实现，亦即行政行为必须违反法律才有实现的可能。② 例如行政机关给从事赌博、卖淫的业主颁发营业执照。事实上或法律上不可能实现的行政行为，均属重大明显违法，无效。

七　内容不明确

内容不明确，是指行政行为的当事人、及其所设定的权利义务范围、对象、时间、地点等事项不明确，难以确定。例如行政机关作出关于土

---

① 江彦佐：《行政程序法》，（台北）新学林出版有限公司 2007 年版，第 356 页。

② ［德］汉斯·J. 沃尔夫、奥托·巴霍夫、罗尔夫·施托贝尔：《行政法》第二卷，高家伟译，商务印书馆 2002 年版，第 86 页。

地征收的裁决，但并没指明所征收的土地；或者行政机关对相对人作出行政处罚决定，并未指明其违法行为以及应当给予何种性质的处罚。行政行为内容不明确，使得相对人对行政行为的具体内容不甚了解，行政行为难以获得实施，行政目标最终亦无法实现。故有学者认为，内容不明确的行政行为要么无效,[①] 要么不能有效成立。[②] 本文认为，行政行为内容不明确并非一概无效。若行政行为主要内容不明确导致行政行为目的根本不能实现，无效；反之，若行政行为仅属次要内容不明确且不影响行政行为目的实现的，则可撤销。

① 胡建淼主编，朱新力副主编：《行政违法问题探究》，法律出版社 2001 年版，第 191 页。
② 周佑勇：《行政行为的效力研究》，《法学评论》1998 年第 3 期。

第六章　行政主体依职权撤销规则

行政行为按其性质划分，可分为负担行政行为、授益行政行为以及复效性行政行为，其中，复效性行政行为就是同时产生授益及负担效果的行政行为。根据行政行为的法律效果是否针对同一相对人，复效性行政行为又可分为混合效力的行政行为与第三人效力的行政行为。混合效力的行政行为系指仅对相对人产生授益及负担效果的行政行为；第三人效力的行政行为，则指行政行为不仅对相对人，而且对有利害关系的第三人也产生法律效果的行政行为。行政行为撤销后会产生一定的法律效果，通常包括原物返还请求权、不当得利返还请求权、赔偿请求权以及结果除去请求权。以下结合大陆法系国家的行政行为撤销制度就各种类型的行政行为撤销规则分述之。

第一节　负担行政行为的撤销

一　负担行政行为概念的界定

负担行政行为，是指行政主体作出的限制行政相对人权利，或者增加行政相对人义务，从而对行政相对人产生不利法律效果的行政行为。[①]该行为具有以下特点。

第一，从作用上看，负担行政行为必须对行政相对人产生某种不利法律效果。此处的“不利法律效果”是指行政相对人法律利益的损失，[②]

① 翁岳生主编：《行政法》（上册），中国法制出版社2002年版，第638—639页。

② 对于反射利益或者纯粹事实上的利益均不属于法律利益的范畴。

或者造成行政相对人法律上的某种不利状态。

第二，从对象上看，负担行政行为仅是针对行政相对人产生不利法律效果而言。因此，混合效力的行政行为、[①] 第三人授益效力的负担行政行为[②]以及附不利条件或负担的授益行政行为（亦即附款行政行为）等均不包括在内。

第三，从表现形式看，负担行政行为既可以是科以相对人一定的作为（例如罚款、课税等）或不作为义务（例如禁止游行），也可以是拒绝相对人授益之请求（例如拒绝核发执照、拒绝 KTV 营业许可等）。

第四，不利的法律效果必须由行政行为所创设。导致行政相对人不利的法律效果必须是由行政主体作出的行政行为直接促成的，如果这种不利的法律效果是由其他主体（例如立法机关或者司法机关）的行为所创设，那么，这种不利的法律效果就不能归属于负担行政行为。

二　负担行政行为的撤销

依传统观点，负担行政行为一旦违法，行政主体即可依职权随时予以撤销，从而符合依法行政原则。[③] 然而，若仅为满足依法行政原则，毫无限制地容许行政主体任意行使其撤销权，将严重破坏行政法律关系之稳定，进而对既有的法律秩序构成侵害。

由此可见，行政主体在依职权撤销负担行政行为时，将面临着依法行政原则与法安定性原则二者之间的对立。依法行政原则要求行政主体若发现负担行政行为违法，必须予以撤销，从而恢复其合法状态；法的安定性原则禁止行政主体动辄行使撤销权，以保持行政行为所形成的法律关系之稳定。前者旨在撤销违法的行政行为，后者旨在维持既有的行政行为。对于这些相互冲突的利益，如何加以调整，如何在两者间进行

---

① 混合效力的行政行为，系指对于行政相对人而言，能够同时产生授益和负担效果的行政行为。参见［德］汉斯·J. 沃尔夫、奥托·巴霍夫、罗尔夫·施托贝尔《行政法》第二卷，高家伟译，商务印书馆 2002 年版，第 47 页。

② 第三人授益效力的负担行政行为，系指使第三人授益同时造成行政相对人负担的行政行为。参见李垒《论第三人效力的行政行为之撤销》，《政治与法律》2013 年第 11 期。

③ 吴庚：《行政法之理论与实用》（增订八版），中国人民大学出版社 2005 年版，第 257 页。

权衡而不致偏颇，则是负担行政行为撤销时行政主体必须予以关注的问题。

（一）传统观点与评价

依传统观点，对于违法的负担行政行为，无论是否超过争讼期限，即使没有明文规定，行政主体均可随时依职权予以撤销，并且撤销的效力溯及既往。[①] 除有特别情形认为该撤销不适合公益外，原则上行政主体都必须撤销该行为。[②] 其理由主要是：第一，负担行政行为在法律效果上对行政相对人不利，撤销不但不会造成行政相对人利益的损失，反而是对行政相对人有利的变动；况且撤销的本意是纠正违法行政行为的错误，行政主体依职权撤销违法的负担行政行为，就是依法行政的具体体现。[③] “当行政行为对国民来说是制约自由或者其他不利的侵害性行政行为时，国民希望尽早地摆脱其拘束，行政厅随时撤销该行为，都不会有什么麻烦。”[④] 第二，负担行政行为一般情形下不会造成行政相对人的信赖利益损失，因此，行政主体的撤销权限不应受信赖保护原则的约束。[⑤] 第三，撤销须合于公益。即行政行为纵有瑕疵，但其有效成立后，已以公权决定其法律关系，如一律撤销，对于既成法律秩序，不无影响，故其应否撤销，须以是否合于公益为前提。[⑥]

上述观点片面地将依法行政原则置于负担行政行为撤销中的首要位置加以考量，却忽视了法的安定性原则在负担行政行为撤销中应有的地位和作用。负担行政行为的撤销固然对行政相对人有利，通常不会产生行政相对人的信赖利益问题，但也不能完全排除行政相对人在负担行政行为撤销中存在信赖利益的可能。负担行政行为能否撤销，行政主体除考虑依法行政以及公益原则之外，也应关注法的安定性以

① ［日］南博方：《行政法》（第六版），杨建顺译，中国人民大学出版社 2009 年版，第 59—60 页。

② ［日］室井力主编：《日本现代行政法》，罗微译，中国政法大学出版社 1995 年版，第 107 页。

③ 胡建淼主编：《行政行为基本范畴研究》，浙江大学出版社 2005 年版，第 225 页。

④ 杨建顺：《日本行政法通论》，中国法制出版社 1998 年版，第 405 页。

⑤ 王贵松：《行政信赖保护论》，山东人民出版社 2007 年版，第 131 页。

⑥ 罗传贤：《行政程序法论》，（台北）五南图书出版公司 2004 年版，第 249 页。

及特定情形下行政相对人的信赖利益，在对以上因素进行综合权衡的基础上，方能决定是否撤销。而非在撤销中一概以公益为优先，即凡是对公益构成侵害的，一律撤销（此时公益支持撤销）或不予以撤销（此时公益不支持撤销）。公益仅仅是负担行政行为撤销时需要裁量的一个重要因素而已。

（二）对通说之批判

传统观点在负担行政行为撤销中过于注重依法行政原则和公益，将信赖保护完全排除于负担行政行为撤销之外，并且主张负担行政行为可由行政主体随时依职权撤销而未有除斥期间的限制，显然有失妥当。

1. 违法的负担行政行为能否由行政主体任意撤销

依据依法行政原则，行政行为一旦违法，行政主体通常有义务予以撤销。然而，若任由行政主体随时依职权撤销已作出的行政行为，必然导致对既有社会秩序的破坏，从而影响行政法律关系之稳定。[①] 由此可见，在负担行政行为的撤销过程中，依法行政是支持撤销的一方，法的安定性是反对撤销的一方。

行政行为一旦作出，以此为前提的各种法律关系以及法律事实便得以确定。[②] 即便行政主体事后发现该行政行为违法，也不能随意对其加以撤销，否则，不仅会严重破坏经由行政行为所形成的既成法律秩序之稳定，也会对行政相对人和有利害关系的第三人利益造成难以预测的影响。[③] 从而形成这样一种困局：任何一个理性的行政相对人都无法依据法律去合理地预测其行为的结果，也无法就行政主体对自身行为的态度作出可靠的判断，最终必然导致行政相对人对行政主体的信任危机。[④] 因此，无论何种性质的行政行为，行政主体依职权撤销时都必须对法安定性原则予以足够的重视。总是负担行政行为，行政主体在撤销时亦必须在依法行政原则与法安定性原则之间进行利益衡量，进而决定是

---

① 谭剑：《论行政行为撤销的限制》，《湖北大学学报》（哲学社会科学版）2010 年第 1 期。

② 姜明安主编：《行政法与行政诉讼法》，法律出版社 2003 年版，第 195 页。

③ 谭剑：《行政行为的撤销研究》，武汉大学出版社 2012 年版，第 119 页。

④ 章志远：《行政行为效力论》，博士学位论文，苏州大学，2002 年。

否撤销。

根据《德国行政程序法》第48条第1款规定，违法行政行为即使已过诉讼期限，行政机关仍然可以部分或全部以对将来或溯及既往的效力撤销。由此可知，行政机关是否撤销行政行为，完全由其自由裁量。行政机关可以决定部分撤销，也可以决定全部撤销；可以决定自此一时点起撤销，也可以决定自彼一时点起撤销。① 负担行政行为的撤销亦是如此。也就是说，行政主体对于负担行政行为的撤销，不再负有必须撤销的义务，而是应当权衡各种相关因素进行综合裁量。负担行政行为作出后，经过一定期间，会产生相应的存续效力，这种存续效力客观上要求行政行为必须保持一定的稳定性，并限制行政机关嗣后任意行使其撤销权。因此，即使是负担行政行为，行政主体也不得随意依职权予以撤销，必须依裁量而定。行政机关在行使裁量权时应当以合法性原则和法的安定性原则为出发点，以确定何者最为重要，而不能将维护依法行政原则的考量置于绝对优先的位置。

行政主体在裁量过程中，应予考量的因素主要包括：负担行政行为的具体侵害程度与范围、负担的持续时间、行政行为的种类和特殊性及其对行为存续力的影响、负担行政行为是否已经具有不可诉请撤销性及其时间长短、是否存在重新进行行政程序的法定事由、撤销行政行为之公益、纠正违法恢复合法状态之利益以及平等原则、行政自我拘束原则和行政实践中的确定作法等等。②

行政主体在进行撤销之裁量时，应当斟酌依法行政原则与法安定性原则在个案中之比重。若依法行政原则较具重要性，可以撤销；反之，若法安定性原则较具重要性，可不予撤销。例如违法行政行为已过争讼期限，产生形式存续力，如果仅对相对人产生轻微负担，或自作成后历时久远，为维护法律之安定，可不予撤销。③

---

① Kopp/Ramsauer, Verwaltungsverfahrensgesetz Kommentar, Verlag C. H. Beck, 8. Auflage, 825. ff.

② Ulrich Knoke, Rechtsfragen der Rücknahme von Verwaltungsakte, Duncker & Humbolt, 1992, S. 133.

③ 陈敏：《行政法总论》，（台北）新学林出版有限公司2007年版，第478页。

2. 信赖保护是否应作为负担行政行为撤销中的裁量因素

一般而言，在授益行政行为撤销中才有必要考虑行政相对人的信赖利益保护问题。负担行政行为由于对行政相对人较为不利，其存续对于行政相对人并无利益可言，因此，信赖保护在负担行政行为撤销中通常不会被涉及。[①] 然而，将信赖保护完全排除在负担行政行为撤销之外显然过于绝对。有学者认为在以下两种情形，行政主体依职权撤销负担行政行为时仍应将行政相对人的信赖利益作为撤销裁量时加以考量的重要因素。[②]

（1）违法负担行政行为，为另一对行政相对人更不利的合法行政行为所取代。违法负担行政行为为另一负担更重的合法行政行为所取代，相当于行政主体对原行政行为进行了变更，即行政主体将原违法的负担行政行为变更为负担更重的另一不利行政行为。例如税务机关依法对行政相对人（某个体工商户）予以课税，税额由10000元改为20000元，在这种情形下，是否存在行政相对人的信赖利益？

有学者主张，行政主体若是为了作成一个对相对人更不利的金钱负担处分，而撤销原负担处分时，应当考虑行政相对人的信赖利益保护问题，即依授益处分撤销规则处理。理由：其一，行政机关作出的金钱负担处分，同时具有课与负担及授益之双重效力。就课与相对人缴纳一定金钱给付义务的部分，属负担处分，但亦确认了相对人并无缴纳更多的金钱给付义务，此部分则具有授益处分的性质。[③] 其二，如果行政机关变更原处分并作成一个对相对人更加不利的新处分，那么从行政相对人利益的角度观察，原行政处分究竟是属于授益处分或负担处分并非依赖于行政处分本身的性质是授益或是负担，而是取决于原处分变更后对相对人之效果究竟是更为不利还是更为有利。如果变更之结果是加重了相对人的负担，则相对人对原处分存续之信赖利益，就必须加以考量。在

---

① 吴庚：《行政法之理论与实用》（增订八版），中国人民大学出版社2005年版，第256页。

② 吴坤城：《公法上信赖保护原则初探》，城仲模主编《行政法之一般法律原则（二）》，（台北）三民书局股份有限公司1997年版，第253—254页。

③ Vgl. Hartmut Maurer, Allgemeines Verwaltungsrecht, 2004, § 9, Rn. 49.

此种情形，一个负担处分之不利变更产生之效果如同授益处分之撤销，自应依授益处分撤销之规则处理。[①]

上述观点显有不妥。首先，行政主体将原负担行政行为变更为负担更重的不利行政行为，并非存在既有负担性质又有授益性质的双重效果。所谓负担，是指课与行政相对人某种义务或法律上的不利；所谓授益，是指赋予行政相对人某种权利或法律上的利益。无论负担还是授益，必须由行政主体在职权范围内作出的行政行为所创设。[②] 也就是说，行政主体之所以作出行政行为，必须有为行政相对人设定一定法律效果（课与义务或赋予权利）的意思表示。

就行政主体将原负担行政行为变更为负担更重的不利行政行为而言，虽然行政主体对行政相对人核定了一定额度的金钱给付义务（例如要求相对人缴纳10000元税款），但不能单单由此当然推论出行政主体在核定10000元税款的同时，其一定具有确认超过该核定额度的金钱给付义务不存在或免除行政相对人其余金钱给付义务之法律效果的意思表示。例如李某在纳税时采用阴阳合同的方式故意隐瞒某笔重大收入，税务机关征税时未将其计入纳征税额，以致对李某的核定税额远远低于应纳税额，此时并不能认定税务机关的核税决定含有免除行政相对人李某未纳税额给付义务这一法律效果的意思表示。此时行政相对人李某之所以不必缴纳超过该核定额度的纳税给付义务，并非税务机关所为授益之法律效果，而是因纳税人李某隐瞒该笔重大收入导致税务机关漏收所致。因此，该案中即使税务机关后来对行政相对人李某处以更高的纳征税额（例如要求行政相对人李某缴纳20000元税款），也不能认为行政相对人李某对于之前税务机关作出的较低纳税数额具有授益行为之性质。因此，以原处分变更后对行政相对人产生的法律效果是否更为不利为标准，来判断行政相对人是否存在信赖利益并给予信赖保护显失妥当。

其次，信赖保护原则的核心含义是保护行政相对人因行政行为的变

① Vgl. Hartmut Maurer, Allgemeines Verwaltungsrecht, 2004, § 11, Rn. 15.

② 李垒：《论授益行政行为的撤销——以〈德国行政程序法〉第48条规定为视角》，《政治与法律》2012年第4期。

动而遭受难以预测的损失，满足信赖保护必须符合三个要件：一是信赖表现；二是善意的信赖；三是信赖损失。[①] 其中，信赖表现是信赖保护的前提要件，没有信赖表现，信赖保护亦就无从谈起。对于授益行政行为，通常可以由行政相对人是否利用授益行政行为所给予的利益，或是行政相对人是否有信赖表现等方面来判断行政相对人是否存在信赖利益。但是，对于行政主体将原违法的负担行政行为变更为负担更重的另一不利行政行为而言，例如税务机关将行政相对人的纳税数额由10000元变更为20000元，由于行政相对人并无利用该行政行为授益的可能（负担行政行为本身并无利益可言），通常该负担行政行为与行政相对人后续的财产处分或是生活关系的重大处置亦难以确立典型的因果关系。也就是说，在行政相对人缴纳10000元税款后，究竟行政相对人哪一个财产处分或是生活关系的重大处置是因信赖该10000元纳税行为之存续而为之，亦即行政相对人是因信赖自己不必负担更多的金钱给付义务（20000元的纳税）而作成，在通常情形下，很难提供具体的依据予以证明。此时倘若行政相对人主张信赖保护，必须承担相应的举证责任。当行政相对人无法证明其因信赖该负担行政行为之存续而具有信赖之表现时，信赖保护原则即因信赖要件不成立而无适用余地。因此，从举证责任的角度而言，由于行政相对人很难通过具体的证据来证明其对该种负担行政行为之存续具有信赖表现，所以事实上很难主张信赖保护。

一般而言，只有对自己有利至少是无害的行政行为，才可能是值得自己信赖的对象。无论是原负担行政行为抑或负担更重的另一行政行为，都是对行政相对人不利的行为。让行政相对人信赖一个对自己不利的行政行为，从事理上来说显得过于牵强。[②] 况且，对于负担行政行为，行政相对人一般会提起行政救济，此时即使行政相对人对于行政主体不作成负担更重之不利行政行为偶尔存在信赖，也并不值得保护，因为行政相对人之所以提起行政救济，其必然已知悉原负担行政行为有可能被

---

① 李垒：《论行政法上的信赖保护原则》，《西部法学评论》2012年第4期。

② 王贵松：《行政信赖保护论》，山东人民出版社2007年版，第163页。

废弃。①

因此，负担行政行为为负担更重之不利行政行为所取代时，行政相对人一般缺乏信赖保护之基础。

（2）行政相对人由于遵守负担行政行为所规定的内容，已消费或处置标的物，以致无法或很难再恢复。在该种情形下，行政相对人倘若基于该负担行政行为作出了相应的费用支出或者财产处置，并且这种费用支出以及财产处置在事后不能恢复原状或者只能在遭受非常不合理的不利时才能恢复原状，那么此时是否存在行政相对人的信赖利益呢？例如相对人根据行政主体作出的建筑物拆除命令已经进行了拆除，或者行政相对人在收到行政主体作出的凡经营酒吧、KTV 等公共娱乐场所必须增加消防设施之通知后，已签约其他公司开工兴建等，倘若行政主体撤销行政行为，此时是否存在行政相对人的信赖利益呢？

有学者认为，行政相对人因遵守负担行政行为所规定的内容已消费或处置标的物所发生的损失，由于行政相对人疏忽了提起行政救济之可能性，故其信赖自始即缺乏保护之价值。② 此种观点过于片面，显不合理。首先，行政相对人之所以作出后续的行为（消费或处置标的物），完全是基于对负担行政行为的存续而作出的，理应属于信赖利益的范畴。其次，以行政相对人是否提起行政救济为标准来决定其信赖是否具有保护之价值，显然欠妥。依据行政法基本理论，除存在重大明显违法情形外，行政行为一旦作出即具有公定力，行政相对人必须服从，否则将面临强制执行。这意味着，行政相对人如果不执行行政行为所确定的内容，就必须能够清楚地辨明该行政行为存在重大明显违法而无效之情形；或者在遵守行政行为之前，先征询法律专家之意见，而后决定是否提起行政救济；或者只要有一点怀疑，马上对任何负担行政行为立即提起行政救济。因此，该种情形下，行政相对人存在信赖利益，行政主体在行使撤销权时应将其作为裁量的重要因素予以考量。

---

① Vgl. BVerwGE 67，134；Knoke，Rücknahme，S. 137.

② 吴坤城：《公法上信赖保护原则初探》，城仲模主编《行政法之一般法律原则（二）》，（台北）三民书局股份有限公司 1997 年版，第 253—254 页。

综上所述，并非所有的负担行政行为，均无行政相对人信赖利益保护之余地。在某些特殊情形下，亦有适用之可能。

3. 影响负担行政行为撤销的因素是否仅限于公益。依传统观点，行政机关对于负担行政行为，一旦发现其违法，有权予以撤销。但撤销不得对公益造成重大危害，否则，不得为之。[①]

由此可知，对于负担行政行为，行政机关依职权撤销时通常仅以是否对公益造成重大危害作为考量因素，此种观点显然过于片面。因其过于偏重公益，甚至将是否危害公益作为决定撤销与否的压倒性因素予以考量，却往往忽视了其他因素对撤销决定的重要影响。不可否认，公益是负担行政行为撤销中行政主体应当考量的重要因素，但并非唯一因素。法的安定性原则、特定情形下行政相对人的信赖利益等因素也应一并纳入考量。并且，以上因素在负担行政行为撤销中应当同等对待，不能过于偏重公益而忽视对其他利益的保护。公益在负担行政行为撤销中并不具有天然的优越地位，行政主体在撤销时应当一视同仁。[②] 对于负担行政行为的撤销，行政主体除仔细斟酌撤销将对公益所造成的重大危害之外，亦应考虑不撤销可能给行政相对人造成的权利侵害及其财产损失。经过利益衡量，方能决定是否撤销。如果权衡之后认为以不撤销为宜，那么由此给行政相对人造成的利益损失理应予以赔偿。

此外，为了防止行政主体在负担行政行为撤销中以公益为借口滥用自由裁量权，必须对公益加以限制。何谓公益？公益本身系不确定法律概念，不仅公益的内容不确定，而且公益的对象和范围均不确定，这就导致公益在认定上存在极大的困难。由于公益的认定缺乏客观判断标准，导致行政主体在认定公益时极易滥用。但就具体个案而言，公益应是具体、确定的，行政主体在撤销负担行政行为时不能以抽象的公益为借口任意为之，必须明确地指出撤销该行政行为的具体理由以及个案中所涉的具体公益有哪些。[③]

---

① 吴志光：《行政法》，（台北）新学林出版有限公司 2007 年版，第 195 页。

② 谭剑：《行政行为的撤销研究》，武汉大学出版社 2012 年版，第 127 页。

③ 李垒：《论信赖保护在我国行政许可法中的反思与重构》，《河北法学》2012 年第 5 期。

4. 负担行政行为的职权撤销，是否有必要设置除斥期间。依传统观点，为避免行政法律关系长期处于不确定状态，督促行政主体及时行使其撤销权，对撤销的除斥期间确有加以规定的必要。然而，撤销的除斥期间仅针对授益行政行为而言，至于负担行政行为，因不涉及行政相对人信赖利益，除斥期间在此并不适用，行政主体可随时依职权撤销。[①]

上述观点片面地认为仅有授益行政行为应当设置除斥期间，至于负担行政行为，则没有设置除斥期间的必要。对此笔者难以认同。首先，设置除斥期间的目的，是为了稳定既存的社会关系，防止行政行为因行政主体的任意撤销而破坏既有的法律秩序。一般来说，某一行政行为作出并经过一定期间后，行政主体与行政相对人之间的权利义务关系逐渐趋于确定，以此为基础的社会关系也将随着时间的推移而逐渐处于一种稳定状态。时间持续得越长，经由行政行为所确立的社会关系就越稳定，此时对行政主体依职权撤销的限制也就越严格。否则，就会对既有的法律秩序构成根本性的破坏。不仅行政主体的权威性会每况愈下，而且行政相对人更加难以合理预见其行为的法律后果，法治社会所追求的法律秩序便无法形成。[②] 因此，设置除斥期间主要是为了稳定行政行为作出后所形成的既定社会关系和社会秩序，其与行政行为是否为授益行政行为或者负担行政行为无关。

其次，以信赖利益的有无作为是否设置除斥期间的标准并不可取。固然，负担行政行为在一般情形下并不涉及行政相对人的信赖利益保护问题，但是并非绝对。在某些特殊情形下，仍然存在行政相对人信赖利益保护的可能（前已论述）。因此，以不涉及行政相对人信赖利益保护为由彻底否定负担行政行为职权撤销的除斥期间难以成立。

由此观之，负担行政行为亦有设置除斥期间的必要。关于负担行政行为撤销的除斥期间究竟以多长期限较为合适？有学者指出，负担行政行为撤销的除斥期间可以设为 5 年，除斥期间从行政主体知道违法负担

---

① 詹镇荣：《违法行政处分职权撤销之除斥期间——评最高行政法院九十六年度判字第六四六及一五七八号判决》，《月旦法学杂志》2008 年第 7 期。

② 柳砚涛等：《行政行为新理念》，山东人民出版社 2008 年版，第 193—194 页。

行政行为撤销事由之日起计算。[①]

（三）笔者的立场

对于负担行政行为，依法行政原则要求撤销该行政行为，是支持撤销的一方；法的安定性原则要求维持该行政行为，是反对撤销的一方。一般而言，法安定性原则在行政行为中的具体体现就是行政行为是否产生了形式存续力，而判断行政行为是否产生形式存续力的标准就是行政行为是否已经过法定的救济期限。若在法定救济期间内，行政相对人可以随时提起行政救济，由此导致该行政行为的最终效力处于未定状态，此时尚未产生形式存续力，故无影响法安定性的疑虑。若法定救济期间已过，行政相对人若无特殊事由则不得提起行政救济，由此导致该行政行为的最终效力得以确定，从而产生形式存续力，此时则有法安定性因素的考量[②]。另外，在某些特殊情形下，撤销负担行政行为亦有可能产生行政相对人的信赖利益，因此应当将行政相对人的信赖利益作为一个重要因素加以考虑。此时，行政相对人的信赖利益倾向于维持该行政行为，亦是反对撤销的一方。

基于以上分析，可将负担行政行为的撤销在时间上分为两个阶段加以考虑：法定救济期间内和经过法定救济期间后。

第一阶段：法定救济期间内

法定救济期间内，负担行政行为尚未产生形式存续力，故不考虑法安定性原则这一因素。此时以行政相对人在该期间内是否提起行政救济为标准，共分两种情形。

1. 行政相对人提起行政救济

行政相对人如果在法定救济期间内提起行政救济，则意味着该行政行为将来有被撤销的可能，此时可以判定行政相对人对负担行政行为的存续不存在信赖利益（如果存在信赖利益，行政相对人一般不会提起行政救济，请求有权机关加以撤销）。此时，行政主体在撤销时仅需考虑

① 章剑生：《现代行政法基本理论》，法律出版社2008年版，第171—172页。

② 董保城：《行政处分之撤销与废止》，收录于中国台湾地区行政法学会编《行政法争议问题研究（上）》，（台北）五南图书出版公司2000年版，第488—489页。

依法行政原则，将该负担行政行为做溯及既往的撤销。

2. 行政相对人未提起行政救济

行政相对人如果在法定救济期间内没有提起行政救济，此时以行政相对人对负担行政行为的存续是否存在信赖利益为标准，又可分为两种情形。

（1）行政相对人对负担行政行为的存续存在信赖利益。行政主体在撤销时，既要考虑依法行政原则，又要考虑行政相对人的信赖利益，行政主体必须在两者之间进行利益衡量，然后决定是否撤销。

（2）行政相对人对负担行政行为的存续不存在信赖利益。行政主体在撤销时仅需考虑依法行政原则，将该负担行政行为做溯及既往的撤销。

第二阶段：经过法定救济期间后

经过法定救济期间后，行政相对人不得再提起行政救济，由于负担行政行为的最终效力已处于确定状态，产生了形式存续力，故应考虑法安定性原则这一因素。此时，以行政相对人对负担行政行为的存续是否存在信赖利益为标准，可分两种情形。

1. 行政相对人对负担行政行为的存续存在信赖利益

行政相对人对负担行政行为的存续若存在信赖利益，行政主体在撤销时，既要考虑依法行政原则，又要考虑法的安定性原则以及行政相对人的信赖利益，行政主体必须在三者之间进行利益衡量，然后决定是否撤销。其中，依法行政是支持撤销的一方，法的安定性以及相对人的信赖利益则是反对撤销的一方。

2. 行政相对人对负担行政行为的存续不存在信赖利益

行政相对人对负担行政行为的存续若不存在信赖利益，行政主体撤销时，仅需在依法行政与法的安定性之间进行利益衡量，然后决定是否撤销。

三　小结

负担行政行为虽然对行政相对人不利，但行政主体并不是任意无限制地予以撤销，而是必须在综合考虑影响撤销的各种因素后进行利益衡量，然后决定是否撤销。一般来说，行政相对人对负担行政行为的存续

不存在信赖利益，但并非绝对。在某些特殊情形下，行政相对人仍有存在信赖利益的可能。公益通常是影响负担行政行为撤销的重要因素，但并非唯一因素，其在负担行政行为撤销的相关因素中并不具有绝对优越的地位。行政主体在撤销时应当对各种因素一视同仁，不能偏重一方而忽视另一方。关于负担行政行为的撤销，行政主体应当在依法行政、法的安定性以及行政相对人的信赖利益（如果存在的话）之间进行利益衡量。当然，不同时段不同情形下，行政主体撤销时所需考量的因素则会有所区别。

第二节　授益行政行为的撤销

行政主体依职权撤销授益行政行为，需要考虑两个相对立的因素，即依法行政与相对人的信赖保护。遵循前者，行政行为既属违法，自应撤销；依照后者，相对人因信赖行政行为已取得的利益不得无故加以剥夺。两者间如何取得均衡而不致偏颇，乃是行政主体依职权撤销授益行政行为时必须予以关注的问题。但行政主体依职权撤销授益行政行为时如何在二者之间进行选择，大陆法系国家却采用了不同做法。

一　法国授益行政行为的撤销

法国行政法几乎不使用授益行政行为及负担行政行为的概念，对于授益行政行为，法国行政法使用的是创设权利的行政处理这一概念，所谓创设权利的行政处理，就是给予相对人权利的行政处理。在法国法上凡是不属创设权利的行政处理，则该行政处理的撤销即无须考量信赖保护或法安定性原则。反之，若是创设权利的行政处理，行政机关只有在特定条件下，才能撤销之。因此，创设权利的行政处理与非创设权利的行政处理乃法国法上决定是否考量法安定性原则或信赖保护原则的判断标准。原则上，确认行为不属创设权利的行政处理，因而不必考量信赖保护问题；其次，附附款的行政处理，也不属创设权利的行政处理；最后，所有以非法或不正当方式而取得的行政处理，不论其具何种性质，皆不属创设权利的行政处理，行政机关随时可以依职权撤销。

对于创设权利的行政处理，行政机关仅能在同时符合下列两个要件的情形下得依职权撤销：一、该行政处理违法；二、在该行政处理作成后两个月内为之。也就是说，对于创设权利的行政处理，行政机关仅能在相对人可以提起行政诉讼的期间（行政处理作成后两个月）内，有权撤销，如果相对人已就行政处理起诉，行政机关在行政法院没有判决以前，有权撤销。撤销的范围限于相对人起诉状中所要求的事项。理由：违法的行政处理所创造的权利，在能够向行政法院起诉的期间内和行政法院没有判决以前，还处于没有确定的状态。行政机关应有一个自我改正的机会，以避免法院的撤销。一旦起诉的期间已过，或者行政法院已经判决，违法行政处理所创造的权利成为确定，行政机关对于这个行政处理不能撤销。[①] 在法国，对于创设权利的行政处理，如果法定救济期间已经经过，则相对人基于该行政处理所取得的权利，即成为既得权。该产生既得权的行政处理，除当事人自己请求撤销外，行政机关无权撤销，不论该行政处理是合法还是违法，也不论该行政处理的存在是否对公益有重大危害。不过，既得权所能赋予的权利内容，也仅能是该行政处理本身所创设的权利内容，它并不能阻止嗣后行政机关作出相反的行政处理。

从以上可知，法国严格限制行政机关对于授益行政行为的撤销。对于授益行政行为，行政机关只能在相对人争讼期限内依职权予以撤销，否则，即丧失撤销权，并且撤销的范围不得超过相对人起诉的范围。相对人争讼期间经过后，也就是授益行政行为已经产生形式存续力之后，行政机关将不能再依职权撤销。可见，法国行政法对于授益行政行为的撤销，采取不同的倾向性措施：在授益行政行为发生形式存续力之前，偏重于依法行政，允许行政机关依职权撤销；在授益行政行为发生形式存续力之后，偏重于相对人的信赖利益保护，严格禁止行政机关依职权撤销。

二　德国授益行政行为的撤销

依德国行政法传统理论，违法行政行为因不符合依法行政原则的要

---

① 参见王名扬《法国行政法》，北京大学出版社 2007 年版，第 130—133 页。

求，得由行政机关随时依职权加以撤销，故有所谓的行政行为撤销自由原则。但若只是为满足依法行政原则，而无条件地容许行政机关任意行使其撤销权，将可能侵害相对人的信赖利益。对于负担行政行为的撤销，由于系免除相对人所受到的不利益，故原则上不会干涉其权益，得允许行政机关自行裁量决定是否撤销。然而，对于授益行政行为的撤销，情形却有所不同，因此种行政行为系对相对人设定或确认权利，受益人享有因行政行为所授予的利益，并可能因信赖该行政行为的存续，而在财物上有所支配或在生活上有所调整因应。此时若行政机关遽然决定撤销该授益行政行为，并发生溯及既往效力时，将使受益人蒙受重大的不利益。因此，对于授益行政行为的撤销，除需考虑依法行政原则外，对受益人信赖利益的保护，也不容忽视。

信赖保护对授益行政行为撤销的限制主要表现在信赖保护方式的选择和撤销的时间效力等方面。鉴于我国目前理论上对授益行政行为撤销的研究尚不多见这一尴尬事实，[①] 本书以《德国行政程序法》第48条规定为视角，简要论述德国在授益行政行为撤销方面的立法经验，[②] 以及该条规定在立法方面所存在的不足，以供我国学说和实务参考。

依《德国行政程序法》第48条第1款第二句，授益行政行为系指对相对人设定或确认权利或法律上重大利益的行政行为。[③] 据此定义，授益行政行为具有以下重要特征。

其一，以权利或法律上利益作为授益行政行为的内容。就授益的内容而言，不仅仅指狭义上的公权利，所有法律上被保护的利益均包括在内。至于其他未被纳入法律规范保护领域内仅系纯粹事实上的利益，则被排除于授益行政行为内容之外。

其二，授益行政行为的方式包括设定和确认两种。德国行政程序法将

---

① 目前，在理论研究领域，我国专门涉及授益行政行为撤销方面的专著几乎没有，真正涉及此方面的专题论文也仅有很少的几篇而已。

② 在德国，撤销分为两种。基于相对人请求而由诉愿机关或行政法院撤销者，称为争讼撤销；行政机关基于本身职权自行撤销者，称为职权撤销，本文的撤销仅指后者，即行政机关依职权所进行的撤销。

③ 参见赵宏《法治国下的行政行为存续力》，法律出版社2007年版，第156页。

授益行政行为分为设定和确认两种方式。设定行为就是形成某种授益性行政法律关系的行为；确认行为则指确认某种行政法律关系是否存在以及对相对人的法律地位或某种在法律上具有重要意义的事实予以认定的行为。

其三，权利或法律上利益必须直接由行政行为所创设。权利或法律上利益必须由行政机关在职权范围内作出的行政行为所创设，如果权利或法律上利益的创设者不是行政机关而是立法机关，那么，这种权利或法律上的利益就不能归属于授益行政行为。

其四，必须是外部行政行为，能够直接产生外部法律效果。内部行政行为如职务晋升、通报表扬、给予荣誉称号等不属此类。

德国早期行政法理论，基于严格的依法行政原则，一直坚持行政机关不受限制地撤销违法授益行政行为。不过，此种行政机关本于职权自由撤销授益行政行为的做法，[①] 自 20 世纪 50 年代中期起，逐渐受到行政法院的质疑。德国行政法院基于对受益人信赖利益保护的考虑，开始对授益行政行为的撤销予以限制。[②] 自此，授益行政行为的撤销，恒受两项原则的支配，一为依法行政原则，一为信赖保护原则。遵循前者，授益行政行为发生违法自应撤销，以恢复形式上的合法性；依照后者，相对人因信赖行政行为存续所具有的信赖利益，不能随意予以剥夺。可见，前者要求撤销违法的授益行政行为，后者要求维持违法的授益行政行为，二者在授益行政行为撤销中始终处于对立地位。因此，如何在两者间取得均衡而不致偏颇，则是授益行政行为撤销时必须关注的问题。

《德国行政程序法》制定之前，实务上对授益行政行为的撤销通常采取要么全部撤销要么全部维持的做法，行政机关或者为维护公益而牺

---

① 德国在传统上重视公益，战前无论理论或实务上均允许对违法行政行为随时撤销，不受限制。转引自吴庚《行政法之理论与实用》（增订八版），中国人民大学出版社 2005 年版，第 256 页。

② 动摇自由撤销理论之契机，为柏林高等行政法院 1956 年 11 月 14 日的“抚恤年金案”判决，该判决获得联邦行政法院的维持。该案原告为一原居住于民主德国的公务员寡妻，经被告机关（西柏林内政部）书面证明，如居住于西柏林，即可获得生活扶助请求权。原告于是迁居西柏林，被告机关也对其核发安寡金。其后被告机关发现，原告不符核准的法律要件，随即停止发放安寡金，并通知缴回已付的生活扶助金。原告不服，遂提起行政诉讼。参见陈敏《行政法总论》，（台北）新学林出版有限公司 2007 年版，第 455—456 页。

牲相对人的信赖利益，或者为保护相对人信赖利益而牺牲公益。这种“全有”或“全无”的信赖保护方式显然过于单一，不能全面有效地兼顾公益与相对人的信赖利益。为解决此一问题，《德国行政程序法》在原有存续保护的基础上，另行规定了新的信赖保护方式——财产保护。《德国行政程序法》第 48 条将授益行政行为区分为给付金钱或可分物的行政行为与非给付金钱或可分物的行政行为，并分别在该条第 2 款和第 3 款对这两类授益行政行为的撤销规定了不同的信赖保护方式。对于前者，《德国行政程序法》原则上给予存续保护；对于后者，《德国行政程序法》一般给予财产保护。

（一）关于给付金钱或可分物的授益行政行为之撤销

对于给付金钱或可分物的授益行政行为之撤销，《德国行政程序法》第 48 条第 2 款规定了存续保护，即受益人如果信赖行政行为的存续，且其信赖利益明显大于撤销行政行为所维护的公益，行政机关不得撤销。在这种情形下，行政行为即使被确认违法，其存续力仍不致受到中断或限制。《德国行政程序法》之所以对给付金钱或可分物的行政行为提供存续保护，主要基于以下考虑，“相比较行政相对人值得保护的信赖利益，国家的这种财政利益自应向后退让，而且采取存续保护完全可以更便捷地达到与财产保护相同的法律效果。”①

依据《德国行政程序法》第 48 条第 2 款，采取存续保护的前提是：受益人信赖行政行为的存续且其信赖值得保护。同时，受益人信赖利益需大于撤销所维护的公益。②

1. 受益人的信赖

受益人的信赖包括两方面：一是信赖心理，二是信赖表现。所谓信赖心理，就是受益人已明确地了解行政行为的内容并且确信行政行为会继续存续的心理状态；所谓信赖表现，是指受益人基于这种信赖心理作出的一系列处置或安排。例如受益人已使用给付的资金购置设备，开始

① Vgl. Kopp/Ramsauer, Verwaltungsverfahrensgesetz Kommentar, Verlag C. H. Beck, 8. Auflage, 829ff.

② 参见应松年主编《外国行政程序法汇编》，中国法制出版社 2004 年版，第 100 页。

修建已经许可的设施或者将给付的物品用于生活消费等。如果受益人根本不知道行政行为的内容，或者误认为一个事实上已生效力的行政行为并未成立，就不能认为受益人对该行政行为存在信赖。[①] 较有争议的是，有学者认为，对于受益人的信赖，只需具备信赖心理即为已足，并不需要受益人通过特定的信赖表现对外加以证明。信赖表现只是为了协助行政机关判断受益人是否存有信赖而已，并非受益人主张其信赖的必备要件。笔者认为，信赖表现此项要件之所以存在，其目的主要是排除受益人仅凭单纯的愿望或期待也可以请求行政机关提供信赖保护而言。若受益人缺乏具体的信赖表现，行政机关将很难判断受益人是否存在信赖利益，以及信赖利益是否受有损害；如果受益人根本不存在信赖利益或者其信赖利益并没有受到损害，就无权要求行政机关提供信赖保护。从此一角度来看，将信赖表现作为受益人信赖的必备要件未尝不可。而且，信赖表现并不仅仅局限于积极的作为，消极不作为同样属于信赖表现。如果受益人的信赖通过不作为方式予以体现，在满足一定条件的情形下，也应获得信赖保护。例如行政机关对相对人的轻微违法行为迟迟不作出处罚，经过一定期间后，相对人出于对其行为不会受到处罚这一事实的信赖，即使于该期间内没有作出任何行为，行政机关也不得事后再对相对人此一违法行为作出处罚。我国《行政处罚法》（2021 修正）第三十六条第（一）款“违法行为在二年内未被发现的，不再给予行政处罚；涉及公民生命健康安全、金融安全且危害后果的，上述期限延长至五年。法律另有规定的除外”即为此方面的典型规定。上述观点之所以否认信赖表现是受益人信赖的必备要件，原因在于其错误地将信赖表现仅仅限定于受益人的作为方面，忽略了受益人的不作为同样属于信赖表现，进而得出片面的结论。

2. 信赖值得保护

依《德国行政程序法》第 48 条第 2 款第一句，除受益人具备信赖这一要件外，尚需其信赖依公益衡量在撤销行政行为时值得保护，才足以构成。而判断受益人信赖是否值得保护，一般取决于受益人对维持该行

① 参见赵宏《法治国下的行政行为存续力》，法律出版社 2007 年版，第 166 页。

政行为所存在的信赖利益与撤销该行政行为所维护的公益间，二者价值之权衡。为此，《德国行政程序法》作了严谨的制度设计。首先，《德国行政程序法》第48条第2款第一句规定了信赖值得保护的一般原则（公益衡量）；其次，《德国行政程序法》第48条第2款第二句从正面规定了相对人信赖值得保护的情形，第48条第2款第三句则从反面规定了排除相对人信赖保护的情形。据此，判断受益相对人信赖是否值得保护，一方面要看受益人是否存在无法律特别规定的排除信赖保护的情形；另一方面需看受益人是否具有法律特别列举的信赖值得保护的情形；最后还需依受益人的信赖利益是否明显大于撤销行政行为所维护的公益而定。①

（1）法定排除信赖的情形

《德国行政程序法》第48条第2款第三句列举了三种受益人信赖不值得保护的情形，这三种情形分别如下所示。

第一，受益人以欺诈、胁迫或行贿取得一行政行为。

适用本款情形排除受益人信赖保护，必须满足两个要件：其一，受益人的行为必须具体涉及恶意欺诈、胁迫或行贿，并非任何受益人的不正当行为皆可排除信赖保护；其二，受益人必须借由恶意欺诈、胁迫或行贿，而致使行政行为得以成立。因此，在受益人的欺诈、胁迫或行贿行为与行政行为成立间必须具有直接的因果关系存在。

较有争议的是，受益人的欺诈、胁迫或行贿行为除作为行政行为成立的原因之外，是否也是造成行政行为违法的原因？德国学者间意见存在分歧，有学者认为，行政行为违法纵使非出于受益人欺诈、胁迫或行贿等不正当行为所造成，而是出于其他原因，例如行政机关本身行为上的瑕疵，仍可适用本款规定。② 另有学者认为，受益人欺诈、胁迫或行贿等不正当行为除需造成行政行为成立原因外，也应是造成该行政行为违法的原因。③ 笔者赞同后者观点。理由是：若采前者观点，受益人的

① 参见赵宏《法治国下的行政行为存续力》，法律出版社2007年版，第167页。

② Vgl. Kopp，VwVfG，3Aufl.，1983，§48 Rn. 66.

③ Vgl. Obermayer，VwVfG，§48 Rn. 59；Mayer in：Mayer/Borgs，VwVfG，§48 Rn. 75.

欺诈、胁迫或行贿等不正当行为固然使行政行为得以成立，但并非导致行政行为违法，假若行政行为的违法是由受益人以外的其他缘由（例如行政行为内容本身存在重大瑕疵）所引起。此种情形下，纵然受益人的不正当行为对行政机关作出行政行为会产生一定影响，但行政行为违法的法律后果仍不能完全归责于受益人，若为此而否定相对人的信赖利益，将行政行为违法的法律后果完全归责于受益人，无异于是对受益人的一种额外处罚。

第二，受益人以严重不正确或不完整的陈述取得一行政行为。

受益人以严重不正确或不完整的陈述而促成行政行为成立的，相对人的信赖不值得保护。根据德国联邦行政法院判决，如果行政行为的违法在客观上归责于受益人，不能提供信赖保护。这一点同样适用于行政行为违法是由相对人错误陈述造成的情形。是否符合《德国行政程序法》第 48 条第 2 款第 2 项的规定，关键在于受益人是否客观上作了错误陈述，并且该错误陈述是否是造成行政行为违法的主要原因。至于受益人是否具有过错，是否明知或应知其陈述的内容不正确或不完整，并不重要。如果错误陈述是由行政机关造成的，行政机关应对行政行为的违法性负责，其后果是第 2 项的排除规定不能适用。联邦行政法院甚至认为，行政机关的混合过错同样不予考虑，行政机关不得以此为由撤销行政行为。①

第三，受益人明知或因重大过失而不知行政行为违法。

受益人依其认识能力，若清楚地知悉行政行为本身存在明显瑕疵或行政行为所提供的给付在法律上根本不能成立时，应视为受益人已明知行政行为违法。②

所谓重大过失，是指受益人基于主观上的疏忽或过于自信，不仅没有尽到其应尽的法定较高的注意义务，甚至连基本的一般注意义务都未做到，最终导致某种不利法律后果的发生。受益人的注意义务，并非纯

① 参见［德］哈特穆特·毛雷尔《行政法学总论》，高家伟译，法律出版社 2000 年版，第 281—282 页。

② Vgl. Kopp, VwVfG , § 48 Rn. 72.

粹客观的标准，而是依个案的具体情形，尤其是以受益人自身状况而定。若受益人具备该行政行为方面的专业知识和个人技能，那么，受益人的注意标准可能提高；反之，受益人的注意标准可能降低。

（2）法定信赖应受保护的情形

《德国行政程序法》第 48 条第 2 款第二句从正面列举了两种原则上相对人信赖应受保护的情形，亦即受益人已使用所提供的给付，或者作出不能恢复或只能在遭受不合理的不利时才能恢复原状的财产处分。在以上两种情形下，受益人的信赖利益原则上值得保护，但这并不意味着行政机关在受益人的信赖利益与撤销行政行为所维护的公益之间进行权衡的义务就被绝对排除。《德国行政程序法》第 48 条第 2 款第二句只是阐明当受益人具备上述两种情形时，只有在例外情形下（例如废止保留），撤销行政行为所维护的公益才有大于受益人信赖利益的可能。①

3. 需受益人信赖利益大于撤销所维护的公益。

行政机关撤销行政行为所维护的公益与受益人的信赖利益之间，原则上一方并不具有优越于另一方的地位，行政机关在进行利益衡量时应一视同仁。另外，《德国行政程序法》第 48 条第 2 款中撤销所维护的公益，依照联邦宪法法院与行政法院相关判例解释，不仅指维护形式上的依法行政所实现的一般公益，还包括因撤销违法的授益行政行为而使国家得以避免的财政利益和执行利益。② 在第三人效力的行政行为中，如果对第三人利益的保护同样属于公共利益的一部分，也应将其列入公益的范畴。③

行政机关在具体个案中进行利益衡量时，必须综合考量各种相关利益。在此，除考虑撤销对受益人信赖利益的影响、不撤销对公益或第三人利益的影响外，还需权衡以下因素。

---

① 参见赵宏《法治国下的行政行为存续力》，法律出版社 2007 年版，第 167—169 页。

② BVerwGE 92，81；BVerwGE 60，211；83，199；BverwG NVwZ 1986，482；DVBL 1982，797.

③ Vgl. Rupp，Wohl der Allgemeinheit und öffentliche Interessen，123；Kopp，Bay VBL 1980，263.

（1）危险排除和危险预防通常产生优先的公共利益。[①]

（2）如果受益人具有过错，撤销的公共利益通常具有优先性。[②]

（3）如果授益行政行为违法十分严重，撤销的公共利益通常具有优先性。[③]

（4）如果造成行政行为违法的情况属于受益人的责任范围，即使受益人并不一定具有过错，撤销的公共利益也通常具有优先性。

（5）通常与诉讼类似的正式程序作出的行政行为，受益人的信赖保护通常具有优先性。[④]

（6）撤销授益行政行为对受益人的影响。若撤销将对受益人造成极为重大的影响，例如使受益人的生计陷入困境，需予以特别评估。

（7）授益行政行为作出后经历的时间长短。若授益行政行为作出后经过的时间越久，受益人的信赖保护越具有优先性。

（8）就给付金钱或可分物而言，受益人若对这种给付具有生活上、经济上高度的依赖性，甚至在某种程度上具有社会正义性质时，行政机关不得撤销。[⑤]

在综合考量以上各种利益因素后，若受益人信赖利益明显大于撤销所维护的公益，行政机关不得撤销。反之，若受益人信赖利益小于撤销所维护的公益，行政机关可以撤销，但必须补偿受益人相应的信赖损失。

（二）关于非给付金钱或可分物的授益行政行为之撤销

依《德国行政程序法》第48条第3款规定，对于非给付金钱或可分物的授益行政行为，即使受益人的信赖利益值得保护，原则上也无法阻止行政机关依职权撤销，只是会造成受益人得请求补偿因撤销所遭受的

---

① 参见［德］汉斯·J. 沃尔夫、奥托·巴霍夫、罗尔夫·施托贝尔《行政法》第二卷，高家伟译，商务印书馆2002年版，第118页。

② 参见［德］哈特穆特·毛雷尔《行政法学总论》，高家伟译，法律出版社2000年版，第281页。

③ 参见［德］哈特穆特·毛雷尔《行政法学总论》，高家伟译，法律出版社2000年版，第282页。

④ 参见翁岳生主编《行政法》，中国法制出版社2002年版，第692页。

⑤ 参见董保城《行政处分之撤销与废止》，中国台湾地区行政法学会编《行政法争议问题研究（上）》，（台北）五南图书出版公司2000年版，第482页。

信赖损失而已。[①] 这不同于《德国行政程序法》第48条第2款对于给付金钱或可分物的授益行政行为之撤销——涉及行政行为在存续和撤销之间进行选择的问题，在此只是考虑撤销后应否给予受益人信赖利益补偿。经过相关的利益衡量，若受益人信赖值得保护，行政机关撤销行政行为时应当给予受益人信赖补偿；若受益人信赖不值得保护，则由受益人自行承担因撤销所遭受的损失。[②] 可见，德国行政程序法对于非给付金钱或可分物的授益行政行为之撤销，采取的只是财产保护而不是存续保护。财产保护，虽然在某种程度上缓解了德国传统行政法上解决授益行政行为撤销问题时只能采取"全部存续或者全部撤销"的单一方案，拓展了行政机关处理个案时的弹性空间。但问题在于：就非给付金钱或可分物的授益行政行为而言，采取财产保护是否均能有效弥补受益人的信赖利益损失？笔者认为并非如此。固然财产保护对于受益人大多数信赖利益损失均能有效予以弥补，然而，对于某些难以用财产、本质上也不易以财产衡量的信赖利益损失，财产保护却难以发挥作用。例如授予国籍、许可就学等授益行政行为，因为这类行政行为的目的，并不在于使相对人获得经济上的利益，所以撤销的效果不会偏向于经济或财产方面，同时原则上也不致使相对人有金钱上的损失。[③] 此种情形下，若采取财产补偿的方式来弥补相对人的信赖利益损失，对于相对人的信赖保护将形同空言。况且，此时受益人很难证明其有财产上的损失，即使受益人对行政行为存有信赖也不足以阻止授益行政行为的撤销，又无法获得财产补偿，则《德国行政程序法》第48条第3款规定，显然无法达到其保护受益人信赖利益之目的。

为避免行政机关在撤销事由出现后怠于行使撤销权而使相对人法律地位长期处于不确定状态，保护相对人的信赖利益，必须对行政机关行使撤销权在时间上加以限制，故有设置撤销权除斥期间的必要。为此，《德国行政程序法》第48条第4款规定，行政机关的撤销权应当在得知

---

① Vgl. Kopp, VwVfG, §48 Rn. 83.

② Vgl. Laubinger in: Ule/Laubinger, VwVfR, §62 Ⅱ 3 b).

③ Vgl. Schenke, DÖV 1983, 323; Kisker, VVDStRL 1974, 187; Erichsen in: Erichsen/Martens, Allg. VwR, §18 Ⅲ.

撤销事由之日起一年内为之。但受益人以欺诈、胁迫或行贿取得行政行为的，行政机关撤销行政行为则不受此一年除斥期间的限制。

总之，《德国行政程序法》将授益行政行为分为给付金钱或可分物的行政行为与非给付金钱或可分物的行政行为，对于前者给予存续保护；对于后者则给予财产保护。相比法国授益行政行为的撤销，德国在授益行政行为的分类处理方面显然更为合理，而且就授益行政行为撤销的具体可操作性层面而言，要比法国对授益行政行为的撤销规定的更加细致和完备。由此可见，德国在此方面的规定相较法国而言，更值得肯定。

（三）有关《德国行政程序法》第 48 条对于授益行政行为撤销所作区分之批判

《德国行政程序法》公布之前，联邦行政法院基于对受益人信赖利益的保护，限制行政机关任意撤销授益行政行为。但由于缺乏实定法的依据，致使行政机关必须就维持行政行为与撤销行政行为二者间加以选择，过于僵化。为解决此问题，《德国行政程序法》乃于第 48 条专门就授益行政行为的撤销作了具体规定。《德国行政程序法》第 48 条将授益行政行为分为给付金钱或可分物的行政行为与非给付金钱或可分物的行政行为两类，并分别适用不同的信赖保护方式。对于前者，《德国行政程序法》给予存续保护；对于后者，《德国行政程序法》则给予财产保护。之所以如此区分，依其立法理由说明，在于前者仅涉及财务上的利益，故当受益人的信赖值得保护时，可以使该授益行政行为继续维持（第 48 条第 2 款）。但在后者，由于具有较强之国家关系，不得任其继续存在，应予撤销，故改采财产保护方式，以补偿相对人的信赖利益（第 48 条第 3 款）。①

然而，《德国行政程序法》第 48 条能否达到既定的立法目的？且将授益行政行为区分为给付金钱或可分物的行政行为与非给付金钱或可分物的行政行为并对二者采取不同的信赖保护方式是否合理？这些均值得怀疑，理由如下。

---

① Vgl. Ule/laubinger，VwVfR，§62 Ⅱ1.

1. 就解决授益行政行为撤销时的全有或全无问题方面

《德国行政程序法》第48条为解决行政机关在撤销授益行政行为时只能在撤销和维持间选择全有或全无的困境，立法者严格划定授益行政行为的类型并分别规定各自应适用的信赖保护方式，即给予给付金钱或可分物的授益行政行为以存续保护，给予非给付金钱或可分物的授益行政行为以财产保护。立法者采取此种区分方式，主要目的在于，当行政机关面临是否撤销违法的授益行政行为时，除撤销或不撤销外，并给予行政机关较大的选择余地。然而，此种方式并不可取，对行政机关撤销授益行政行为所提供的弹性选择空间也较为有限。

首先，立法者既已在法律中严格地划分出授益行政行为类型，及其所应适用的信赖保护方式，即给付金钱或可分物的行政行为给予存续保护；非给付金钱或可分物的行政行为给予财产保护。行政机关受此机械化分类的拘束，就只能依照这种僵硬的法律规定行使其撤销权，根本无法就个案的具体情形，斟酌各种相关利益因素，以决定采行何种保信赖护方式为优。

其次，对于某些非给付金钱或可分物的授益行政行为，财产保护并不能发挥有效的信赖保护效果（前已阐明），此时若断然采取财产保护方式，对于相对人的信赖保护并无实益可言。在此情形下，唯有采取存续保护，才能达到受益人信赖保护的目的。

鉴于此种分类方式过于僵化，且对某些类型的授益行政行为无法发挥信赖保护作用，笔者认为，立法者采取此种区分方式并没有有效解决行政机关撤销授益行政行为时在维持和撤销间选择全有或全无之困境。

2. 就是否为给付金钱或可分物的行政行为作为区分信赖保护方式之标准方面

《德国行政程序法》第48条对于受益人信赖利益的保护，采取存续保护和财产保护两种方式，受益人究竟应获得何种保护，视被撤销的授益行政行为是否为给付金钱或可分物的行政行为而定。若被撤销的行政行为系给付金钱或可分物性质，采取存续保护；若被撤销的行政行为系非给付金钱或可分物性质，改采财产保护。《德国行政程序法》采取此种信赖保护标准是否妥当，实在值得怀疑，其理由如下。

首先，此种标准有违德国宪法上的平等原则。平等原则的基本要求就是相同事务相同处理，不同事务不同处理。依德国联邦宪法法院见解，当某一法律规定对性质相同的事务采取不同处理，但本身又缺乏合理的实质理由时，即可视为其违反平等原则。① 《德国行政程序法》第 48 条以行政行为是否系给付金钱或可分物性质，作为行政机关采取何种信赖保护方式的标准，并不具备实质上的理由，给付金钱或可分物的行政行为与非给付金钱或可分物的行政行为二者在本质上并无不同。两者同属授益行政行为，且对信赖保护的要求皆出于对受益人信赖利益这一基本权利的维护，而信赖保护基本上在所有的授益行政行为中皆扮演同等重要角色，并不因行政行为是否具给付金钱或可分物性质而有所改变。《德国行政程序法》对此两类行政行为采取不同的信赖保护方式，给予前者完全的信赖保护（存续保护），而给予后者不完全的信赖保护（财产保护），实在缺乏足以令人信服的理由。

其次，依《德国行政程序法》第 48 条立法理由说明可知，之所以将授益行政行为区分为给付金钱或可分物的行政行为与非给付金钱或可分物的行政行为，并对二者采取不同的信赖保护方式，在于前者仅涉及财务上的利益，故当受益人的信赖值得保护时，可以使该授益行政行为继续维持（第 48 条第 2 款）。但对于后者，由于具有较强的国家关系，不得任其继续存在，应予撤销，故改采财产保护方式，以补偿相对人的信赖利益（第 48 条第 3 款）。但该立法理由存在以下疑点：其一，所谓国家关系，在概念上并不明确，将此一不确定法律概念交由行政机关在撤销授益行政行为时自由裁量，很可能导致行政裁量权的滥用。其二，随着当代公行政的发展，公共事务日益增多，行政机关实现公益目的的手段也日趋多样化，其完全可以借助给付金钱或可分物的行政行为作为达成实现国家关系所保护的利益这一目的之手段。例如行政机关向受益人提供生活补助，即受到补助目的的拘束，借此实现特定非财务方面的公益目的，如实现社会福利和保障社会公平。因此，《德国行政程序法》

---

① Vgl. BVerwGE 1, 52; 44, 90; 49, 396; 55, 128; 60, 108; 68, 250.

第48条第2款关于给付金钱或可分物的行政行为，并非全部只限于财务上的利益，也可能涉及较强之国家关系方面的利益。也就是说，并非所有给付金钱或可分物的行政行为均涉及财务方面的利益，同样，也并非所有非给付金钱或可分物的行政行为均涉及较强之国家关系方面的利益。

最后，立法者以《德国行政程序法》第48条第3款非给付金钱或可分物的行政行为具有较强之国家关系为由，主张此种性质的授益行政行为不得撤销，即一律提供完全的信赖保护——存续保护。此种观点并无根据。《德国行政程序法》第48条第2款所规定的非给付金钱或可分物的行政行为是否具有较强的国家关系而不得撤销，需依该行为的对象、性质、种类以及维持该行为时所涉利益状况而定，绝不能一概而论。由于个案情形所涉利益的多样性和复杂性，无法断然肯定，撤销《德国行政程序法》第48条第3款所规定的非给付金钱或可分物的行政行为，一定比撤销《德国行政程序法》第48条第2款所规定的给付金钱或可分物的行政行为具有更为值得保护的公益存在，并基于此理由而认为其撤销较为迫切。

三　授益行政行为撤销的生效时点

一般而言，行政行为被行政主体依职权撤销后，发生溯及既往效力，经撤销后法律关系恢复到行政行为未作出前的状态，等同于行政主体未作出任何行政行为。然而，对于授益行政行为而言，若撤销后其效力一概溯及既往，将使相对人信赖利益难以得到适当保护。因此，为了有效保护相对人的信赖利益，必须对授益行政行为的撤销时点加以限制。依据《德国行政程序法》第48条第1款第一句，违法的授益行政行为，行政机关得随时向未来或向过去为全部或一部之撤销。可见，撤销效力既可溯及既往，也可面向未来，原则上由行政机关视个案具体情形，经斟酌各种利益因素后裁量决定。

既然撤销效力于何时发生，由行政机关裁量决定，那么，对于撤销的生效时点，将不仅仅限于以下两种情形：其一，被撤销的授益行政行为作成时点；其二，撤销决定作成时点。行政机关可依具体情形，选择介于此两个时点间的任何时点，甚至一定条件下也可选择撤销决定作成时点后的某一时点作为撤销的生效时点。

撤销效力究系溯及既往，还是面向未来，与被撤销的授益行政行为性质有密切关系。若内容仅系针对一次性法律效果的发生而完结，性质上非具持续效力的授益行政行为，因撤销后其法律效果难以恢复，若撤销效力仅对未来生效将难以达到撤销的目的，因此，其撤销效力仅能对过去生效。

由此可见，对于撤销效力究竟是对过去生效还是对未来生效，行政机关只有在所谓的具持续效力的行政行为，才有予以选择的可能。具持续效力的行政行为，系指法律效果必须能够持续一定期间的行政行为，例如营业许可。对具持续效力的授益行政行为之撤销，撤销的生效时点究应于何时发生，撤销效力是溯及既往还是面向未来，原则上需视撤销时受益人的信赖利益保护状况而定。具持续效力的授益行政行为在撤销效力产生时点上存在以下几种情形。

1. 若相对人信赖利益不值得保护，行政机关可以将撤销的效力溯及既往。依据《德国行政程序法》第48条第2款第四句，若受益人存在信赖不值得保护的情形，行政机关原则上可以作溯及既往的撤销。撤销的法律效果：行政行为的效力恢复到未作出前的状态。例如相对人通过欺诈方式取得行政许可（如图6－1）。（注：←表示向过去撤销；→表示向将来撤销；┈┈表示自被撤销的授益行政行为作成时至撤销决定生效时，行政行为效力仍然存在）

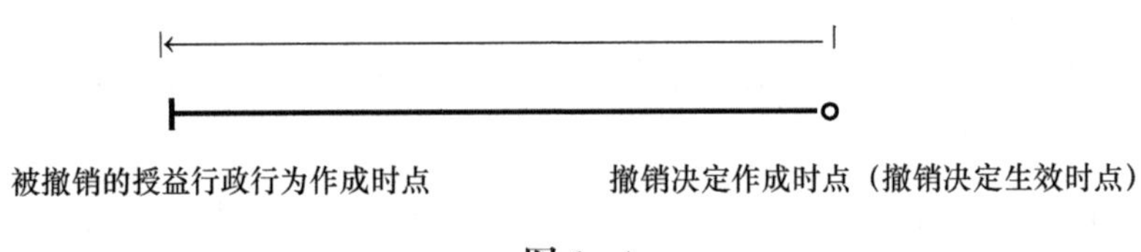

图6－1

2. 若相对人信赖利益值得保护，且其信赖利益在撤销时已有部分存在，行政机关可以自作成撤销决定前的某一时点向后撤销。撤销的法律效果：行政行为自行政机关作成撤销决定前的某一时点（撤销决定生效时点）往后消灭其效力，但撤销决定生效时点前的部分仍然保有其存

在。例如：相对人向主管部门申请KTV营业许可，主管机关未征求相邻居民意见的情形下，批准相对人的营业许可，后来由于影响相邻居民正常休息，主管部门要求相对人设置防止噪音设备。相对人故意不履行义务，一个月后，主管机关撤销该营业许可，并决定撤销效力自相对人拒绝履行义务时起向后发生（如图6－2）。

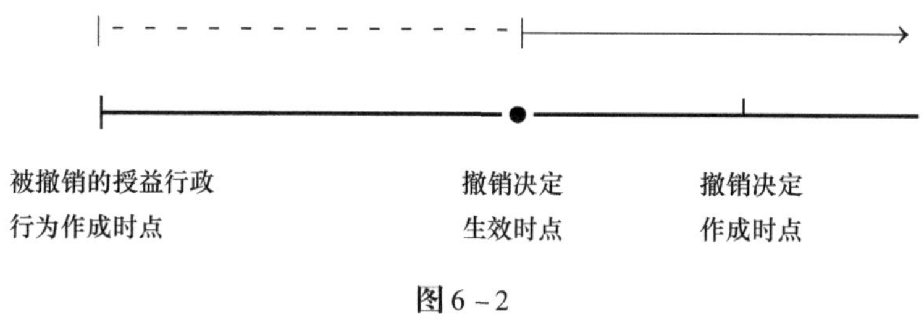

图6－2

3. 若相对人信赖利益值得保护，且其信赖利益在撤销时始终存在，行政机关可以自撤销时起向后撤销。撤销的法律效果：行政行为自行政机关作成撤销决定时（亦即撤销决定生效时）往后消灭其效力，但撤销决定作成时点（亦即撤销决定生效时点）前的部分仍然保有其存在（如图6－3）。

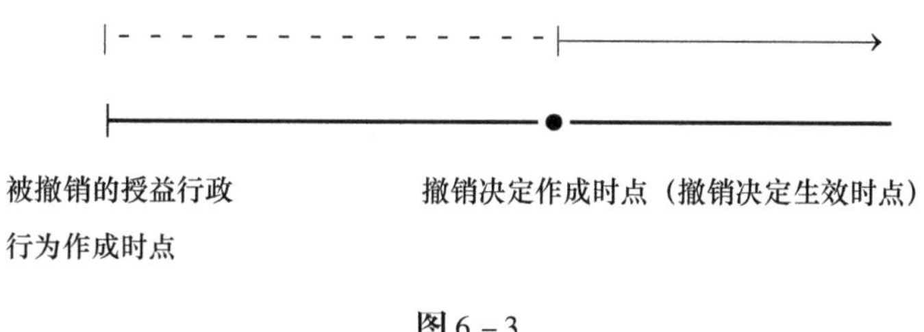

图6－3

4. 若相对人信赖利益值得保护，且行政机关自撤销时向后撤销，仍不足以保护相对人信赖利益的，行政机关可以选择自撤销决定作成后的某一时点（撤销决定生效时点）向后撤销。其法律效果：行政行为自撤销决定作成后的某一时点（撤销决定生效时点）往后消灭其效力，但撤销决定生效时点前的部分仍然保有其存在。例如：当前许多城镇实行这样的养老金政策：先由具备一定条件的相对人（年龄在60周岁以上）

向政府缴纳一定数量的养老金（假设为36000元），然后相对人可从政府逐月领取养老金1000元，直至其去世。假如在相对人领取养老金2年后，有关部门发现此项政策违法，遂决定撤销，此时相对人信赖利益如何保护？妥当办法就是自撤销决定作成时起延后至少1年生效（如图6-4）。

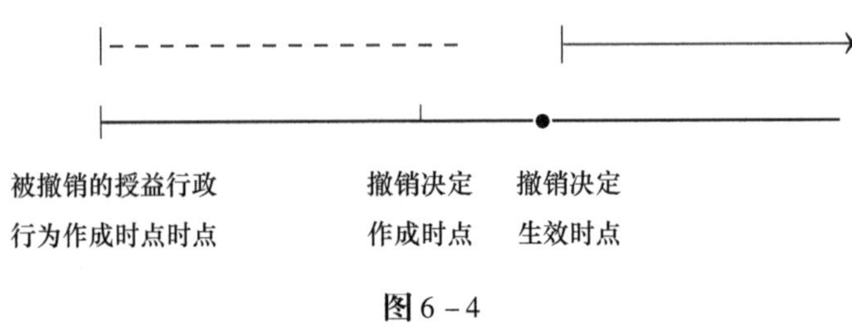

图6-4

四　小结

关于行政机关如何依职权撤销授益行政行为，在《德国行政程序法》第48条则有专门规定。《德国行政程序法》将授益行政行为分为给付金钱或可分物的行政行为与非给付金钱或可分物的行政行为，对于前者给予存续保护；对于后者给予财产保护。然而，《德国行政程序法》采取此种分类方式是否合理，值得怀疑。在撤销的时间效力方面，授益行政行为的撤销并非一律溯及既往，在很大程度上取决于撤销时受益人的信赖保护状况。为此，《德国行政程序法》第48条赋予行政机关自由裁量权，撤销既可溯及既往生效，也可面向未来生效，原则上由行政机关裁量决定。

第三节　第三人效力的行政行为之撤销

一　问题的提出

近代行政法理论以行政主体与相对人之间的关系为主要研究对象，其法律关系表现为“行政主体—相对人”的两面关系。随着公权理论的发展以及福利行政和给付行政的兴起，当代行政法律关系逐渐由传统的双面关系发展至“行政主体—相对人—第三人”的三面关系，在具体的

行政法律关系中，不仅涉及行政主体与相对人之间的关系，而且具有利害关系的第三人也参与其中，行政法律关系出现愈来愈复杂化的趋势。在行政法律关系中，体现这种三面关系的当属第三人效力的行政行为。所谓第三人效力的行政行为，是指不仅对相对人，同时对第三人也会产生法律效果的行政行为。[①] 此类行政行为又有对相对人授益并对第三人施加负担的行政行为（简称“第三人负担效力的授益行政行为”）和对相对人施加负担并对第三人授益的行政行为（简称“第三人授益效力的负担行政行为”）之分。[②] 前者对相对人产生授益，而对第三人产生负担；后者对相对人产生负担，而对第三人产生授益。由此可见，在第三人效力的行政行为中，相对人与第三人利益是对立的，此种行政行为的作出要么对相对人有利而对第三人不利；要么对相对人不利而对第三人有利。这就不免产生疑问：若第三人效力的行政行为违法，行政主体依职权撤销第三人效力的行政行为时，应如何处理？就一般的具体行政行为来说，行政主体依职权撤销行政行为时，若该行政行为属负担性质，撤销的效力将溯及既往，因为此种情形下相对人一般不存在信赖利益的保护问题；若该行政行为属授益性质，行政主体依职权撤销行政行为时则可能涉及相对人信赖利益的保护，此时撤销的效力就不能完全适用溯及既往原则，行政主体必须在撤销行政行为所维护的公益与相对人的信赖利益之间进行具体的比较、衡量，亦即，需要考虑对相对人信赖利益的保护。[③] 前者属于负担行政行为的撤销规则，后者属于授益行政行为的撤销规则。那么，对于同时兼有负担与授益性质的第三人效力行政行为，行政主体依职权撤销时应如何处理，是依负担行政行为撤销规则处理，还是依授益行政行为撤销规则处理？在撤销裁量的过程中，行政主体应以保护相对人利益为优先，还是以保护第三人利益为优先，抑或两者兼而有之？针对第三人效力的行政行为之两种基本类型（第三人负担

---

① ［德］哈特穆特·毛雷尔：《行政法学总论》，高家伟译，法律出版社 2000 年版，第 208—209 页。

② 参见赵宏《法治国下的行政行为存续力》，法律出版社 2007 年版，第 162 页。

③ 李垒：《论授益行政行为的撤销——以〈德国行政法〉第 48 条规定为视角》，《政治与法律》2012 年第 4 期。

效力的授益行政行为与第三人授益效力的负担行政行为)，其各自的撤销规则应如何设定？这些均是行政主体依职权撤销第三人效力的行政行为时必须予以考虑的问题。

第三人效力的行政行为因涉及行政主体、相对人和第三人之间的三方关系，在撤销第三人效力的行政行为时，行政主体不仅要考虑撤销所维护的公益，还要具体衡量和比较相对人利益以及第三人利益。如何在其间寻找出一个平衡点，是行政主体在依职权撤销第三人效力的行政行为时必须考虑的问题。但不同类型的第三人效力行政行为，相对人利益、第三人利益与行政行为所维护的公益之间的相互关系会存在一定差异：在某一类型的第三人效力行政行为中，可能相对人利益与撤销行政行为所维护的公益是一致的；而在另一类型的第三人效力行政行为中，第三人利益却与撤销行政行为所维护的公益具有一致性。即使同一类型的第三人效力行政行为，在不同情形下三种利益的相互关系也可能以不同形态出现，行政主体在撤销行政行为时，可能只需考虑其中一种利益就已足够，也可能必须同时兼顾两种或两种以上的利益。而三种利益之间的不同关系形态，将决定行政主体在撤销第三人效力的行政行为时，究竟应依授益行政行为撤销规则处理还是依负担行政行为撤销规则处理。为便于分析行政主体在撤销第三人效力的行政行为时上述三方之间具体的利益关系，以下分别按第三人效力的行政行为的两种基本类型展开论述。

二　第三人负担效力的授益行政行为之撤销

第三人负担效力的授益行政行为，系使相对人受益同时造成第三人负担的行政行为。行政主体在撤销这种行政行为时，应着眼于该行政行为系对相对人为授益性质，因而适用授益行政行为撤销规则处理；还是优先考虑该行政行为系造成第三人之负担性质，而选择采用负担行政行为撤销规则处理？若以负担行政行为规则处理，有利于撤销，此时相对人的信赖保护减弱。反之，若以授益行政行为规则处理，有利于维持，此时第三人利益保障又显不足。

(一) 传统观点与评价

依传统观点，行政主体依职权撤销第三人负担效力的授益行政行为，

应以相对人信赖利益保护为主，采授益行政行为撤销规则处理为宜。其理由主要是：第一，受益相对人在行政行为作成时并不知悉存在受不利影响的第三人；第二，将此种行政行为依授益行政行为撤销规则处理，即使第三人利益受到不利影响，依然可以通过事后提起行政救济获得保护；[①] 第三，相对人的信赖利益应当获得保护，否则，会使其承受难以挽回的利益损失；[②] 第四，依《据德国行政程序法》对授益行政行为的定义，[③] 授益行政行为就是为相对人设定或确认权利或法律上重大利益的行政行为，这种性质的认定并不因该行政行为同时也为第三人施加负担而不同。[④] 此外，学术界普遍存在另一种倾向，即以《德国行政程序法》第 50 条规定为依据，认为行政主体撤销第三人负担效力的授益行政行为，一般应依授益行政行为撤销规则处理，但受负担效力的第三人若循争讼程序提起行政救济时，相对人信赖利益将不再受保护。[⑤]

在行政主体依职权撤销第三人负担效力的授益行政行为方面，传统观点重视相对人信赖利益的保护，具有一定的合理性。但执此一端而不分具体情形，断然主张撤销此种行政行为一律以授益行政行为撤销规则处理则过于片面。其实，行政主体在撤销第三人负担效力的授益行政行为时，无论相对人信赖利益、撤销所维护的公益还是第三人利益，如果属于法律上的利益，都有权获得同等保护，绝不可偏重保护一方而忽视另一方。即使依具体情形各种利益在保护程度上会有所差别，也绝不能以此为由完全否认另一方的存在。但《德国行政程序法》第 50 条规定仅以第三人争讼为由完全排除相对人信赖利益的做法，鉴于其在法学界存在的广泛影响，此种规定是否合理，确有单独加以探讨的必要。

---

① 参见林三钦《行政争讼制度与信赖保护原则之课题》，（台北）新学林出版有限公司 2008 年版，第 365—367 页。

② 参见吴坤城《公法上信赖保护原则初探》，城仲模主编《行政法之一般法律原则（二）》，（台北）三民书局股份有限公司 1997 年版，第 254—255 页。

③ 参见《联邦德国行政程序法》第 48 条第 1 款第二句。

④ 参见赵宏《法治国下的行政行为存续力》，法律出版社 2007 年版，第 160—161 页。

⑤ 参见董保成《行政处分之撤销与废止》，中国台湾地区行政法学会主编《行政法争议问题研究（上）》，（台北）五南图书出版公司 2000 年版，第 491 页。

（二）对《德国行政程序法》第50条特别规定之批判

关于第三人负担效力的授益行政行为之撤销，《德国行政程序法》第50条有特别规定，由于该条规定，使得行政主体在撤销第三人负担效力的授益行政行为时，凡第三人在法定期间内提起行政救济，则无须考虑相对人的信赖利益，以致受益相对人的信赖是否应予保护，对于行政主体撤销权的行使几乎不产生影响。

《德国行政程序法》第50条规定，如果授益行政行为因第三人提出异议，在前置程序（相当于我国的行政复议程序）中或行政诉讼程序中被撤销，异议或诉求因此得到满足的情况下，该法第48条第1款第二句，第2款至第4款以及第6款、第49条第2款、第3款和第5款将不适用。[①] 该条的意思是，第三人负担效力的授益行政行为，若第三人请求救济时，对该行政行为有管辖权的职权主体（包括原行政主体及其上级行政主体），可以在不考虑该法第48条有关相对人信赖保护规定的情况下，直接将该行政行为予以撤销。被排除在职权撤销范围外有关相对人信赖利益保护规定的内容主要有：相对人的信赖是否值得保护、撤销后应否给予财产补偿以及时间上是否受有限制等事项。

该法第50条规定之所以排除受益相对人的信赖保护，其主要理由是：具第三人负担效力的授益行政行为因第三人提起法律救济，使得受益相对人必已预测到，该已发生争议的行政行为将来有被撤销的可能。[②] 换言之，受益相对人由于第三人已提起法律救济，自有义务得知该发生争议的事实并有所因应，所以其信赖自此不值得保护。此外，第三人的权利保护，不得因维护相对人的信赖利益而受到损害。也就是说，行政主体撤销行政行为时，不得为保护相对人信赖利益，而减少对第三人权利的保护。[③]

适用《德国行政程序法》第50条特别规定，需具备两个条件：[④]

---

① 参见应松年主编《外国行政程序法汇编》，中国法制出版社2004年版，第102页。

② Vgl. Erichsen in：Erichsen/Martens，Allg. VwR，§18a II 1；Kopp，VwVfG，§50 Rn. 2.

③ 参见［德］哈特穆特·毛雷尔《行政法学总论》，高家伟译，法律出版社2000年版，第307—308页。

④ 参见［德］哈特穆特·毛雷尔《行政法学总论》，高家伟译，法律出版社2000年版，第309页。

(1) 第三人依法提起法律救济，请求撤销具第三人负担效力的授益行政行为。首先，第三人提起救济时必须能够证明其法律上的利益确实受到该行政行为的侵害。如果仅是法律所不保障的事实上的利益受到侵害，将不具备请求法律救济的权利。[①] 其次，第三人必须在法定争讼期间内提起救济，其利益方才受此保护。若第三人不知行政行为内容而无法提起行政救济的，争讼期间应从第三人实际知悉行政行为内容之日起算。[②] (2) 第三人的基本诉求，已因行政主体依职权撤销该行政行为而得以实现。首先，行政主体不待法律救济程序终结，已在该程序之外主动依职权撤销该行政行为，并且在实质上达到了第三人提起行政救济的目的。其次，行政主体在撤销行政行为时，并没有超出第三人行使请求权的范围。[③] 并且，第三人提起法律救济，需具有合法理由，如果不具合法理由，其请求将得不到支持，也就没有必要给予这种特别的保护措施。

《德国行政程序法》第 50 条规定的重要目的在于程序经济，欲借由此一规定使正在争讼中的案件可以经由行政主体的迳行撤销而获得解决。然而，该条过于注重保护第三人利益而忽略相对人信赖利益的做法并不可取。

首先，该条规定难以达到程序经济的目的。依《德国行政程序法》第 50 条规定，当第三人提起法律救济，行政主体认为第三人主张有理由时，可不待法律救济程序终结，直接撤销该行政行为，此时可免去后续的法律争讼程序，从而达到程序经济的目的。[④] 事实上，在法律救济程序中所免去的争议，只是转移到职权撤销这一行政程序中而已，此时争讼成本虽然减少了，但行政成本反而增加，其结果并无多大差异。况且，此条完全忽视相对人信赖保护的做法，难免会使相对人事后不服而重新提起救济，从而带来更多诉累。因此，立法者认为该条可以达到程序经济的目的显然难以达到。

其次，完全排除相对人的信赖利益保护欠缺合理性。依《德国行政

---

① 参见翁岳生主编《行政法》，中国法制出版社 2002 年版，第 640 页。

② 参见洪家殷《行政处分之成立及效力》，《月旦法学教室》2008 年第 41 期。

③ Vgl. Stelkens/Sach in：Stelkens/Bonk/Leonhardt，VwVfG，§50 Rn. 59.

④ 参见林三钦《行政争讼制度与信赖保护原则之课题》，（台北）新学林出版有限公司 2008 年版，第 380 页。

程序法》第50条立法理由说明，之所以排除相对人信赖利益保护，在于第三人提起法律救济后，受益相对人应能预见该行政行为被撤销的可能性。如果依此理由，排除受益相对人信赖保护，实际上已自第三人能够请求法律救济时就已开始，而非直到第三人事实上确已提起行政救济之时。因为第三人何时提起法律救济，相对人事实上根本无法预测，这等于要求相对人在第三人法定争讼期间内不能作出任何信赖行为，否则，一旦第三人提起法律救济，将由相对人完全承担丧失信赖利益的后果。假若第三人于行政行为作出时并未受通知，在该行政行为作成后很长一段时间才知悉行政行为内容，随之提起法律救济，此时受益相对人因确信该行政行为的合法存续并已在财力、物力或其他方面作出了重大安排和处置，若断然排除其信赖保护，将会给相对人造成重大的利益损失，这显然有违公平原则。另外，虽然第三人已提起法律救济，但根据现有事实已足以证明该行政行为合法，或者行政主体已使相对人清楚地认知并确信该行政行为合法，或者第三人的主张显然缺乏合法理由。此时仍令受益相对人承担丧失信赖利益的风险，显然是不合理的。况且，第三人的合法权利与受益相对人的信赖保护同属宪法基本权利的范畴，两者同等受法律的保护，一方并不当然享有优越于另一方的权利。《德国行政程序法》第50条规定采取优先保护第三人利益，而忽视受益相对人信赖保护的立场，显然违背宪法上的平等原则。

最后，第三人是否提起争讼并不是排除相对人信赖保护的决定性要素。《德国行政程序法》第50条规定以第三人负担效力的授益行政行为作为规范对象，主要在于调整行政主体—受益相对人—受不利影响的第三人这三者中受不利影响第三人的地位。其用意大致出于以下考虑：既然行政程序中该行政行为的作出是以受益相对人为主要规制对象，那么，在行政程序过程中撤销该行政行为时，自然也应以是否有利于保护相对人信赖利益为主。此时采取授益行政行为撤销规则当无可厚非；但是，如果受不利影响的第三人提起法律救济，并且其请求具有合法理由，此刻行政行为的撤销已进入争讼程序，既然行政争讼的目的就是为受不利影响的第三人提供有效的救济，争讼程序中以提起法律救济的第三人为主要规制对象，那么，在争讼程序中对该行政行为的撤销自然也应以是

否有利于保护第三人利益为主，即使这种撤销是由行政主体在法律救济程序之外依职权作出的也概无例外。这种考虑虽然具有一定的合理性，但以此为由完全否定受益相对人的信赖保护难以成立。其一，信赖保护的主要目的在于限制行政主体对授益行政行为的撤销，保护相对人的信赖利益。而判断相对人是否存在信赖利益，不在于是否存在受不利影响的第三人，也不完全在于该第三人是否提起了法律救济，而在于受益相对人自身有无欺诈、胁迫、贿赂等可以归责的事由，即相对人的信赖是否出于善意，其信赖是否值得保护这一关键要件。[①]《德国行政程序法》第50条规定仅以受不利影响第三人提起争讼这一点，不足以否定相对人的信赖利益。相对人必须具有明知或因重大过失而不知该行政行为违法以及主观上存在前述欺诈、胁迫、贿赂等事由，才能使其信赖不值得保护。存在受不利影响第三人这一事实，可能影响性行政主体在行政行为存续保护或财产保护之间作出选择，但仅以这一点并不能使受益人的信赖由值得保护变成不值得保护。其二，在第三人负担效力的授益行政行为之三方关系中，主要应该调整受益相对人与受不利影响第三人之间的利益关系，而非受益相对人与行政主体之间的信赖保护关系。[②] 况且，受益相对人与行政主体间的信赖保护关系，也不宜因受不利影响第三人的存在而不同。这是因为受益相对人对是否存在受不利影响的第三人，在行政行为作成时很可能根本无从知悉，而且获悉相关信息也并非受益相对人应尽的义务。

（三）笔者的立场

行政主体依职权撤销第三人负担效力的授益行政行为，究竟应采取何种立场和规则？笔者认为，在行政主体依职权撤销第三人负担效力的授益行政行为过程中，必然涉及三种利益：撤销行政行为所维护的公益、相对人的信赖利益和第三人受行政行为不利影响的利益。由于涉及多种利益的复杂关系，行政主体依职权撤销此类行政行为时绝不能以单一的

---

① 参见洪家殷《信赖保护及诚信原则》，中国台湾地区行政法学会编《行政法争议问题研究》，（台北）五南图书出版公司2000年版，第128—129页。

② 参见林三钦《行政争讼制度与信赖保护原则之课题》，（台北）新学林出版有限公司2008年版，第380页。

授益行政行为撤销规则或负担行政行为撤销规则处理。行政主体必须具体分析撤销中可能出现的各种情形，并在充分把握各种利益关系的基础上，经过综合的利益衡量，才能决定处理方案。在具体分析之前，有必要了解其中各种利益之间的对应关系。在撤销第三人负担效力的授益行政行为时，撤销所维护的公益与第三人利益原则上具有一致性，两者都要求撤销行政行为，属于具体利益衡量中支持撤销行政行为的一方；而相对人信赖利益要求维持行政行为，处于与前两种利益相对立的地位，属于具体利益衡量中反对撤销行政行为的一方。行政主体在具体的利益衡量过程中，必须具体比较公益和第三人利益与相对人信赖利益。若相对人信赖利益不值得保护，行政主体可依职权直接撤销该行政行为，即依负担行政行为撤销规则处理即可；若相对人信赖利益值得保护，则必须考虑相对人合理的信赖，此时应依授益行政行为撤销规则处理为宜，但因具体情形不同，相应的处理规则也会有所差别。由于依负担行政行为撤销规则处理，此种情形比较简单，并无讨论的必要。以下仅就行政主体依授益行政行为撤销规则处理时可能出现的各种具体情形展开讨论。

在讨论之前，有必要分析各种利益可能的存在形态。首先，撤销所维护的公益即形式上的依法行政在整个撤销过程中应当始终是存在的，而且是行政主体撤销行政行为时必须予以考虑的因素。其次，相对人信赖利益值得保护也是应当考虑的因素，这是以下展开讨论的前提。最后，第三人利益可能出现两种情形：第三人在法定救济期间内提起法律救济且其救济有理由时，第三人利益应当受保护，行政主体依职权撤销时必须考虑第三人利益；反之，第三人利益则不受保护，行政主体依职权撤销时无须考虑第三人利益。[①] 由此可见，三种利益中，只有第三人利益存在不确定性。因此，笔者依第三人利益可能的存在形态先将整个撤销过程分为行政行为发生形式存续力之前和之后两个阶段，[②] 然后再依每

① 第三人未在法定救济期间内提起救济，表明其已主动放弃寻求法律保护的权利，行政主体撤销行政行为时对第三人利益可不再予以考虑；第三人诉请无理由，表明其并无实体上受损害的权利，行政主体撤销行政行为时对第三人利益同样不需考虑。

② 形式存续力，是指相对人或有利害关系的第三人对行政行为不得再以行政复议或行政诉讼等一般法律救济程序请求撤销。相对人或第三人在法定救济期间经过后仍未提请救济的，可认为此时行政行为发生了形式存续力。

个阶段第三人可能出现的不同情形分别加以讨论。

行政行为发生形式存续力之前，受不利影响的第三人随时可以提起行政救济。若第三人提起救济，且请求有理由，相对人信赖利益自此不再受保护，因为相对人此时应能预见行政行为将来有被撤销的可能性。而提起救济之前相对人的信赖利益则不受影响。若第三人在争讼期间内未提起行政救济，或者虽然提起救济，但请求显然无理由，相对人的信赖利益仍应获得保护。因此，在该阶段可分两种情形讨论：一是，第三人未提起行政救济；二是，第三人提起行政救济。第一种情形下，第三人在争讼期间内未提起行政救济，可视为其已主动放弃寻求法律救济的权利，行政主体依职权撤销行政行为时对第三人利益可不予考虑。若第三人因未知悉行政行为内容而无法提起行政救济的，可于事后提起撤销之诉。但这已不属于行政主体依职权撤销行政行为时应考虑的范畴。因此，行政主体在撤销行政行为时，只需考虑两种利益：撤销所维护的公益和相对人的信赖利益。此时行政主体必须依授益行政行为撤销规则，具体衡量撤销所维护的公益以及相对人的信赖利益，然后作出是否撤销的决定。行政主体若维持原行政行为，相对人的信赖利益将获得完全的保护；行政主体若撤销原行政行为，应当对相对人的信赖损失予以合理赔偿。第二种情形下，第三人在争讼期间内提起行政救济，若请求有理由，行政主体在行政救济程序之外依职权撤销行政行为时，必须考虑第三人受侵害的利益；反之，若请求显然无理由，第三人的请求将得不到支持，行政主体在撤销行政行为时无须考虑第三人受侵害的利益。以下亦分两种情形讨论：第一，第三人请求显然无理由。表明第三人并不存在实体权利受损害的事实，行政主体撤销行政行为时无须考虑第三人利益。相对人即使明知第三人提起救济这一事实，但仍有理由相信行政行为不可能被撤销，并基于这种信赖所享有的利益应当获得保护。行政主体依职权撤销行政行为时，应当依授益行政行为撤销规则，具体衡量撤销所维护的公益与相对人的信赖利益，然后作出是否撤销的决定。第二，第三人请求有理由时，行政主体依职权撤销行政行为应当考虑第三人受侵害的利益。自第三人提起行政救济后，相对人应能预见行政行为将来有被撤销的可能性，因此，自第三人提起救济后，相对人信赖利益将不再受保护，但第三人提起救济前的信赖利益则不受影响，仍应获得保护。行政主体应当依授益性行政行为撤销规则，具体衡量撤销所维护的公益、第三人利益以及第三人提起救济前相对人的信赖利益。经综合权衡支持撤销一方的公益、第三人利益和反对撤销一方的相对人信赖利益之后，行政主体方能决定是否撤销。

行政行为发生形式存续力之后，第三人不得再行争讼，其利益将不再受保护。相对人信赖利益不仅需要保护，而且信赖保护加强。[①] 此时，行政主体应当依授益行政行为撤销规则，具体衡量撤销所维护的公益以及相对人的信赖利益，然后决定是否撤销。当然，行政主体在进行利益衡量时，也应考虑以下因素。(1) 行政行为违法的严重程度。如违法越轻微相对人越有理由主张信赖保护；违法越严重相对人越不得主张信赖保护。(2) 行政行为的种类与产生方式。如越经正式行政程序作成的行政行为，相对人越有理由主张信赖保护；行政行为越具人身依附性质，相对人信赖保护就会越强。[②] (3) 行政行为作出后经历时间的长短。若授益行政行为作出后经过的时间越久，受益人的信赖保护越具有优先性。(4) 作成行政行为的行政主体自身情况。如行政主体层级越高，相对人越有理由主张信赖保护。(5) 行政行为的性质。如越是具存续性的行政行为或越是具有身份确认性质的行政行为，相对人越有理由主张信赖保护。[③] (6) 对于提供金钱或可分物给付的行政行为，通常相对人对此种给付在生活上具有高度依赖性，甚至具有社会正义性质，应有给予特殊保障的必要。故此类给付相对人具有信赖利益时，行政主体无特殊理由不得撤销。[④] (7) 行政行为是否具有不可争讼性。若行政行为超过法定救济期间，第三人未提起救济的，相对人信赖保护加强，此时更有理由主张信赖保护。(8) 相对人信赖行政行为的存续，若因撤销所致的信赖

---

① 参见陈敏《行政法总论》，(台北) 新学林出版有限公司 2007 年版，第 452 页。

② 参见翁岳生主编《行政法》，中国法制出版社 2002 年版，第 652 页。

③ ［德］汉斯·J. 沃尔夫、奥托·巴霍夫、罗尔夫·施托贝尔：《行政法》第二卷，高家伟译，商务印书馆 2002 年版，第 120 页。

④ 参见董保城《行政处分之撤销与废止》，中国台湾地区行政法学会《行政法争议问题研究》，(台北) 五南图书出版公司 2000 年版，第 482 页。

损失非金钱所能充分填补时，可认为此时行政主体的裁量权缩减为零，不得撤销原行政行为。[①]（9）行政行为的违法是否可归责于相对人。若违法原因由相对人造成，则其信赖较不值得保护。以上因素在行政行为发生形式存续力之前若涉及信赖利益衡量时，同样适用。

总之，行政主体依职权撤销第三人负担效力的授益行政行为，应以相对人信赖利益是否值得保护为标准，来决定采取何种撤销规则处理。若相对人信赖不值得保护，行政主体无须考虑相对人的信赖利益，依职权直接撤销原行政行为即可，即依负担行政行为撤销规则处理；若相对人信赖值得保护，行政主体必须考虑相对人的信赖利益，同时综合权衡其他相关利益之后，方能决定是否撤销，即依授益行政行为撤销规则处理。不过，依授益行政行为撤销规则处理时，由于具体情形不同，各种利益之间的对应关系会存在差别，因此，行政主体在具体衡量时也会有所不同。

三　第三人授益效力的负担行政行为之撤销

第三人授益效力的负担行政行为，系使第三人授益同时造成相对人负担的行政行为。例如行政主体下令拆除相对人甲的违章建筑，使得与该违章建筑比邻而居的住户乙在消防安全、环境卫生等各方面，皆能受益。相对于第三人负担效力的授益行政行为，有关第三人授益效力的负担行政行为在涉及撤销时，应依授益行政行为撤销规则处理还是依负担行政行为撤销规则处理，学者间讨论得并不多。若依授益行政行为撤销规则处理，应当考虑受益第三人的信赖利益；反之，若依负担行政行为撤销规则处理，则无须考虑受益第三人的信赖利益。此外，在上述第三人负担效力的授益行政行为撤销中，对相对人信赖利益的保护，位居判断的关键地位。那么，在第三人授益效力的负担行政行为撤销中，对受益第三人的信赖利益，是否应当保护？如果需要保护，究应保护到何种程度？

---

① 参见陈敏《行政法总论》，（台北）新学林出版有限公司2007年版，第458页。

（一）学术界倾向

对于行政主体如何依职权撤销第三人授益效力的负担行政行为，学术界普遍认为，应依负担行政行为撤销规则处理。其理由为：第一，该行政行为为第三人所带来的利益是事实上的、间接的利益。这种利益属于反射利益，而不属于法律上的利益，不能作为公法上的权利，即使这种利益受到侵害，第三人也无权提起救济。[①] 第二，尽管行政行为在事实上使第三人获得利益，但这并非行政行为的真正目的，也非行政主体真正意欲发生的法律效果，行政行为的真正目的并非为第三人带来利益，而只是给相对人施加负担而已。[②] 第三，由于第三人受益并非直接由行政行为的内容获得，而只是纯粹事实上的效果。因此，对于第三人信赖利益的保护，在程度上难以与行政行为的相对人利益相提并论。在涉及撤销与否的问题上，理应以相对人的利益保护为主，适用关于负担行政行为撤销规则处理为宜。[③]

（二）对通说之批判

持以上观点的学者认为，在第三人授益效力的负担行政行为中，第三人受益仅属事实上的反射利益，并不能归属于法律上的利益，因此，第三人受益不受保护。正如某学者所言，“倘非法定权利的侵害，而只是法律所不保障的反射利益受到侵害，则无请求法律救济可言”。[④] 笔者认为，第三人受益属于法律上的利益还是充其量只是反射利益，并不能一概而论。第三人受益可能属于反射利益，也可能属于法律上的利益。这应取决于根据何种标准予以判定。在判断第三人受益是否属于法律上的利益这一问题上，德国行政法院最早提出了规范保护理论。根据该理论，第三人受益是否属于法律上的利益，应视行政行为所依据的法律规范目的而定。

同为规范保护理论，因对法律规范目的的解释方法的不同而有新、旧

---

① 参见林三钦《行政争讼制度与信赖保护原则之课题》，（台北）新学林出版有限公司 2008 年版，第 367 页。

② 参见赵宏《法治国下的行政行为存续力》，法律出版社 2007 年版，第 163 页。

③ 参见林锡尧《西德公法上信赖保护原则（上）》，《司法周刊》1983 年第 105 期。

④ 参见翁岳生主编《行政法》，中国法制出版社 2002 年版，第 640 页。

之别。旧保护规范理论以解释方法上的主观说（探求立法者原意）为出发点，认为立法者如果明白地在法律规范中规定具有保护个人利益的目的时，该规范即足以认定个人利益具有法律上的利益。反之，法律规范的目的若只是追求或有利于公共利益的实现，而在间接上使得一般人皆可获得事实上的利益时，则仅存有反射利益而已。① 新保护规范理论则从客观的解释理论出发，透过客观法律意旨的探求，并就法律规范的整体结构、适用对象、所欲产生的规范效果及社会发展因素等综合判断，从中推导出法律规范客观的规范目的。② 依据新保护规范理论，某种利益即使不具有法律规范所保护的目的，但只要对个人具有事实上的关联性就足以认定该利益属于法律上值得保护的利益。换言之，只要是涉及个人值得保护的利益，行政主体就有客观的义务以达到符合及有利于个人的状态，个人即有权利要求行政主体对这种利益提供保护。③ 也就是说，在特定的场合，若法规范所规定的行政主体职权与保护个人权益具有事实上的关联性，纵使立法者并非自始具有保护特定个人的意旨，在解释上仍可认为该个人权益具有法律上所保护的利益之性质。④ 亦即，第三人利益纵使是事实上的利益，如果这种事实上的利益系具体的、特定的、个人的且属直接而重大、明显的利益时，不应以反射利益而否定第三人所应具有的诉之利益。⑤

显然，在认定个人利益是否属于法律上的利益方面，新保护规范理论较旧保护规范理论在认定标准上显得大为宽松，在旧规范保护理论下不应认定为法律上利益的个人利益，在新规范保护理论下却极有可能被认定为属于法律上的利益。因新保护规范理论较能体现现代民主法治国

---

① 参见李惠宗《主观公权利、法律上利益与反射利益之区别》，中国台湾地区行政法学会编《行政法争议问题研究》，（台北）五南图书出版公司2000年版，第145页。

② 参见李惠宗《主观公权利、法律上利益与反射利益之区别》，中国台湾地区行政法学会编《行政法争议问题研究》，（台北）五南图书出版公司2000年版，第146页。

③ 参见李惠宗《主观公权利、法律上利益与反射利益之区别》，中国台湾地区行政法学会编《行政法争议问题研究》，（台北）五南图书出版公司2000年版，第150页。

④ 参见李惠宗《主观公权利、法律上利益与反射利益之区别》，中国台湾地区行政法学会编《行政法争议问题研究》，（台北）五南图书出版公司2000年版，第150页。

⑤ ［日］和田英夫：《反射的利益论（三）》，《法律时报》第41卷3号，第58页。

家的精神实质，因而在许多国家和地区得到一致的承认和采纳。[①] 基于新保护规范理论日益取代旧保护规范理论这一事实。对于前述学者之观点有必要重新加以认识。固然，若依旧保护规范理论，第三人受益可能仅仅属于事实上的反射利益而已；但若依新保护规范理论，第三人受益就不能简单地一概认定为反射利益，在具体情形下，第三人受益也有成立法律上利益的可能。因此，完全否认第三人受益属于法律上利益的说法已难以成立。

（三）笔者的立场

行政主体依职权撤销第三人授益效力的负担行政行为，不能仅以受负担的相对人利益为标准，也应考虑到受益第三人的利益。如前所述，第三人受益并不完全属于反射利益，也有存在法律上利益的可能。如果第三人受益属于法律上的利益，那么，第三人对于这种受益的信赖就存有受保护的余地。行政主体依职权撤销第三人授益效力的负担行政行为时，就必须考虑第三人的信赖利益。因此，行政主体依职权撤销第三人授益效力的负担行政行为时，应当判定第三人受益是否属于法律上的利益，如果属于法律上的利益，第三人基于对受益的信赖所产生的利益应当与相对人利益受到同等对待，行政主体在撤销时不应偏重保护一方而忽视另一方；反之，如果第三人受益不属于法律上的利益，而仅属事实上的反射利益，那么第三人信赖将不受保护，行政主体依职权撤销行政行为时可不必考虑第三人的信赖利益。对于行政主体依职权撤销第三人授益效力的负担行政行为，究竟应依负担行政行为撤销规则处理还是依授益行政行为撤销规则处理？笔者依然坚持前述观点：若第三人信赖值得保护时，应当依授益行政行为撤销规则处理；若第三人信赖不值得保护时，[②] 应当依负担行政行为撤销规则处理。至于行政主体如何依授益行政行为撤销规则处理，可以比照第三人负担效力的授益行政行为撤销

① 目前，在德国等大陆法系国家或地区，学说与实务均一致倾向于由传统的旧保护规范理论改采新保护规范理论。参见翁岳生主编《行政法》，中国法制出版社 2002 年版，第 1440—1441 页。

② 第三人信赖不值得保护包括两种情形：一是第三人受益不属于法律上的利益；二是第三人受益虽然属于法律上的利益，但第三人基于对受益的信赖并非出于善意。

规则，准用之。①

第四节　混合效力的行政行为之撤销

一　混合效力的行政行为之概念与特点

所谓混合效力的行政行为，系指同时对相对人产生授益及负担效果的行政行为。此类行政行为的法律效果是混合的，部分为授益性，部分为负担性。典型的具有混合效力的行政行为诸如：行政机关在授予相对人某种行政给付时，同时在该行为中附加附款，或是条件，或是负担。此类行为的主要内容当然是授益性的，但附款内容对于相对人又有负担效果。例如相对人申请营业许可，行政机关在核准的同时，要求申请人改善其工厂的污水处理设备即为一例。混合效力的行政行为具有以下特点。

1. 针对的对象必须是同一行政相对人。混合效力的行政行为必须针对同一相对人作出，也就是说，混合效力的行政行为产生的授益归属于该相对人，混合效力的行政行为产生的负担也应归属于该相对人。如果行政行为产生的授益与负担不是针对同一相对人，而是分别针对相对人和第三人，则构成第三人效力的行政行为而非混合效力的行政行为。

2. 同时产生授益与负担的双重法律效果。混合效力的行政行为必须能够同时产生授益与负担的双重法律效果。如果行政行为仅产生授益性质的效果，构成授益行政行为；如果行政行为仅产生负担性质的效果，则构成负担行政行为；如果行政行为同时产生授益与负担的双重法律效果，但并非针对同一相对人，则构成第三人效力的行政行为。

3. 授益与负担的双重法律效果必须直接由行政行为所创设。授益与负担必须由行政主体在职权范围内作出的行政行为所创设，如果该授益与负担由其他主体（例如立法机关）所创设，那么，这种授益与负担就

---

① 不过，在第三人负担效力的授益行政行为撤销中，第三人利益与公益一致，具有信赖保护一方的是相对人；在第三人授益效力的负担行政行为撤销中，则是相对人利益与公益一致，具有信赖保护一方的是第三人。

丧失了作为行政行为的性质。

二　混合效力的行政行为之撤销

（一）传统观点与评价

关于混合效力的行政行为，究应适用授益行政行为撤销规则还是负担行政行为撤销规则处理？根据一般采行的标准，应先判定该行政行为中授益部分与负担部分是否可分。如果授益部分与负担部分可分，那么应视引发争议的部分是授益还是负担，而分别适用相应的撤销规则处理。如果行政行为中授益部分与负担部分不可分，则以授益行政行为撤销规则处理。① 因为在不可分的混合效力行政行为中，整体而言，对相对人仍为授益性质。况且，将其认定为授益行政行为，使行政机关的撤销权受到较严格的限制，对相对人较为有利。② 但是，如果行政行为中授益部分效果轻微或者在整个行政行为中只是起次要作用，授益部分并不能改变行政行为本身的负担性，并且这种小的授益对于相对人的权利保护并无多大意义，那么，此类行政行为仍应按照负担行政行为撤销规则处理为宜。③ 存在疑问的是：在混合效力的行政行为中，其授益部分与负担部分是否可分的判断标准是什么？根据学者观点，如果要判断授益部分与负担部分可分，必须授益与负担均是混合效力的行政行为中两个独立的部分，并且各该独立部分之间未具有不可分的关联性。对于授益与负担可分性的判断，一般应采取较为宽松的标准，只要授益与负担之间并不具有不可分关系时，应容许承认二者之间的可分性。其次，如何认定混合效力的行政行为究竟属授益性质还是负担性质？德国学者最初的做法是看授益部分与负担部分在混合效力的行政行为中所占的比重孰大孰小。④ 但这一标准因为并不科学且无法律依据而被抛弃。目前，德国

① 董保城：《行政处分之撤销与废止》，收录于中国台湾地区行政法学会编《行政法争议问题研究（上）》，（台北）五南图书出版公司2000年版，第476—477页。

② 参见洪家殷《撤销行政处分时对其性质为授益或负担之判断》，《法学丛刊》1994年第154期。

③ 参见赵宏《法治国下的行政行为存续力》，法律出版社2007年版，第162页。

④ Vgl. etwa Kimminich，JuS1965，249（251）；Ossenbühl Rücknahme，S. 5.

法在原则上是将同时具有授益性和负担性的行政行为作为授益性行政行为来对待。其原因在于，如果我们将程序法中的授益行政行为定义为设定或确认相对人权利或法律上重大利益的行政行为，这种性质的判断就并不依赖于该行为是不是同时也为相对人施与了负担。即使此类行政行为对相对人还具有负担性，或是附有负担性的附款，原则上仍应被评价为授益行政行为。①

关于混合效力的行政行为之撤销，上述观点首先判定该行政行为中授益部分与负担部分是否可分，如果授益部分与负担部分可分，则分别按授益行政行为撤销规则和负担行政行为撤销规则处理；如果两者不可分，则一律按授益行政行为撤销规则处理。以上观点虽有一定的合理性，但仍然存在以下几点不足。

1. 混合效力行政行为中的授益部分与负担部分之可分标准比较模糊，在实际操作过程中存在困难。在混合效力行政行为中，授益与负担的可分性如何判断？可分性的标准在此并不明确。有的学者认为，可分性的标准应当宽松，不应过于严格，但究竟应宽松到何种程度为佳？是以行政机关的衡量为准，还是以相对人的衡量为准？对于这些问题，传统的判断标准并不能作出完全合理的解释。例如附款行政行为中，附款是对相对人权利的限制，具有负担性质；主行政行为是给予相对人利益，则具有授益性质。那么附款与主行政行为是否可分，可分性标准如何确定？有学者主张附款通常与主行政行为不可分，但负担性质的附款则与主行政行为是可分的，因为负担本身是独立性的行为。至于负担与主行政行为为何是可分的，可分的具体标准是什么，该学者并未作出令人满意的解释。

笔者认为，所有的附款行政行为皆不可分，即附款与主行政行为皆不具有可分性。理由：行政主体之所以作出附款，是为了顺利作成行政行为，实现预期的行政目的，如果不作出附款，行政行为本身就难以作

① Ulrich Knoke, Rechtsfragen der Rücknahme von Verwaltungsakte, Duncker & Humblot, 1992, S. 61. 转引自赵宏《法治国下的行政行为存续力》，法律出版社 2007 年版，第 160—161 页。

成，行政目的就不能顺利实现。否则，附款就成为多余之举。即使是负担，其与主行政行为也不应具有可分性，负担本身也并非独立的行政行为。首先，负担对于主行政行为具有很强的附属性，主行政行为不生效时，负担不可能生效。其次，负担所规定的作为或不作为义务，只有在行政相对人主张或使用授益时，才开始发生作用，负担不具备自始至终独立发挥作用的空间。最后，负担并不是可有可无的，其与主行政行为密不可分，本身并不能独立存在。行政主体在作出行政行为时，负担应当是其重要的考量因素。如果没有负担，行政主体很可能就不会作成行政行为。因此，附款与主行政行为之间并不具有可分性。所以，在混合效力的行政行为之撤销中，以授益与负担是否可分作为撤销之标准并不合理。

2. 混合效力行政行为中的授益部分与负担部分若不可分，则一律按授益行政行为撤销规则处理，显然过于绝对化。混合效力的行政行为最典型的体现就是附款行政行为。附款行政行为的撤销若依授益行政行为撤销规则处理，必然存在相对人的信赖利益，此时行政行为附款必然会对相对人的信赖利益产生影响。通常来说，行政行为在生效并持续一段时间之后，若一旦事后对行政行为予以撤销，很可能会侵犯相对人的信赖利益，进而产生相对人的信赖保护问题。附款作为主行政行为的附属部分，其作用在于限制主行政行为的法律效果，方便主行政行为目的的达成，因此也会对相对人的信赖利益产生一定影响。所谓行政行为附款与信赖保护，是指当行政相对人对已生效的行政行为形成值得保护的信赖时，行政主体若事后依附款而撤销或变更主行政行为，导致相对人信赖利益受到损害，是否应当补偿行政相对人因信赖该行政行为有效存续而遭受的损失。①

首先，就停止条件而言，因停止条件未成就前，主行政行为尚未发生效力，对相对人并无拘束力，此时相对人并不存在信赖基础，故停止条件对相对人的信赖利益保护不产生影响。同理，就始期而言，因始期未到来之前，主行政行为也尚未发生效力，对相对人并无拘束力，此时

---

① 李垒：《行政行为附款新探》，《法学论坛》2012 年第 2 期。

相对人同样不存在信赖基础，故始期对相对人的信赖利益也不产生影响。

其次，就负担保留和废止保留而言，负担保留情况下，行政主体虽然事后添加负担，使相对人的义务有所增加，从而导致原行政行为发生变更，但相对人事前应能预见行政主体事后施加负担的可能性，所以排除相对人的信赖保护。但行政主体事后所施加的负担不能超出对相对人所提供的授益，否则，对超过的部分仍应提供信赖保护。废止保留情况下，行政主体事后若遇废止事项发生，依该附款将行政行为予以废止，导致原行政行为消灭，从而使相对人原享有的授益丧失，但相对人事前应能够预见将来行政行为被废止的可能性，故也排除相对人的信赖保护。

再次，就负担而言，若相对人履行了负担所规定的义务，嗣后若遇主行政行为变更或消灭，除非因相对人过错所致，否则，应当对由此而造成的相对人利益损失给予信赖保护；若相对人故意不履行负担所规定的义务，从而导致主行政行为的变更或消灭，则无提供信赖保护的余地。但是，若相对人不履行负担所规定的义务是由于行政主体施加的负担远远超过相对人在该行政行为中的授益所致，则仍然对于超出的部分提供信赖利益保护。

最后，就终期和解除条件而言，终期情形下，终期若到来，主行政行为效力自然消灭，与行政主体事后的意志无关，不存在相对人的信赖保护。解除条件下，行政主体事后若遇解除条件成就，依该附款将主行政行为消灭，从而使相对人失去所享有的授益，但相对人事前应能预见解除条件成就时主行政行为消灭的可能性，故排除相对人的信赖保护。例如行政机关发给某甲开设美容院的营业许可，但附带若甲从事违法营业行为时，该营业许可失其效力的附款。在该附解除条件的行政行为中，若甲从事违法营业行为将使营业许可失效，此时附款对于相对人来说是不利条件，属负担性质；行政机关发给某甲开设美容院的营业许可，此时营业许可对于相对人来说是有利的，属授益性质。该附款行政行为中的授益部分与负担部分显然不可分，那么，行政机关在撤销该行政行为时能否完全按照授益行政行为撤销规则处理呢？若按授益行政行为撤销规则处理，必须考虑相对人的信赖利益，但就该行政行为而言，若相对人因后来从事违法营业行为（亦即解除条件成就）而导致营业许可被撤销，此时相对人并无信赖利益可言，因为相对人事前应能预见解除条件成就时主行政行为存在被撤销的可能性，故排除相对人的信赖保护。因此，对于附解除条件的附款行政行为之撤销而言，若解除条件成就而导致行政行为被撤销，因不涉及相对人的信赖利益，所以不能依授益行政行为撤销规则处理。同理，对于其他附款行政行为，也可以作类似分析。

可见，对于附款行政行为的撤销而言，并非一定存在相对人的信赖利益，所以一律按授益行政行为撤销规则处理并不合理。

（二）笔者立场

混合效力的行政行为究应如何撤销？笔者认为，这一问题主要取决于如何判断混合效力的行政行为究竟属授益性质还是负担性质。行政主体应当采行何种标准撤销混合效力的行政行为，原则上应依行政主体作出混合效力的行政行为作出时的主要目的而定，若行政行为作出时的主要目的是给予相对人利益，应判断为授益性质；若行政行为作出时的主要目的是为相对人设定义务，只是间接上也使相对人获得一定的利益，则应判断为负担性质。但对于附款行政行为而言，则依附款对相对人信赖利益的影响而定，若附款对相对人信赖利益不产生影响，依负担行政行为撤销规则处理；若附款对相对人信赖利益产生影响，则依授益行政行为撤销规则处理。其理由如下所示。

1. 混合效力的行政行为究竟属授益性质或负担性质，取决于行政主体作出混合效力的行政行为时的主要目的。授益或负担必须是由行政主体作出的行政行为所创设，混合效力的行政行为虽然既有授益又有负担，但授益与负担在混合效力的行政行为中的地位与作用显然是不一样的，有的混合效力行政行为中授益占主要地位，有的混合效力行政行为中负担起主要作用，究竟如何判断混合效力的行政行为究竟属授益性质还是负担性质，应依行政行为作出时的主要目的而定，这一目的必须是依法定标准而推定的行政行为客观上的目的，并非单纯地依行政主体作出行政行为时的主观目的。例如行政主体滥用行政权力所追求的目的就不是依法定标准而推定的行政行为客观上的目的。行政行为作出的目的可能有多个，但只有最能体现行政行为作出时核心的目的才是主要目的。

2. 附款行政行为的撤销，在判断相对人是否存在信赖利益时，附款

往往对主行政行为的撤销产生重要影响，同时也是判断相对人是否存在信赖利益的关键。附款行政行为虽然性质上是授益行政行为，亦即附款行政行为作出时主要是为了授益，但同时附有限制相对人权利或施加负担的附款。附款行政行为不同于其他授益行政行为的主要区别在于附款行政行为中的授益要受到附款的影响。可能授益是潜在的，当前并未实际授益；可能授益已经发生，但附款生效时面临未来授益被取消的可能性。因此，判断相对人是否存在信赖利益，对于附款行政行为来说，首先必须判断相对人的授益是否实际存在，例如附停止条件的附款、附始期的附款，对于这些附款行政行为而言，相对人的授益并未实际发生，只是潜在的，所以对于这类附款相对人并不存在信赖利益；反之，附解除条件的附款、附终期的附款、附负担的附款等，对于这些附款行政行为而言，相对人的授益已经发生，只是未来有被取消的可能性，所以对于这类附款相对人可能存在信赖利益。其次，相对人的信赖利益若实际存在，那么这种信赖利益是否是善意的，若这种信赖利益不是善意的，并不能获得信赖保护；只有善意的信赖才能获得信赖保护。例如附解除条件的附款、附终期的附款，对于这类附款行政行为，相对人应能够预料行政行为被废弃的可能性，所以即使相对人存在信赖利益，但这种信赖并非善意而不受法律保护。至于附负担的附款，通常情形下相对人应能预测到未来增加负担的可能性，所以信赖并不是出于善意，不受法律保护。但如果行政主体后来施加的负担远远超过相对人的授益，那么对于超过授益部分的负担，行政相对人则是根本无法预测的，那么对于超过授益的部分，相对人的信赖则是善意的，理应获得信赖保护。只有在考察以上两个步骤之后，方能判断附款行政行为撤销时相对人的信赖利益是否值得保护，进而决定是否适用授益行政行为撤销还是负担行政行为撤销。

第五节　行政行为撤销的法律效果

行政主体依职权撤销行政行为，将使行政行为完全失去效力，其法律效果就是使行政行为恢复到未作出前的状态。

若负担行政行为被行政主体依职权撤销，原则上，该撤销效力溯及既往，亦即撤销的法律效果追溯到被撤销的负担行政行为作出之日，相对人由于因该负担行政行为而缴纳的罚款或者被没收的财物，则因该违法负担行政行为被撤销而享有原物返还请求权。另外，若授益行政行为被行政主体依职权撤销，行政相对人因授益行政行为而取得从事某行业方面的资格或资质方面的证书则失去法律依据，必须予以返还。

若授益行政行为被行政主体依职权撤销，且撤销具有溯及既往之效力时，由于相对人因授益行政行为所获得的授益，将因此失去法律上的依据，故称为公法上的不当得利，此时行政主体可以要求相对人返还不当得利，因此产生不当得利返还请求权。

若授益行政行为被行政主体依职权撤销，但相对人对行政行为的存续具有信赖利益时，行政主体在撤销授益行政行为时，必须补偿相对人因撤销授益行政行为所遭受的信赖利益损失，因此产生相对人的信赖利益补偿请求权。

若违法行政行为在行政主体依职权撤销前已被执行，该行政行为被行政主体依职权撤销后，即应恢复到行政行为未作出前的状态。此时相对人即可要求行政主体除去违法行政行为所造成的不利结果，因此产生所谓的结果排除请求权。

一　原物返还请求权

原物返还请求权，是指违法行政行为经撤销后，相对人对于其给付的财物，请求行政主体予以返还的权利。行政行为经撤销后，若撤销发生溯及既往效力时，相对人因行政行为所给付的物由于已失去了法律依据，应当予以返还。关于原物的返还，《德国行政程序法》第 52 条规定，一个行政行为无可争执地被废止或撤销，或因其他原因丧失或不再具有效力时，行政机关可以要求返还因该行政行为而发出的，用以证明由其所生权利或确定行使权利的文书或物。其所有人，以及在所有人非为所有人时，也包括持有人，均有义务交还文书或物。所有人或持有人

也可以在文书或物被行政机关标以无效之后，要求返还该文书或物。[①] 返还原物，一般是受益人向行政机关返还。关于行政机关要求受益人返还原物的权利应当如何行使，依《德国行政程序法》第48条第2款第八句，行政机关可以行政行为的方式命令相对人予以返还。

原物返还请求权也包括要求收回证书。行政行为撤销后，行政相对人因行政行为所获得的证书（例如律师资格证书、产品质量检验合格证书、驾驶执照或医师营业执照等），若继续由相对人持有或保留，则有被不当使用而妨碍交易安全、危及他人生命的可能，[②] 因此，行政机关有必要命令持有证书的相对人予以缴还，以维护市场交易的安全，保护善意第三方的信赖。可见，对于某些证书的收回，因涉及市场交易的安全以及绝大多数公众的切实利益（例如生命安全、健康安全等）行政机关可以行政行为的方式命令相对人缴还，相对人若不予缴还的，强制执行。若相对人对持有证书仍具有正当权益时（例如：为证明以往所存有的权利），可以请求行政机关在证书注销后予以发还，以维护其权益。[③]

二　不当得利返还请求权

关于不当得利返还请求权，在《德国行政程序法》第48条第2款已有规定。[④] 公法上的不当得利请求权，一般来说，既包括行政机关对相对人的返还请求权，也包括相对人对行政机关的返还请求权。这里主要指的是行政机关对相对人的返还请求权。所谓公法上的不当得利，系指在公法范畴内，欠缺法律上的原因而发生财产变动，致使一方得利，另一方受损害。基于依法行政原则，不合法的财产变动应恢复至合法状态，

---

① 参见应松年主编《外国行政程序法汇编》，中国法制出版社2004年版，第102—103页。

② 参见陈敏《行政法总论》，（台北）新学林出版有限公司2007年版，第503页。

③ 参见应松年主编《外国行政程序法汇编》，中国法制出版社2004年版，第722页。

④ 《德国行政程序法》第48条第2款第五至八句规定："已撤销的行政行为的受益人，须归还已履行的给付。对归还的范围，准用民法典返还不当得利的规定。归还义务人在具备第三句情形时，不得以得利的消灭作为依据，只要他明知或因重大过失而不知构成行政行为违法的情况。行政机关在撤销行政行为的同时决定须归还的给付。"

而使受损害者因而享有公法上的不当得利返还请求权。[①] 成立公法上的不当得利，必须具备三个要件。其一，财产变动。公法上之所以发生不当得利，就在于财产在不同主体间的相互变动，从而致使一方受有利益，而另一方承担损失。其二，必须属于公法范畴。不当得利既可以发生在公法领域，也可发生于私法领域。公法上的不当得利必须发生于公法领域，具有公法上的法律依据。否则不得行使公法上的不当得利返还请求权。其三，欠缺法律上的原因。公法上不当得利的产生，主要系原行政行为消灭后，获利的一方因缺乏法律上的依据而失去其合法占有财产的正当性，因而必须予以返还。

公法上的不当得利返还请求权，其性质如何认定？若认这种返还请求权系公法性质，则行政机关可以行政行为的方式命令相对人返还所受的利益；若认这种返还请求权系私法性质，则行政机关不得以行政命令的方式，而只得以提起争讼的方式请求法院予以执行。

关于公法上的不当得利返还请求权，行政机关应当如何行使？对于此问题，德国联邦行政法院基于反面理论，认定公法上的不当得利仍应由行政机关以行政行为方式命令相对人返还。德国联邦行政法院认为，授益行政行为撤销后关于公法上不当得利的返还仍应适用原行政行为作成时的法律基础。因此，行政机关在无其他法律明文授权的情况下，必要时也可迳行以行政行为形式（给付裁决）付诸执行，以实现其公法上的返还请求权。[②] 这种公法上的不当得利返还请求权，正好是相对人原享有的授益行政行为给付请求权的反面，故称反面理论。《德国行政程序法》第 48 条第 2 款第八句也明确规定："应返还之给付，应以书面行政处分确定之。"为此，学者普遍认为，行政机关直接以行政行为方式

---

① 参见林锡尧《公法上不当得利法理试探》，《当代公法新论（下）——翁岳生教授七秩诞辰祝寿论文集》，（台北）元照出版公司 2002 年版，第 268 页。

② BVerwGE 18，283（285 f.）；20，295（297 f.）；25，72（76）；28，1（2）；30，77（79）；40，85（89）；BverwG，DVBl. 1999，537 f. 不过，在此应当注意，联邦行政法院有关反面理论的实务，主要适用在国家与若干具有特殊身份的公民之间，如公务人员或军人等，常常处于隶属关系的情形；但依学者见解，该理论似可推广至国家与一般公民之间的关系。参见林明昕《公法学的开拓线——理论、实务与体系之建构》，（台北）元照出版公司 2006 年版，第 273—275 页。

命令相对人返还公法上的不当得利，其法理基础，当属德国行政法院实务所创设的反面理论。①

笔者认为，反面理论的疑点在于：就授益行政行为而言，行政机关向相对人提供给付时固然依据行政行为作成时的法律基础，但这并不意味着行政机关请求相对人返还不当得利时也应当适用同一标准。笔者认为，两者是有区别的。首先，就行为本身的性质而言，给付行为是行政机关基于公益目的作出的一种授益行政行为，本身具有高权性质；而返还行为本身则是原行政行为被撤销后自然产生的法律效果，与行政机关的主观意志无关，也很难判断其本身是否具有高权的特性。由此可见，给付行为与返还行为就性质上来说并不具有同质性。给付行为通过行政行为方式作出的，并不意味着返还行为也必须通过行政行为方式作出。其次，不当得利返还行为的性质如何认定，在某种程度上还涉及价值衡量问题。若将返还行为认定为公法性质，行政机关可以直接通过行政命令形式强制执行相对人所受有的不当得利，极有可能导致公权力的滥用，进而侵犯相对人的利益；若将返还行为认定为私法性质，行政机关必须通过法院争讼才能获得有效执行，极有可能妨碍行政效率和行政目的顺利实现。因此，反面理论在行政机关不当得利返还行为中不能简单地加以适用。

究竟应如何认定行政机关请求相对人返还不当得利这一行为的性质？该行为究系公法性质还是私法性质？笔者认为，应当依据个案并结合授益行政行为的目的、性质以及对公益的维护和对相对人利益的侵害程度综合进行权衡，不能一概而论。若行政行为具给付性质，如提供最低养老保险或生活救济金，其目的是为相对人提供最基本的生活救助，此时多数情况下应将行政机关不当得利返还行为认定为私法性质，如此更有利于维护相对人利益；反之，若行政行为具强制性质，如追缴税款，其目的是追回逃漏的国家税收，具命令或强制性质，此时应将行政机关不当得利返还行为认定为公法性质，如此更有利于公益的维护和行政目的的顺利实现。

---

① 参见林明昕《公法学的开拓线——理论、实务与体系之建构》，（台北）元照出版公司2006年版，第274页。

三 赔偿请求权

关于行政行为撤销后的赔偿请求权，在《德国行政程序法》第 48 条第 3 款①有所规定。所不同的是，德国将违法行政行为撤销后对相对人信赖利益损失的偿还叫作赔偿请求权。根据德国行政程序法的相关规定，德国并不是对于任何行政行为的撤销均给予赔偿，而是区别不同情形。对于负担行政行为，原则上相对人不存在信赖利益，所以负担行政行为的撤销原则上不予赔偿。对于授益行政行为，只有相对人在具有第 48 条第 2 款不存在欺诈、胁迫或行贿等信赖不值得保护的情形时才能申请信赖赔偿。如果相对人存在第 48 条第 2 款规定的信赖不值得保护等情形，相对人无权获得信赖赔偿。受益人适用赔偿请求权应当具备以下要件。

其一，行政机关依职权撤销的对象一般应当是具有授予利益性质的行政行为。

其二，受益人必须因行政机关撤销授益行政行为而遭受财产上的损失，如果受益人遭受的是非财产上的损失，若通过财产赔偿方式难以填补时，不能适用赔偿请求权。

其三，受益人对行政行为的存续必须存在信赖，且基于这种信赖已作出一定的信赖行为。

其四，受益人的信赖损失必须是实际存在的，只有对已经发生的、确实存在的信赖损失才有必要予以赔偿，对于尚未发生的或期待发生的损失，相对人不具有请求赔偿的权利。

其五，受益人不存在欺诈、胁迫、贿赂以及主观上的明知或重大过失等信赖不值得保护的情形，亦即受益人的信赖必须是善意的。

其六，受益人必须向行政机关提出请求赔偿其信赖损失的申请。

其七，受益人的赔偿请求权必须在法定期限内提出。

---

① 《德国行政程序法》第 48 条第 3 款规定："行政机关撤销不属第（二）款所列的违法行政行为时，须应相对人申请，赔偿有关财产不利。该财产不利是因为相对人相信行政行为的确定力而生，但以其信赖依公益衡量需要保护为限。在此准用第（二）款第三句。财产不利不得超过相对人在行政行为存在时所具有的利益值。行政机关有权确定须补偿的财产不利。请求权应在一年内行使。期间以行政机关向当事人指明该期间的时刻起算。"

关于赔偿请求权的数额，德国行政程序法规定，由于撤销对受益人所造成的财产不利，不得超过受益人在行政行为存在时所可获得的利益值，但并未规定赔偿数额的下限。一般来说，行政赔偿数额的下限应不低于受益人由于行政行为撤销所造成的直接损失。至于具体的赔偿数额，则由作成撤销决定的行政机关依具体情形裁量决定。

四　结果除去请求权

如果违法授益行政行为在撤销前已被执行，该行政行为被撤销后，因违法行政行为给相对人造成事实上的不利状态依然持续，例如在附负担的授益行政行为中，相对人因授益而向行政机关抵押的不动产，在该授益行政行为被撤销后，不动产仍由行政机关占有。如果这种事实上的不利状态已经无法除去或者这种事实上的不利状态在行政行为撤销后不再具有持续性，只能以赔偿的方式予以弥补，并不产生结果除去请求权；如果这种事实上的不利状态尚有排除的可能，且就相对人而言，排除这一不利结果以恢复权利的原状对其仍有重要意义，那么，相对人就享有请求行政机关排除此种事实上不利状态的权利，此种请求权即为结果除去请求权。所谓结果除去请求权，系指对行政行为所造成的且持续存在的不法结果，受害的相对人可以请求行政机关排除此一不法事实状态的权利。① 可见，结果除去请求权所追求的，主要是排除授益行政行为被撤销后相对人事实上的不利状态，以恢复行政行为未作出前的原状。

当然，行政行为撤销效力的附随效果除以上情形外，也可能发生行政主体向行政相对人赔礼道歉，为其恢复名誉等附随义务。当行政主体由于作出的行政行为违法或不当，损害相对人的合法权益，使其精神上受到伤害时，为使相对人在精神上能有所抚慰，平息相对人的情绪，行政主体可以采取口头方式，也可以采取书面方式向相对人赔礼道歉，承认错误，为使相对人的名誉受损害的程度和影响的范围尽量限制在较小范围，行政主体必要时也得为相对人恢复名誉，以消除其不利影响。

---

① 参见林三钦《行政争讼制度与信赖保护原则之课题》，（台北）新学林出版有限公司2008年版，第54页。

第七章　行政主体依职权撤销的程序与法律救济

行政主体依职权撤销极易侵犯相对人的合法权益。由于实体控权并不可取（实体控权在很大程度上会束缚行政机关的手脚，使其难以应对复杂多变的社会情势，导致行政效率低下。同时，行政权力本身的扩张性和操纵权力的人自身不可克服的弱点容易导致行政自由裁量权被不正当地滥用），因此，必须从程序上加强对行政权力的控制。目前，经由行政复议和行政诉讼的争讼撤销中，行政行为的撤销有着比较严格的程序限制，但是在职权撤销程序方面的规定基本上还处于严重缺失状态。① 尽管行政主体依职权撤销属于行政系统内部的自我纠错机制，但由于其对行政相对人和利害关系人乃至公共利益影响甚大，因此行政主体依职权撤销行政行为的程序缺失必然会导致行政主体依职权撤销的无序运作，从而最终会影响到行政行为撤销制度的法治化程度。② 如何确保行政主体依职权撤销的规范和有序，防止行政权力的滥用，使行政行为撤销的实体规定不至于流于形式，是行政主体依职权撤销中迫切需要解决的问题。因此，通过制定科学合理的行政程序，对行政主体依职权撤销行为

---

① 在实践中，我国一些地方已经就行政机关撤销行政行为所应当遵循的程序作了规定。例如太原市国土局规定，经办处（科）室在提交领导作出决定之前，应当拟作出撤销国土资源行政许可事项的依据、理由及赔偿意见等书面告知被许可人，听取被许可人的意见、陈述或者申辩，并告知被许可人有要求听证的权利。被许可人申请听证的，应当按《国土资源听证规定》和《太原市国土资源局行政许可听证制度》组织听证，并将听证笔录随同审查意见一并报局务会议或者局内审会。但是这种规定的效力层级较低，适用范围较窄，而且处于尝试阶段，不具有普遍的指导性和适用性。

② 谭剑：《行政行为的撤销研究》，武汉大学出版社 2012 年版，第 139 页。

进行有效控制，不失为一种合理的选择。同时，对于行政主体依职权撤销行政行为，相对人对此不服的，应当为其提供相应的法律救济。

第一节　行政主体依职权撤销的程序

一　行政主体依职权撤销程序的概念与特点

行政主体依职权撤销程序，是指行政主体依职权撤销行政行为时所应遵循的方式、步骤、顺序和时限。行为方式构成行政主体依职权撤销行政行为的空间表现形式；行为步骤、顺序、时限构成行政主体依职权撤销行政行为的时间表现形式。所以，行政主体依职权撤销程序本质上是行政主体依职权撤销行政行为在空间和时间上有机结合的具体体现。[①]行政主体依职权撤销程序具有以下特点。

（一）法定性

由于行政主体依职权撤销程序事关行政实体权利与义务的实现，所以行政主体依职权撤销程序不可由行政主体及其工作人员自行设定。“程序法定”是“职权法定”的延伸；“职权法定”则是行政法治的基本要求。因此，行政主体依职权撤销程序必须由“法”来设定，而“法”的范围就是《立法法》所规定的法律、行政法规、地方性法规和规章。由“法”以外的规范所设定的程序均非行政主体依职权撤销意义上的行政程序。[②]

（二）行政性

行政主体依职权撤销程序是行政主体依职权撤销行政行为时所应遵循的法定程序。也就是说，这种程序约束的对象是行政主体，它贯穿行政主体依职权撤销行政行为的全过程。它是行政主体依职权撤销过程中必须履行的义务，一旦违反，将承担相应的法律责任。

（三）参与性

行政程序虽然是行政主体实施行政行为的程序，但行政程序与行政

---

① 参见姜明安主编《行政法与行政诉讼法》，法律出版社2003年版，第365页。

② 胡建淼：《行政法学》（第四版），法律出版社2015年版，第602—603页。

相对人的参与密切相关。如果行政相对人对影响自己权益的决定不能发表任何意见，那么这种决定显然是不公正的。因此，相对人对行政程序能否参与是判断行政程序是否公正的首要标准。这就要求法律必须保障行政相对人作为自己行为的主体，可以自愿参加到行政程序中来，并通过自己的行为，有效影响行政决定的形成，维护自己的合法权益。行政程序保证了行政主体在行使行政权做出影响相对人权利义务的行政决定时，是在行政相对人参与下完成的，而非由行政主体单方面作出并实施的。[①] 这对于维护相对人的合法权益，防止行政公权力的滥用提供了很好的保护机制。参与性是行政主体依职权撤销程序的核心。

（四）依附性

行政程序依附于行政实体而存在。行政实体行为不存在或者不成立，行政程序行为当然亦随之不存在或者不成立。行政实体与行政程序之间是“皮”与“毛”的关系，“皮之不存，毛将焉附”。[②]

二　设置行政主体依职权撤销程序的必要性

在行政主体依职权撤销过程中，设置科学、合理的程序规则，赋予行政相对人一系列程序性权利，施加行政主体相应程序方面的义务，不仅有利于保护行政相对人的合法权益，而且对于控制行政主体权力的滥用，提高行政效率、最终实现实体公正意义重大。

（一）有利于保护行政相对人的合法权益

行政程序中由于行政主体与行政相对人法律地位不对等，行政主体可以单方面、主动作出影响行政相对人利益的行政行为，无论该行政行为是否合法，行政相对人在该行政行为被撤销之前均具有法律效力，行政相对人必须服从。正是由于这种法律地位的不对等，导致行政权力在行使过程中极易侵犯相对人的合法权益。为平衡这种不对等的法律关系，必须在行政程序中赋予行政相对人一系列程序性权利，同时施加行政主体一系列程序性义务。唯有如此，才能实现行政主体与行政相对人法律

---

① 宋雅芳：《行政程序法专题研究》，法律出版社 2006 年版，第 13 页。

② 胡建淼：《行政法学》（第四版），法律出版社 2015 年版，第 602 页。

地位的平衡。这一方面有利于提高行政相对人的法律地位，使其法律人格得到应有的尊重；另一方面也有利于行政相对人在行政过程中对行政权力的行使进行及时、有效的制约，进而更好地保护自己的合法权益。行政主体依职权作出撤销决定对相对人不利的，行政主体应当事先告知相对人撤销决定的事实和理由，并听取相对人的陈述和申辩，相对人陈述和申辩合理的，行政主体应当采纳。如果行政主体不采纳，必须承担相应的法律责任。只有施加行政主体一系列程序性义务，并且对违反这些程序性义务设定相应的不利法律后果，才能倒逼行政主体认真履行这些程序性义务。否则，这些程序性规定就有可能流于形式。正是通过赋予行政相对人在行政决定作出前享有一系列程序性权利，施加行政主体一系列程序性义务，才使得行政相对人对行政主体作出的行政行为可以进行及时、有效的监督，防止行政权力的任性和恣意，从而最大限度地保护行政相对人自身的合法权益。

（二）有利于控制行政权力的滥用

行政主体依职权撤销时拥有广泛的自由裁量权，通过实体规则控制行政自由裁量权显然不现实，因此，必须通过行政程序对行政活动的具体过程进行有效控制，方能从根本上遏制行政权力的滥用。众所周知，具体行使行政权力的是行政人，行政人作为理性人同样具有自私自利的本性，一旦拥有权力就极有可能会利用公权力为自己谋取私利，从而导致行政权力的滥用和腐败。行政程序是控制行政权力滥用的一种重要手段。从主观方面来说，行政程序一旦设定，行政主体在依职权撤销时就必须严格按照行政程序所规定的方式、顺序、步骤来行使，否则就要承担违反程序的法律责任。行政相对人有权要求行政主体按法定的程序行使权力，并可以有效参与到行政决定作出的全过程，通过质疑行政主体作出行政决定的理由和依据，不断对行政主体作出的行政决定提出挑战，以此对行政权力的恣意和滥用形成有效的制约。同时，行政程序通过规定行政主体作出行政行为的具体期限，防止行政主体怠于行使行政权力，甚至不作为。[①] 正是通过行政程序使行政相对人实质参与到行政过程中

---

① 宋雅芳：《行政程序法专题研究》，法律出版社 2006 年版，第 21 页。

来，对行政主体作出行政决定的全过程进行有效的监督和制约，从而从根本上抑制行政权力的滥用和腐败。

（三）有利于提高行政效率

行政程序的设置能够充分保障行政相对人参与到行政决定作出的全过程，行政主体作出的行政决定必须能够经受行政相对人提出的各种质疑和挑战，必须能够提供充分的理由和法律依据，方能最终说服行政相对人。这种行政决定的作出是在行政相对人充分参与的情况下作出的，得到行政相对人的认可，易于为行政相对人所接受。行政行为在后续执行过程中就不会招致行政相对人的抵制，从而大大节约了行政执行的成本。并且，由于行政决定的作出是行政主体与行政相对人共同参与、作用的结果，行政相对人的意志在行政决定作出过程中得到了相当程度的尊重，其事后提起行政复议或行政诉讼的概率亦会大大降低，这就避免了行政救济成本（既包括行政相对人付出的成本，也包括行政救济机关付出的成本）的支出。虽然行政程序在某种程度上会增加行政主体的负担，但从总体过程来看，会最大限度地降低行政成本，提高行政效率。

（四）有利于实现实体公正

程序的公正有利于实现实体的公正。行政程序是行政主体认定事实、适用法律的过程。通过设计科学的、符合人类认识规律的行政程序，可以保证行政主体正确认定事实、适用法律，从而做出公正的行政决定。首先，行政程序法规定了行政主体的程序性义务和行政相对人的程序性权利，在行政过程中，以行政相对人的程序性权利来监督和约束行政主体权力的行使，保证了行政权力的正当运行。其次，行政程序法规定了一系列运用证据的科学规则，运用这些证据规则有利于客观认定事实，从而保证了行政决定结果的公正性。①

三　行政主体依职权撤销程序的主要内容

行政主体依职权撤销程序在我国立法层面尚处于空白，大陆法系国

---

① 王万华：《行政程序法论》，《行政法论丛》第3卷，法律出版社2000年版，第247—249页。

家和在这方面的规定相对比较完善，可以为我国在制定行政主体依职权撤销程序方面提供某些经验和借鉴。

（一）大陆法系国家行政主体依职权撤销程序之考察

1. 德国

首先，德国撤销程序由行政机关依职权开始。如果符合《德国行政程序法》第 49 条第 2 款中的五项情形之一的，行政机关可以依职权启动撤销程序。其次，在撤销程序中行政机关应依职权调查事实，并由行政机关决定调查的方式及范围；[①] 在行政机关作成撤销决定之前，应当给予相对人陈述事实与表达意见的机会；[②] 必要时应当举行听证。但因情况紧急或公共利益，需要立即作出撤销决定的，可以免除听证程序；[③] 在撤销程序开始后至终结前，相对人有查阅案卷的权利。[④] 最后，行政机关作出撤销决定时一般需以书面说明理由。其中需说明行政机关在作出撤销决定时所考虑的重要事实和法律理由。行政机关对撤销决定有裁量权的，也应说明其行使裁量权时依据的出发点；[⑤] 同时，行政机关应当将撤销决定的内容通知相对人，也可通知相对人指定的代理人。[⑥] 撤销决定经通知相对人后开始对外生效。撤销程序自通知时起终结。行政主体依职权撤销行政行为，从知道撤销违法行政行为事由之日起一年内为之。[⑦]

2. 法国

法国行政机关在对相对人作出不利的行政决定时，必须履行以下法定的程序。[⑧]

（1）防卫权原则。是指当事人对于行政机关带有制裁性质的决定，或根据其个人情况而作出的决定，为了防止自己的利益和权利起见，有

① 参见《德国行政程序法（1997 年）》第 24 条第 1 款。
② 参见《德国行政程序法（1997 年）》第 28 条第 1 款。
③ 参见《德国行政程序法（1997 年）》第 28 条第 2 款。
④ 参见《德国行政程序法（1997 年）》第 29 条。
⑤ 参见《德国行政程序法（1997 年）》第 39 条第 1 款。
⑥ 参见《德国行政程序法（1997 年）》第 41 条第 1 款。
⑦ 参见《德国行政程序法（1997 年）》第 48 条第 1 款。
⑧ 参见王名扬《法国行政法》，中国法制出版社 2007 年版，第 125—127 页。

权提出反对意见。

（2）对质程序。是指行政机关准备作出对当事人不利的处理时，只有在当事人提出答辩以后才能采取。

（3）说明理由。是指行政机关在作出对相对人不利的行政决定时，必须向相对人说明作出行政处理的法律原因和事实原因。例如法国《说明行政机关理由及改善行政机关与公众关系法》（1979 年）规定，行政机关在撤销创设权利的行政决定时，应当说明理由。[①] 说明理由应以书面形式作出，且应指出构成决定根据的法律理由和事实理由。[②]

3. 日本

行政主体依职权撤销行政行为，多属对相对人不利益的行政行为。在日本，除紧急的公益等情形外，行政机关依职权作出撤销决定时，一般应当举行听证或者赋予相对人辨明事实之机会。[③] 行政机关作出撤销决定时，除存在紧急情况外应同时向相对人明示该撤销决定的理由。[④] 理由明示制度具有重要意义：其一，保障行政厅在作出撤销决定时谨慎地进行判断，有助于抑制行政厅恣意行使撤销权。其二，通过告知相对人或其他利害关系人撤销决定的理由，可以使相对人更方便地进行行政复议或行政诉讼。其三，明示理由具有公开行政厅判断根据的功能。所谓的判断根据，并非客观事实或记录这些事实的文件以及其他资料，而是作出撤销决定时行政厅的主观理由。通过公开行政厅作出撤销决定的主观理由，使得撤销决定更加透明化。其四，这一制度通过公开行政判断的根据，可以使相对人接受该撤销决定的内容，即具有对相对人的说服和教育功能。[⑤] 关于听证，行政机关应当于听证期日前相当期间内，以书面通知相对人听证事项。包括撤销决定的内容及法律依据；撤销的原因及事实；听证的日期及场所等。[⑥] 撤销授益行政行为，特别是剥夺

① 参见法国《说明行政机关理由及改善行政机关与公众关系法》（1979 年）第 1 条。
② 参见法国《说明行政机关理由及改善行政机关与公众关系法》（1979 年）第 3 条。
③ 参见《日本行政程序法（1993 年）》第 13 条。
④ 参见《日本行政程序法（1993 年）》第 14 条第 1 款。
⑤ 参见应松年主编《四国行政法》，中国政法大学出版社 2005 年版，第 286 页。
⑥ 参见《日本行政程序法（1993 年）》第 15 条。

相对人的资格或地位以及涉及相对人重大权益的情况下，应当适用听证程序。在该程序中，相对人有权通过口头方式表达意见，出示证据。自被通知听证时起至听证终结前，相对人可向行政机关请求阅览有关撤销决定的相关资料。行政机关除存在损害第三人利益情形及其他正当理由外，不得拒绝相对人阅览。[①] 关于辨明事实之机会，除行政机关允许以言词方式辨明外，应以书面提出辨明，辨明时相对人应当提供证据。[②] 辨明中相对人所享有的某些权利可以准用听证程序的有关规定。[③] 辨明程序是行政厅作出除正式听证所适用的不利益处分之外的其他不利益处分时所适用的程序。经过听证或辨明程序后，行政机关依职权作出撤销决定，并将撤销决定的内容通知相对人，自通知时起撤销程序终结。

通过对大陆法系国家关于行政主体依职权撤销程序的考察，行政主体依职权撤销程序主要包括作出撤销决定前的调查事实、通知、阅览卷宗、说明理由、陈述意见和申辩、举行听证、送达撤销决定和告知相关行政救济权利等程序制度。

（二）行政主体依职权撤销程序的时段

行政主体依职权撤销必须履行一定的程序，由于撤销本身为一行政行为，因此，行政主体依职权撤销的程序也是行政行为的程序。故行政程序中的一些基本性要求，对于行政主体依职权撤销依然适用。具体说来，行政主体依职权撤销的程序包括三个时段，即撤销程序的开始、撤销程序的发展以及撤销程序的终结。其中，撤销程序的发展是行政主体依职权撤销程序的主体部分，撤销程序的开始与终结则是行政主体依职权撤销程序的两个时点。行政主体依职权撤销程序主要是指撤销程序的发展这一时段所应遵循的程序。

1. 行政主体依职权撤销程序的开始

撤销程序一般由行政主体依职权主动发起，当行政主体有义务启动撤销程序时，即意味着撤销程序的开始。例如当行政主体撤销行政行为

---

① 参见《日本行政程序法（1993 年）》第 18 条第 1 款。

② 参见《日本行政程序法（1993 年）》第 29 条。

③ 参见《日本行政程序法（1993 年）》第 31 条。

的裁量权收缩至零时，行政主体负有撤销的义务；或者为维护紧迫的公共利益，必须撤销原行政行为时，行政主体也负有撤销的义务。此时即可认为撤销程序的开始。不过，撤销程序的开始需要行政主体作出撤销决定的某种外部意思表示才能得以确认。

撤销程序的开始意味着行政主体依职权撤销程序正式启动。一旦促成职权撤销的事由得以成立，行政主体即可依职权启动撤销程序。

2. 行政主权依职权撤销程序的发展

当行政主体决定开始撤销程序以后，直到撤销决定作出之前，属于撤销程序的发展阶段。在这一阶段，行政主体需要收集相关的事实和法律依据，以作为支持撤销决定的理由。同时，若撤销决定关涉相对人重大利益的，行政主体应当举行听证，给予相对人陈述意见和申辩的机会。例如《西班牙行政程序法（1958 年)》第 83 条规定：在程序中任何阶段利害关系人，为向有权为决定案之机关提供参考，于听证前陈述其主张。[①]《瑞士行政程序法（1968 年)》第 30 条第 1 款规定：官署为行政处分前应听取当事人陈述意见。[②]《葡萄牙行政程序法（1991 年)》第 8 条规定：公共行政当局的机关，在形成与私人有关的决定时，尤其应借本法典所规定的有关听证，确保私人以及以维护自身利益为宗旨团体的参与。[③]《希腊行政程序法（1999 年)》第 6 条第 1 款规定：在作出不利于特定个人的权利或利益的行为或采取不利于特定个人的权利或利益的措施之前，行政机关有义务邀请利害关系人就相关事项以书面或口头方式发表意见。第 2 款规定：听证的邀请以书面方式发出，载明听证的地点、时间、拟作出的行为或采取的措施的内容。邀请应当在不迟于听证之日的 5 日前送达利害关系人。利害关系人有权获知相关证据并进行质证。遵循前述程序和考虑利害关系人的意见确定了行政决定的正当性。措施应当自听取利害关系人意见之日起合理期限内采取。[④] 同时，行政机关作出撤销决定时，必须说明理由。例如《意大利行政程序法草案

① 参见应松年主编《外国行政程序法汇编》，中国法制出版社 2004 年版，第 225 页。
② 参见应松年主编《外国行政程序法汇编》，中国法制出版社 2004 年版，第 157 页。
③ 参见应松年主编《外国行政程序法汇编》，中国法制出版社 2004 年版，第 331 页。
④ 参见应松年主编《外国行政程序法汇编》，中国法制出版社 2004 年版，第 437—438 页。

(1955 年)》第 36 条第 2 款规定：除法律规定不需附理由之行政行为或仅要求宣告关于该行政行为之特别理由者外，行政权者如为驳回当事人声请之行为或限制市民之权利及自由范围之行为时，均应详附理由。[①]《西班牙行政程序法（1992 年)》第 54 条规定：限制相对人主观权利和合法利益的行为，应通过简单阐明事实及权利依据来说明理由。[②]《澳门行政程序法（1994 年)》第一百零六条规定：除法律特别要求应说明理由之行政行为外，下列行政行为也应说明理由：以任何方式全部或部分否认、消灭或损害权利或受法律保护之利益、又或科以或加重义务、负担或处罚之行政行为。[③] 撤销决定作出后，相对人要求查阅有关案卷的，行政机关一般不得拒绝。例如《奥地利行政程序法（1991 年)》第 17 条规定：除行政法规另有规定外，官署应许可当事人阅览涉及其案件卷宗之一部或全部；应保障参加行政程序所有当事人平等阅览卷宗机会。[④]

3. 行政主体依职权撤销程序的终结

此一时段是撤销程序的最后阶段，撤销决定作出意味着撤销程序的终结。撤销决定作出时，行政机关应当将撤销的内容及时通知相对人。通知是行政程序结束的标志，也是行政行为在法律上存在的起点。尚未通知的行政行为，还不能算是行政行为，通知不仅是行政行为的合法要件，而且是行政行为的成立要件。[⑤] 行政机关一旦正式作出撤销决定，应当及时通知相对人以及有利害关系的第三人。撤销行为只有通知相对人后才能发生效力。例如《瑞士行政程序法（1968 年)》第 34 条第 1 款规定：官署应将行政处分以书面通知当事人。[⑥]《西班牙行政程序法(1958 年)》第 79 条第 1 款规定：对于利害关系人之权利或利益有影响之决定，应通知该利害关系人。[⑦]

---

① 参见应松年主编《外国行政程序法汇编》，中国法制出版社 2004 年版，第 178 页。

② 参见应松年主编《外国行政程序法汇编》，中国法制出版社 2004 年版，第 269 页。

③ 参见应松年主编《外国行政程序法汇编》，中国法制出版社 2004 年版，第 632 页。

④ 参见应松年主编《外国行政程序法汇编》，中国法制出版社 2004 年版，第 126—127 页。

⑤ 参见［德］哈特穆特·毛雷尔《行政法学总论》，高家伟译，法律出版社 2000 年版，第 222 页。

⑥ 参见应松年主编《外国行政程序法汇编》，中国法制出版社 2004 年版，第 158 页。

⑦ 参见应松年主编《外国行政程序法汇编》，中国法制出版社 2004 年版，第 224 页。

（三）行政主权依职权撤销程序

行政主体依职权撤销程序，是指行政主体启动职权撤销程序后，到职权撤销决定作出之时所应遵循的程序。根据时间的先后顺序，行政主体依职权撤销程序包括以下几个步骤。

1. 调查取证

行政主体在启动职权撤销程序后，应当进行调查取证，收集能够支持撤销决定的事实和证据。调查取证既可由行政机关主动依职权作出，也可依当事人申请而作出。行政主体依职权撤销中的调查取证主要有以下几种方式。一是通知当事人陈述意见。通知当事人陈述意见是行政主体通知相关当事人在确定的时间和地点接受询问，当事人就其所知悉的与被调查对象有关的事实情况向行政主体作出陈述。通知当事人陈述意见是行政主体依职权采取的行为，当事人无正当理由不得拒绝接受询问。由于当事人亲历案件发生过程，对事实真相最为了解，因此通知陈述意见是调查取证的最为重要的方式。二是询问证人。询问证人是调查取证的常见方式，证人负有向调查机关如实陈述其所了解的案件事实的义务。证人并非行政程序中的当事人，不享有当事人的权利，但除非法律有特别规定，凡是知道案件事实的人都有作证的义务。三是调取文书、物品或资料。行政主体在调查取证过程中可以依法要求当事人提供相关文书、物品或资料，也可以要求与所调查事实有关的第三人提供。要求提供文书、物品或资料是行政主体依职权采取的行为，有关当事人或第三人无正当理由不得拒绝提供，否则行政主体可以依法强制调取相关材料。行政主体在调取相关文书、物品或资料时，应向相关当事人或第三人出具书面调取收据；若调取原物，则行政主体负有保管义务，在使用完毕后应及时退还。四是勘验。勘验指行政主体对于与待证事实有关的人身、物品、处所进行实地勘查检验以获取相关证据的行为。勘验是行政主体依职权采取的行为，通常由行政机关相关人员作出，必要时也可委托具有专业能力的第三人实施。勘验时一般应通知当事人到场，勘验费用由行政主体自行承担。五是鉴定。鉴定是指行政主体在事实调查过程中遇到事实判断需要特定专业知识与能力，而行政主体本身不具有相关知识与能力，因此委托具有相应资质的鉴定机构出具专业鉴定意见，以达到

查明案件事实的目的。关于鉴定的必要性问题，除法律规定的强制鉴定以外，应由行政主体自由裁量。若行政主体认为鉴定意见不充分和不完整，可以要求鉴定机构进行补充鉴定或另行委托其他鉴定机构进行重新鉴定。①

行政主体采取以上方式调查取证时必须严格遵守相应的程序，不得侵犯当事人的合法权利，否则承担相应的法律责任。先调查取证，后作出裁决，这是行政处理程序的必然要求。任何行政主体违反这一先后顺序的，必然严重影响到行政行为的效力。

2. 预先告知

经过调查取证后，若行政机关基本收集了依职权撤销行政行为的相关事实和证据，拟作出撤销行政行为的行政决定。在正式作出撤销决定之前（特别是对行政相对人不利的行政决定），行政机关必须将拟作出的行政决定告知行政相对人或利害关系人，以使其知晓。若行政机关未能收集依职权撤销行政行为所需的相关事实和证据，行政机关则不得依职权撤销原行政行为，此时行政机关无须告知。

预先告知的目的在于促使程序权利人及时采取程序行为，其与诉讼上通过送达诉状敦促当事人主张权利或者采取防御措施的作用相当。预先告知的内容包括拟作出撤销决定的事实依据和法律依据、相对人提出陈述意见和申辩的机会、相对人提出听证的机会、相对人阅览撤销决定案件卷宗的权利等等。行政主体在作出不利行政行为之前，必须要告知行政相对人相应的程序性权利（包括陈述意见、辩论、说明事实和理由等），否则将对行政决定的效力产生重大影响。②

3. 阅览卷宗

行政主体将拟作出撤销决定的内容告知当事人之后，当事人可以申请阅览行政案件的卷宗。卷宗阅览权是指行政相对人在参与行政程序过

---

① 姜明安等：《行政程序法典化研究》，法律出版社 2016 年版，第 154—155 页。

② 例如我国《行政处罚法》（2021 修订）第六十二条规定："行政机关及其执法人员在作出行政处罚决定之前，未依法向当事人告知拟作出的行政处罚内容及事实、理由、依据，或者拒绝听取当事人的陈述、申辩，不得作出行政处罚决定；当事人明确放弃陈述或者申辩权利的除外。"

程中，查阅行政主体收集、制作的与行政案件有关的卷宗材料之权利。通过案宗阅览权，当事人有权了解和知悉与行政案件有关的一切材料，从而在行政程序中抗辩来自行政机关的一切不利指控。[①] 凡是与行政案件的事实认定和法律适用有关的卷宗材料都应属于行政相对人卷宗阅览的范围。凡是行政相对人不得查阅的卷宗材料应当由法律明确列举（例如卷宗内容涉及国家机密、商业秘密以及个人隐私等法定情形）。行政相对人可以通过复制、摘抄、查阅等方式对行政案件的卷宗进行阅览，以了解行政主体作出行政行为时的事实依据和法律依据。只有保障行政相对人的卷宗阅览权，才能对行政主体作出的行政行为进行有效的监督，防止行政权力的恣意和滥用。卷宗阅览权是行政主体依职权撤销程序中的一项核心内容，也是相对人行使其他程序性权利（例如在行政程序中对行政主体作出的撤销决定予以驳斥和申辩）的基础。卷宗阅览权必须通过法律的形式予以保障，不能任由行政主体自由裁量。同时，对行政主体拒绝履行该项程序性义务的，应当承担相应的法律责任。

4. 说明理由

相对于羁束行政行为而言，裁量行政行为之说明理由显得尤为重要。由于羁束行政行为之权限范围、幅度、方式、界限等都由法律明确规定，行政主体只能严格依法裁量、判断，因此羁束行政行为之说明理由从某种意义上看是在向相对人“重述”法律的相关规定，这种理由说明并未对行政行为结果之形成起到实质上的“解释”作用，因为行政行为之结果已为法律所明确规定。而裁量行政行为则有不同，由于法律、法规只对裁量行政行为之权限范围、幅度、方式、界限作了限度性而非明确性的规定，行政主体作出行政行为时尚需在此限度范围内斟酌选择以确定行政行为之结果，该行政行为之结果相对于羁束行政行为而言具有“不确定性”，说明理由之意义在于揭示行政主体如何将这种法律规定上的不确定性转化为行政行为结果上的“确定性”，亦即解释将不确定性转化为确定性的考量因素和思维过程，论证裁量行政行为结果之合理性。裁量行政行为之说明理由有利于向相对人展示行政行为结果之确定性的

① 章剑生：《现代行政法基本理论》，法律出版社 2008 年版，第 383 页。

形成过程，消除相对人对于裁量行政行为之“暗箱操作”的疑虑，提高裁量行政行为的可接受性。①

说明理由的内容包括三个方面。一是职权撤销行为事实认定之说理。事实认定是职权撤销行为的基础，行政主体系通过证据来认定事实。事实认定之说理包含证据资格之认定及证据证明力强弱之判断，并以此为基础固定职权撤销行为的基础事实。二是法律适用之说理。需要说明冲突法律选择适用之理由。法律条文之具体含义以及法律漏洞填补之方法等内容。三是逻辑推理之说明。从形式逻辑的角度来看，如同大陆法系判决形成之三段论推理，职权撤销行为之形成也存在类似的三段论推理形式——法律依据是大前提，个案事实为小前提，作出的职权撤销行为则是结论。在事实认定和法律适用两个环节完成以后，行政主体尚须将法律作用于事实，即“涵摄”，这个涵摄的过程即逻辑推理过程。逻辑推理之说理要求行政主体揭示涵摄之内在思维过程，即在一个具体的行政行为形成过程中，法律依据是如何作用于案件事实并得出合乎逻辑的结论的。从行政效率的角度考量，行政行为说理之程度不应完全等同于司法程序中判决书之说理，即行政行为需要对事实认定的重要事实、法律适用的主要理由以及逻辑推理的关键环节进行说理，其他说理内容则可以根据个案进行裁量取舍。②

说明理由是行政主体作出行政决定之前必须履行的程序性义务，若有违反，将在某种程度上影响行政决定的效力。例如我国《行政处罚法》③ 第四十四条规定：“行政机关在作出行政处罚决定之前，应当告知当事人拟作出的行政处罚内容及事实、理由、依据，并告知当事人依法享有的陈述、申辩、要求听证等权利。”《行政处罚法》第四十五条规定：“当事人有权进行陈述和申辩。行政机关必须充分听取当事人的意见，对当事人提出的事实、理由和证据，应当进行复核；当事人提出的事实、理由或者证据成立的，行政机关应当采纳。”同时，《行政处罚

① 姜明安等：《行政程序法典化研究》，法律出版社 2016 年版，第 164—165 页。

② 姜明安等：《行政程序法典化研究》，法律出版社 2016 年版，第 161—162 页。

③ 《中华人民共和国行政处罚法》2021 年 1 月 22 日由全国人民代表大会常务委员会第二十五次会议修订通过，自 2021 年 7 月 15 日生效。

法》第六十二条规定："行政机关及其执法人员在作出行政处罚决定之前，未依照本法第四十四条、第四十五条的规定向当事人告知拟作出的行政处罚内容及事实、理由、依据，或者拒绝听取当事人的陈述、申辩，不得作出行政处罚决定；当事人明确放弃陈述或申辩权利的除外。"由此可见，说明理由是行政主体作出行政决定的必经程序。否则，行政决定的效力将受到严重影响。

5. 听取相对人陈述和申辩

行政主体依职权撤销行政行为涉及行政相对人的合法权益时，行政主体应当听取行政相对人的陈述和申辩。

陈述权是指行政相对人就行政案件所涉事实向行政主体予以陈述的权利。行政相对人是行政案件的当事人，亲身经历了行政案件的全过程，因此，确认行政相对人的陈述权有利于行政主体全面了解行政案件的事实真相，正确处理行政案件。申辩权是指行政相对人针对行政主体提出的不利指控，依据其掌握的事实和法律向行政主体提出反驳，旨在从法律上消灭或者减轻行政主体对其提出的不利指控的权利。[①]

听取相对人陈述和申辩是行政主体作出职权撤销行为的一个重要程序环节，可以帮助行政主体全面查明案件事实和准确适用法律，有利于提高职权撤销行为的合法性与合理性，从而避免对相对人利益造成不当损害。对于行政主体依职权作出的撤销行为，多半情况下对相对人都是不利的，相对人通常是自身利益的最好维护者，这种利益维护同时构成对行政权力的一种必要制约，有利于防止行政权力的滥用。并且，听取相对人陈述和申辩也有利于提高职权撤销行为的可接受性——因为相对人会感觉到自己的意见被行政主体认真听取和考虑，会觉得自己被行政主体认真对待而不是被忽略和漠视，这有利于促使相对人自动履行义务，提高行政效率。

相对人陈述和申辩的内容是全方位的，既可以针对职权撤销行为之证据与事实；也可以针对职权撤销行为之法律适用；还可以做减轻或免除行政制裁的辩解。对于证据与事实而言，由于相对人是职权撤销行为

① 章剑生：《现代行政法基本理论》，法律出版社 2008 年版，第 399—400 页。

之基础事实的亲身经历者，因此其陈述与申辩是行政主体收集相关证据所需要考量的重要信息。对于法律适用而言，相对人及其代理人的陈述和申辩有助于行政主体正确选择所适用的法律，审慎考量相对人之违法事实是否符合法定的职权撤销之构成要件，提高法律适用的准确性。相对人及其代理人提出的减轻或免除行政制裁之辩解有利于行政主体全面考量案件的事实认定与法律适用，正确行使自由裁量权，做到责罚相当，避免畸轻畸重。[①]

同上，听取行政相对人的陈述和申辩亦是行政主体作出行政决定之前必须履行的程序性义务，若有违反，将在某种程度上影响行政决定的效力。

6. 举行听证

行政主体依职权撤销行政行为，若撤销行为对行政相对人利益造成重大影响的，行政主体应当举行听证。行政听证是行政机关在作出影响行政相对人合法权益的决定之前，由行政机关告知决定理由和听证权利，行政相对人陈述意见、提供证据以及行政机关听取意见、接纳证据并作出相应决定等程序所构成的一种法律制度。

行政听证程序是行政程序的核心，作为正式的听证程序一般包括以下内容。

（1）通知。通知的基本内涵是指行政机关在举行听证之前，将有关听证的事项依照法定程序告知有关当事人的一种行政活动。通知的目的在于使行政相对人了解、知悉与行政听证有关的事项，为其及时、有效地行使听证权利做准备。

（2）质辩。作为听证程序的核心，质辩是在听证主持人的主持下，由行政机关的调查人员与当事人就行政案件的事实和法律问题展开质证和辩论的过程。在这一过程中，行政机关的调查人员与行政相对人分别针对行政案件的事实和法律问题提出各自的证据和主张，驳斥对方提出的证据和主张。通过双方之间的质辩，逐步查清行政案件的事实以及适用的法律依据是否正确、适当，从而对行政案件的事实和法律适用作出

① 姜明安等：《行政程序法典化研究》，法律出版社 2016 年版，第 163—164 页。

正确的定性。

（3）决定。经过质证、辩论后，行政机关应当根据听证笔录作出行政决定。听证笔录是听证程序中对整个质证、辩论过程的一种书面记录。在质证、辩论结束之后交当事人阅读、补正后签名，便是具有法律意义的文书。听证笔录就其内容而言，它是对听证会过程的书面记载。因此，听证笔录应当是行政机关作出行政决定的唯一依据，行政机关不得将未经过听证的证据作为行政行为的依据。

7. 告知。告知是指行政主体作出撤销决定后，及时将决定的内容告知程序当事人及其他利害关系人。告知的内容主要是行政相对人不服职权撤销决定时，可以依法提起行政救济的途径和期限。告知的目的在于使当事人或者利害关系人知道和了解撤销决定的内容，并依告知的内容对其发生效力，否则该撤销决定对行政相对人或者利害关系人不生效。[①]告知在时间上即意味着行政主体依职权撤销程序的终结。

以上行政程序是行政主体依职权撤销程序的主体部分。这些程序对于行政主体而言是其职责和义务，对于行政相对人而言则是其权利。正是通过以上程序的设计，能够有效保护行政相对人的合法权益，防止行政权力的恣意和腐败。

第二节　行政主体依职权撤销的法律救济

一　行政主体依职权撤销法律救济的必要性

行政主体依职权撤销行政行为，若侵害相对人法律上的合法权益，相对人可以寻求行政救济。“有侵害必有救济”这是法律救济的一般原则。行政主体依职权撤销行政行为，若造成相对人合法权益的重大侵害，却未提供相应的行政救济，那么相对人的合法权益也就失去了根本保障。可见，缺乏法律救济的职权撤销，对于行政相对人来说，根本无实质意义可言。另外，行政主体依职权撤销时，具有很大的随意性，加上目前我国行政主体依职权撤销程序的缺失，导致行政主体依职权撤销行政行

① 谭剑：《行政行为的撤销研究》，武汉大学出版社 2012 年版，第 141—142 页。

为极易侵犯相对人的合法权益，若无相应的法律救济渠道，将有违法治原则的基本要求。

二　行政主体依职权撤销的法律救济

行政主体依职权撤销行政行为在性质上来说仍然属于行政行为，因此，行政主体依职权撤销的法律救济类似于行政行为的法律救济。一般来说，行政行为的法律救济包括两种：行政复议和行政诉讼。但大陆法系国家在具体的救济模式上存在不同特点。

（一）大陆法系国家职权撤销的法律救济模式

1. 德国

复议前置。在德国，相对人对撤销决定不服的，原则上须首先提起行政复议，复议之后方能提起撤销之诉。复议机关在复议程序中必须对撤销决定的合法性与合目的性进行审查。[①] 提起复议的期限原则上自相对人得知撤销决定后一个月内以书面方式或笔录方式向作出撤销决定的原行政机关提出。[②] 复议程序可以使尽可能多的争议案件在行政领域得以解决，避免进入司法领域，其意义在于，一方面可以减轻法院负担，节约司法成本；另一方面，通过行政领域解决争议，往往会得到更好的、更彻底的解决。因为在复议程序中，行政机关可以运用其专业知识对系争撤销决定的合法性与合目的性进行审查，而撤销决定一旦进入司法领域，则审查范围仅能限于其合法性，至于撤销决定的合目的性司法机关则无权审查。[③]

撤销之诉。在一般情况下，相对人提起撤销之诉的，应当自撤销决定送达相对人之日起 1 个月申请复议；不服复议决定的，自接到复议决定之日起 1 个月内起诉。依法无须复议的，自接到撤销决定通知之日起 1 个月内起诉。行政机关不在法定期限内作出复议决定或者不对有关申请作出处理，自提出申请之日起 3 个月内起诉。[④] 相对人提起行政复议

① 参见《德国行政法院法（1997 年）》第 68 条第 1 款。

② 参见《德国行政法院法（1997 年）》第 70 条。

③ 参见应松年主编《四国行政法》，中国政法大学出版社 2005 年版，第 216 页。

④ 参见《德国行政法院法（1997 年）》第 74 条。

后，可以向有管辖权的行政法院提起撤销之诉。但必须具备一前提要件，即相对人法律上的权益因行政行为的撤销而受到侵害。① 行政相对人提起撤销之诉时，可以一并提起清除法律后果的诉讼请求（补偿之诉），特别是请求对已经执行的撤销决定采取恢复原状的措施，或者提出公法上的返还请求权。② 相对人与行政机关若在补偿方面发生争议的，应当向普通法院提起民事诉讼。③

2. 日本

行政复议与撤销之诉选择主义。就不服撤销决定的相对人而言，在撤销之诉与行政复议两种救济途径的选择上可有两种设计方案：其一，不服撤销决定的相对人首先应当提起行政复议，否则，不得提起撤销之诉；其二，相对人既可以提起行政复议，也可直接提起撤销之诉。前者称为复议前置主义，后者称为自由选择主义。后者则是日本行政案件诉讼法现在所采取的做法。④

在日本，根据审查复议的机关不同，行政复议制度可以分为异议申请、审查请求和再审查请求。异议申请是指向作出撤销决定的行政厅提出的行政复议。相对人若提出异议申请，必须自得知撤销决定之日的次日起六十天以内提出；⑤ 审查请求是指对作出撤销决定的行政厅以外的行政机关提出的行政复议。审查请求必须自相对人得知撤销决定之日起的次日起六十天以内提出（如果对撤销决定已提起异议申请，则自相对人得知对该异议申请已作出决定之日的次日起三十天以内提出）。⑥ 再审查请求是指已经经过一次行政复议之后再次提出审查请求的行政复议。再审查请求，应自相对人得知对审查请求已作出裁决之日的次日起三十

① 参见《德国行政法院法（1997年）》第42条。

② 参见《德国行政法院法（1997年）》第113条第2、3款。

③ 参见《德国行政程序法（1997年）》第49条第5款。

④ 《日本行政案件诉讼法（1962年）》第8条第1款规定，即使是根据法令的规定当事人对处分可以提出审查请求，当事人仍可直接提起撤销诉讼。但是，法律规定不经过该处分的审查请求的裁决就不能提起撤销诉讼时除外。

⑤ 参见《日本行政不服审查法（1962年）》第45条。

⑥ 参见《日本行政不服审查法（1962年）》第14条第1款。

天以内提出。①

异议申请前置。相对人若提起审查请求，原则上应先提起异议申请，由受理异议申请的行政厅作出决定后，方得提出。②

撤销之诉。所谓撤销之诉，是指请求撤销行政处分的诉讼。由于行政处分具有公定力，而因撤销之诉排他性管辖制度的约束，消灭行政处分的效力只能通过撤销之诉进行。因此，若要通过诉讼消灭违法的撤销决定，相对人必须提起撤销之诉。在日本，相对人若对撤销决定不服，可直接提起撤销之诉，撤销之诉必须在相对人知道撤销决定之日起 6 个月之内提起。③ 经异议申请或审查请求以及再审查请求的（其中行政复议机关针对异议申请作出决定，针对审查请求和再审查请求作出裁决），需在行政厅作出处分或裁决之日起 1 年内提起。④ 相对人若提起撤销之诉时，必须撤销决定侵害其法律上的利益，相对人方具有起诉资格。⑤

（二）行政主体依职权撤销的法律救济

关于行政主体依职权撤销行政行为的法律救济，依据《中华人民共和国行政诉讼法》⑥（2017 修正）第四十四条规定："对属于人民法院受案范围的行政案件，公民、法人或者其他组织可以先向行政机关申请复议，对复议决定不服的，再向人民法院提起诉讼；也可以直接向人民法院提起诉讼。法律、法规规定应当向行政机关申请复议，对复议决定不服再向人民法院提起诉讼的，依照法律、法规的规定。"可见，我国对于行政主体依职权撤销行政行为的法律救济，实行行政复议与行政诉讼（撤销诉讼）选择主义。行政相对人若对职权撤销行为不服，既可以提

① 参见《日本行政不服审查法（1962 年）》第 53 条。

② 参见《日本行政不服审查法（1962 年）》第 19 条。

③ 参见《日本行政案件诉讼法（1962 年）》第 14 条第 1 款。

④ 参见《日本行政案件诉讼法（1962 年）》第 14 条第 1 款。

⑤ 参见《日本行政案件诉讼法（1962 年）》第 9 条。

⑥ 1989 年 4 月 4 日第七届全国人民代表大会第二次会议通过，根据 2017 年 6 月 27 日第十二届全国人民代表大会常务委员会第二十八次会议《关于修改〈中华人民共和国民事诉讼法〉和〈中华人民共和国行政诉讼法〉的决定》第二次修正。

起行政复议，也可以提起行政诉讼（撤销诉讼），二者可以选择其一。但是对于法律、法规规定的某些职权撤销案件，实行复议前置主义。即行政相对人应当先向行政机关申请复议，对复议决定不服再向人民法院提起撤销诉讼。

第八章　我国行政主体依职权撤销制度的反思与重构

目前，我国还没有制定专门的行政程序法，行政法发展的历史也很短暂，所以还不具有大陆法系国家那样统一、完备的行政主体依职权撤销制度。关于行政主体依职权撤销制度，在我国行政许可法中有突出体现。行政许可作为一种典型的授益行政行为，我国《行政许可法》[①]（2019 修正）第六十九条对行政许可的依职权撤销制度作了较为具体、细致的规定，这在一定程度上也反映了我国行政主体依职权撤销授益行政行为制度的某些特点。以下结合案例谈谈对我国《行政许可法》第六十九条的一些浅见。

第一节　我国行政许可撤销制度的反思

一　问题的提出

依授益行政行为撤销规则，行政主体在依职权撤销授益行政行为（例如行政许可）时，若相对人有值得保护的信赖，必须考虑相对人的信赖利益。行政主体不能为维护行政行为形式上的合法性而随意否定原授益行政行为的效力，否则，不仅不利于现有法律关系的稳定，破坏行政主体在相对人心目中的公信力，使其权威丧失殆尽，而且对相对人的信赖利益也会构成重大侵害。请看以下案例：李冬彩诉玉环县国土资源

---

① 2003 年 8 月 27 日第十届全国人民代表大会常务委员会第四次会议通过，2003 年 8 月 27 日中华人民共和国主席令第七号公布，自 2004 年 7 月 1 日起施行，2019 年 4 月 23 日第十三届全国人民代表大会常务委员会第十次修正。

局土地行政撤销案。

案情：李冬彩，玉环县珠港镇仓坑村村民。1995 年，玉环县楚门镇在对中山村进行规划改造时，由于中山村村民陈楚松（拆迁户）的经济能力有限，将安置在楚门镇利民路联建的两间房屋建到一层后即停工，影响了其他联建房屋的建房。楚门镇人民政府和中山村村民委员会即同意陈楚松将其中一间房屋出让，并同意受让人以中山村村民和拆迁户的待遇办理有关土地报批手续。李冬彩作为外村村民受让了陈楚松的一间房屋并与楚门镇人民政府签订了房屋拆迁协议。继而，她以自己的名义申请建房，经村、镇审核，1996 年 8 月 10 日，玉环县国土资源局批准李冬彩建房一间，使用水田 51.3 平方米，外加道路代征 47.5 平方米。2001 年 3 月 22 日，李冬彩顺利拿到玉环县国土资源局核发的国有土地使用权证。2003 年 6 月 30 日，玉环县国土资源局接到中山村村委会的举报，称李冬彩既不是该村村民，也不是拆迁户，要求对李冬彩骗取建房用地的行为进行查处。2004 年 2 月 16 日，玉环县国土资源局以李冬彩骗取建房用地为由，收回李冬彩的土地使用权，并对原农村私人建房用地呈报表予以注销。这意味着李冬彩从此丧失在此居住近 8 年的房屋土地使用权。李冬彩不服，遂提起行政诉讼。

本案是一个典型的授益行政行为撤销案件，通过本案引发了对我国行政主体依职权撤销制度的思考：行政主体依职权撤销授益行政行为时是否需要考虑相对人的信赖利益？相对人信赖利益因撤销而受到损害，应当如何获得赔偿？撤销有无一定期间的限制？行政主体在作出撤销决定之前对相对人有无提供相应的程序性权利？撤销过程中如果相对人信赖利益与公益发生冲突，应当如何取舍等等一系列问题。本案中，对原告的信赖保护可谓该案争议的焦点。浙江省玉环县人民法院在判决书中就明确使用了信赖保护这一原则。[①] 该案中相对人李冬彩在建房长达数

---

① 一审法院认为："根据信赖保护原则，行政机关对行政相对人的授益性行为作出后，事后即便发现违法或对政府不利，只要行为不是因为行政相对人的过错造成的，不得撤销、废止或改变。原告虽然不是中山村村民或拆迁户，但其受让拆迁户一间房屋并与楚门镇人民政府签订了房屋拆迁协议，原告以自己名义申请建房用地，中山村村委会、楚门镇人民政府及被告是明知的并予以支持和倡导。因此，原告没有骗取建房用地的主观故意，在土地使用权审批过程中不存在过错。被告收回原告的土地使用权，侵犯了原告的合法权益。"李冬彩诉玉环县国土资源局土地行政撤销案，参见《信赖保护原则被适用玉环县农妇告赢国土局》，《今日早报》2005 年 2 月 17 日。

年后，玉环县国土资源局决定撤销原行政行为（核发相对人的国有土地使用权证），显然不利于已有法律关系的稳定。假设李冬彩已通过合法手续将房屋所有权转让第三人，那么第三人对该房屋所有权将如何认定？如果认定不合法，那么第三人利益将如何保护？此时若撤销原行政行为将会使已有的法律关系变得更加复杂，对已有法律关系的稳定会造成极大的破坏，同时，也会使相对人蒙受重大的信赖利益损失。试想：相对人李冬彩在房屋建成后长达数年，完全会信赖自己所建的房屋是合法的，相对人基于此种信赖对该房屋作出一系列的安排和处置，其间可能投入大量的财力、物力和精力，为此而投入的成本有的很难甚至根本不能通过物质赔偿获得弥补。行政主体若断然撤销原授益行政行为，那么我们很难想象这种撤销还会有何实益可言？可见，信赖保护在授益行政行为撤销中扮演了极为重要的角色，是行政主体撤销授益行政行为时必须加以考量的一个重要因素。行政许可作为一项典型的授益行政行为，信赖保护对其同样适用。

作为规定我国行政许可的一项基本法律，《行政许可法》相对于其他行政立法来说，最具特色的地方莫过于有关信赖保护内容的规定。这在某种程度上也反映了我国立法部门已经开始关注相对人的信赖保护问题。但由于理论准备不足，我国行政许可法在信赖保护内容的规定方面还比较粗糙，特别是在信赖保护的方式、利益衡量、救济以及程序保护等方面还存有缺漏，与大陆法系国家对信赖保护的规定还相差甚远。

二　我国行政许可撤销制度的反思

（一）我国关于行政许可撤销制度的规定

我国行政许可法中涉及信赖保护规定的主要有两条。其中，该法第八条是关于行政主体废止行政许可时相对人的信赖利益保护；该法第六十九条是关于行政主体撤销行政许可时相对人的信赖利益保护。以下我们结合案例针对《行政许可法》第六十九条内容展开分析。

《行政许可法》第六十九条规定：“有下列情形之一的，作出行政许可决定的行政机关或者其上级行政机关，根据利害关系人的请求或者依据职权，可以撤销行政许可。

（一）行政机关工作人员滥用职权、玩忽职守作出准予行政许可决定的；

（二）超越法定职权作出准予行政许可决定的；

（三）违反法定程序作出准予行政许可决定的；

（四）对不具备申请资格或者不符合法定条件的申请人准予行政许可的；

（五）依法可以撤销行政许可的其他情形。

被许可人以欺骗、贿赂等不正当手段取得行政许可的，应当予以撤销。

依照前两款的规定撤销行政许可，可能对公共利益造成重大损害的，不予撤销。

依照本条第一款的规定撤销行政许可，被许可人的合法权益受到损害的，行政机关应当依法给予赔偿。依照本条第二款的规定撤销行政许可的，被许可人基于行政许可取得的利益不受保护。”该条规定在某种程度上涉及行政主体依职权撤销行政许可时对相对人信赖利益保护问题。

行政许可法首次对信赖保护加以规定，具有重大意义。首先，《行政许可法》第六十九条规定行政机关可以撤销行政许可，而不是应当撤销行政许可。可见，行政许可法承认行政主体在撤销行政许可时拥有一定的自由裁量权。这意味着行政主体在撤销行政许可时，不再坚持传统的只要行政行为违法，一律予以否定的机械做法，而由行政主体依裁量决定是否撤销。这应当是我国行政行为撤销制度上的重大进步。其次，行政许可法区分行政机关过错与相对人过错采取不同的信赖保护措施（例如对于行政机关过错导致行政许可违法的，是否撤销，由行政机关依具体情形裁量；对于相对人过错如欺骗、贿赂等不正当手段导致行政许可违法的，行政机关必须撤销，不得有任何的裁量余地）。可见，我国立法部门已开始注意到信赖保护的不同情形，采取区别对待的立法模式，显然，这样的规定方式也是值得肯定的。

（二）我国行政许可撤销制度存在的问题

经过仔细分析，不难发现，我国行政许可法在信赖保护规定方面还仍有不足，主要表现在以下几个方面。

1. 相对人信赖利益保护方式单一，缺乏存续保护方式的规定。《行政许可法》第六十九条规定行政机关在撤销行政许可时若给相对人造成利益损失的，给予适当的赔偿，采取的是财产保护方式。同时又规定在撤销违法行政许可对公益有重大损害时不予撤销。尽管采取的是存续保护方式，但仅仅针对重大公益的维护而言，对于相对人信赖利益的保护并没有规定存续保护方式。行政许可法针对相对人信赖利益仅规定财产保护方式，缺乏存续保护方式，显得过于单一，缺乏灵活性。纵然，财产保护方式，对于相对人大多数信赖利益损失均能有效予以弥补，但对于某些难以用财产、本质上也不易以财产衡量的信赖利益损失却难以发挥作用。例如本案中相对人李冬彩出于对土地使用权证的信赖，准备以此土地上的房屋所有权为凭证申请成为城镇居民户口，以享受相应的城镇居民待遇。此时，被告玉环县国土资源局若撤销原告李冬彩的土地使用权证，原告的信赖损失将如何赔偿？原告（相对人）之所以作出这类信赖行为，并不在于获得经济上的利益，因此撤销的效果不会偏向于经济或财产方面，同时原则上也不致使相对人有金钱上的损失。在此种情形下，若采取财产补偿的方式来弥补相对人的信赖损失，对于相对人的信赖保护将形同空言。而且，财产保护方式与存续保护方式相比，就相对人信赖利益保护而言，也并非最有效、最全面的保护方式。相反，存续保护可以最大限度保护相对人的信赖利益，使相对人不因法律关系的变动而遭受不可预见的损失，从而为相对人的信赖利益提供最有效、最全面的保护。

2. 缺乏公共利益与信赖利益的衡量

（1）一个不确定的法律概念：公共利益。《行政许可法》第六十九条以是否造成公共利益的重大损害作为行政许可不予撤销的理由。然而，公共利益本身系一个不确定的法律概念，具体表现在内容的不确定和对象的不确定两个方面。就内容而言，公共利益的内容并不是静态地保持一成不变，而是随社会的发展、价值观念的改变而不断发生变化。如果要对公共利益的内容做出具体穷尽的描绘，显然是不可能的。就对象而言，公共利益的对象应当是公众即大多数人，然而，何种程度上的多数人才能算是公众，并无统一的标准。[①] 正是由于内容及对象的不确定，才造成公共利益在认定上存在极大的困难，这也是我国《行政许可法》第六十九条未能对公共利益作出具体界定的主要原因。由于公共利益缺乏客观的判断标准，使得行政主体经常以公共利益为借口撤销行政许可。

既然实体上难以对公共利益作出具体的界定，是否就意味着对公共利益的控制就毫无办法呢？并非如此。在此我们首先必须明确公共利益认定的主体是谁？必须承认：公共利益本身具有不确定性和模糊性，但就具体个案而言，公共利益却应当是具体的、确定的，行政主体固然可以公共利益为由撤销行政行为，但行政主体必须指出个案中所涉的具体公共利益有哪些，不得以抽象的公共利益作为撤销的挡箭牌，否则必然构成行政裁量权的滥用。具体个案中认定公共利益的主体绝不能仅限于行政主体，固然，行政主体作为公益的代表，有权对公共利益予以认定。但就具体个案而言，相对人及利害关系人也应有权认定公共利益。因为公共利益认定的结果很可能决定行政主体是否撤销行政行为，而撤销行政行为将使相对人及利害关系人的利益受到重大影响。所有受到影响的人都应有权在公共利益认定上表达自己的意见。

其次，应当明确公共利益的认定程序。公共利益的认定应当让相对人及利害关系人参与其中，通过信息公开、听证、参与辩论等各种途径保障相对人及利害关系人的程序参与权。在公共利益认定上，应当强化政府信息披露，做到公开、透明；在认定程序方面，相对人及利害关系人应有权发表自己的意见和建议，对于关涉其权益的重大事项，有权参加听证。对于公共利益的判断，所有与此有关的权利人及利害关系人都应该有参与和判断的权利。公共利益的认定不能仅由行政主体说了算。行政主体固然是公益的代表，但行政主体也有自身的利益需求，希望行

---

① 有学者对“公众”的界定提出了两个标准：一是非隔离性。所谓非隔离性，就是任何人在任何时候都可以自由进出某一团体，即对于公众、公共等概念的理解与运用，是指多数人在任何时候，无须任何特别条件都可以进入其中，该范围的多数人不具有排他性；二是在数量上需达到一定程度的多数。“多数”是相对少数而言的，在两个相对立的利益冲突时，按照少数服从多数的原则，多数人的利益应作为公共利益的构成基础，少数人的利益应该服从多数人的利益，但是，多数人也应该维护少数人的利益，并保护其合理存在。参见李建良《从公法学的观点论公益之概念与原则》，硕士学位论文，中兴大学法律研究所，1986 年。

政主体在公共利益认定上始终坚持客观、公正地作出决策是不现实的，为了监督和约束行政主体在公共利益的决策上能够客观、公正，必须赋予与此决策有关的人必要的参与权与知情权。行政主体的公益认定行为缺乏监督和制约，相对人的权益将很难得到保障。撤销行政许可涉及对相对人信赖利益的剥夺，相对人应该享有公共利益认定的参与权与知情权。但是，我国《行政许可法》第六十九条缺乏公共利益的认定程序，在实际案件中，是否符合公共利益的需要完全由行政主体说了算，相对人在完全不知情的情况下，公共利益就被行政主体认定了。这对于维护相对人信赖利益极为不利。因此，强化公共利益的认定程序应该是当务之急。

（2）缺乏公共利益与信赖利益的衡量。行政许可法规定对于违法行政许可，如果撤销可能对公共利益造成重大损害的，不予撤销。可见，在决定是否撤销行政许可方面，行政许可法的判断标准在于：是否有利于公共利益的维护，而不是经相对人信赖利益与公共利益比较之后的利益衡量。行政主体撤销行政许可所维护的公益与相对人的信赖利益之间，原则上一方并不具有优越另一方的地位，行政主体在进行利益衡量时应一视同仁。[①] 行政主体在撤销行政许可时，必须进行利益衡量，除考虑撤销对公益的影响之外，也需考虑撤销对相对人信赖利益的影响。除此之外，行政主体撤销行政许可时，还需考虑以下因素：行政许可违法的严重程度（如瑕疵越轻微相对人越有理由主张信赖保护，瑕疵越重大明显相对人越有理由主张信赖保护）；行政许可的种类与方式（如越经正式行政程序作成的行政许可，相对人越有理由主张信赖保护[②]；行政许可越具人身依附性质，信赖保护就会越强）；行政许可作出后经历时间的长短（如时间经过越长，相对人的信赖保护程度越强）；作成行政许可的行政主体自身情况（如行政主体层级越高，相对人越有理由主张信赖保护）；行政许可的性质（如越具存续性的行政许可或越具身份确认性质的行政许可，相对人越有理由主张信赖保护）；行政许可是否具不

① 赵宏：《法治国下的行政行为存续力》，法律出版社 2007 年版，第 267 页。

② 翁岳生主编：《行政法》，中国法制出版社 2002 年版，第 652 页。

可争讼性（行政许可超过法定救济期间，第三人未提起救济的，信赖保护加强，此时相对人更有理由主张信赖保护[①]）；对于提供金钱或可分物给付的行政许可，通常相对人对此种给付在生活中具有高度依赖性，甚至具有社会正义性质，应有给予特殊保障的必要。故此类给付相对人具有信赖利益时，行政主体不得撤销[②]；行政许可违法原因是否可归责于相对人。若违法原因可归责于相对人，其信赖比较不值得保护；另外，相对人信赖行政许可的存续，若因撤销所致的信赖损失非金钱所能充分填补时，可认为此时行政机关的裁量权缩减为零，不得撤销行政许可。[③]

经利益衡量，若相对人信赖利益明显大于撤销行政许可所维护的公益，行政机关不得撤销行政许可；若相对人信赖利益小于撤销行政许可所维护的公益，行政机关虽然可以撤销行政许可，但应当给予相对人合理的赔偿。行政主体也可能根据信赖保护的不同情况对撤销作时间或内容上的限制。[④] 例如对行政许可撤销，但不溯及既往或者仅撤销或变更原行政许可的一部分，对其余部分仍使其存续并发生效力。本案中，被告撤销原行政许可时，并未考虑到原告的信赖利益，使得原告丧失已居住近 8 年的房屋土地使用权，且对原告的信赖损失未提供任何赔偿。可见，本案中被告玉环县国土资源局在撤销原告的土地使用权证时显然缺乏利益衡量。

3. 偏重于公益，忽视相对人的信赖利益。《行政许可法》第六十九条以是否对公共利益造成重大损害作为行政许可撤销的标准，具有偏重于公共利益，忽视相对人信赖利益之嫌。何谓对公共利益有重大危害？此种不确定法律概念的适用，充满了极大的不确定性。若全然委诸行政主体裁量，极有可能导致行政权力的滥用，并成为行政主体否定原行政许可效力的借口。行政主体在撤销行政许可时不能以抽象的公共利益为

---

① Vgl. Maurer，Allg. VwR11，§11，Rdnr. 17.

② 董保成：《行政处分之撤销与废止》，中国台湾地区行政法学会主编《行政法争议问题研究》，（台北）五南图书出版公司 2000 年版，第 482 页。

③ 陈敏：《行政法总论》，（台北）新学林出版有限公司 2007 年版，第 458 页。

④ 参见［德］哈特穆特·毛雷尔《行政法学总论》，高家伟译，法律出版社 2000 年版，第 282 页。

由随意否定已作出并生效的行政许可。行政主体在撤销行政许可的同时，必须具体指出撤销的具体理由以及个案中所涉的具体公共利益有哪些，并且应当采用比例原则对所涉的公共利益与信赖利益进行权衡比较，如果公共利益显然大于所应保护的信赖利益，方能撤销该行政许可，否则构成行政裁量权的滥用。行政许可撤销与否，虽然属行政主体的裁量范围，但并不意味着行政主体可以不受限制地自由裁量，必须受行政许可目的（法定的公共利益）与相对人信赖利益的制约。行政主体在其裁量范围内，必须将所有相关利益，不论是所涉的公共利益或相对人信赖利益，皆应纳入考虑。而各种利益的价值，应不分彼此，不得为维护公益而轻视相对人信赖利益，也不得为保护相对人信赖利益而忽视公益。行政主体在利益衡量过程中，应将撤销行政许可所维护的公益与所涉的相对人信赖利益进行比较，同时结合其他因素，并依比例原则，以决定是否撤销。若仅以是否有利于维护公共利益作为撤销行政许可的标准，其结果可能会侵害相对人的信赖利益。因此，行政主体在撤销行政许可时，除关注撤销所维护的公益之外，也必须重视相对人信赖利益的保护。若撤销所维护的公共利益显然大于相对人信赖利益，行政主体方能撤销行政许可，但必须给予相对人合理的信赖补偿；反之，若撤销所维护的公共利益明显小于相对人信赖利益的，行政主体不得撤销行政许可。正如学者指出：“在现代社会法治国家，个人对授益行政行为存续的依赖性越来越大，信赖保护日益受到重视，在个案中可能比纠正违法行为和执行行政合法性原则的公共利益更为重要。”①

4. 行政许可法有关信赖保护的规定欠缺具体，不具可操作性。主要表现在如下几个方面。

第一，对信赖保护的基本概念以及信赖保护的基本要件缺乏明确规定，使得实践中对信赖利益的认定存在困难。甚至在法条中根本就没有“信赖保护”或“信赖利益”这一字眼。使得信赖保护在适用上显得名不正、言不顺。德国在其《行政程序法》第48条第2项列举了三种不适

① ［德］汉斯·J. 沃尔夫、奥托·巴霍夫、罗尔夫·施托贝尔：《行政法》第二卷，高家伟译，商务印书馆2002年版，第108页。

用信赖保护的具体情形：（1）以欺诈、胁迫或行贿取得一行政行为的；（2）以严重不正确或不完整的陈述取得一行政行为的；（3）明知或重大过失而不知行政行为的违法性的。同时，《德国行政程序法》第48—50条对信赖保护在授益行政行为和复效性行政行为撤销中的运用分别作出了具体规定。

第二，行政主体应依行政许可的性质与特点来决定相对人信赖受保护的程度，而非仅以公共利益的需要为标准。对于不同性质的行政许可，因其本身的特点不同，相对人信赖受保护的程度以及受保护的方式也应有所不同。行政许可分为合法的行政许可与违法的行政许可。合法的行政许可，相对人受信赖程度较高，应当提供较高的信赖保护；违法的行政许可，相对人受信赖程度较低，应当提供较低的信赖保护。就行政许可的具体内容而言，可分为具持续性的许可与不具持续性的许可，对于前者相对人信赖程度较高，一般提供存续保护；对于后者相对人信赖程度较低，一般提供财产保护。而我国行政许可法则完全以是否有利于维护公共利益来决定行政许可受保护的程度，并非依行政许可本身的性质和特点来决定相对人信赖受保护的程度，进而决定采取何种保护方式。这种做法显然不合理。联邦德国行政程序法在这方面的做法值得我国借鉴：《联邦德国行政程序法（1976年）》第48条第2款将授益行政行为分为给付金钱或可分物的行政行为与非给付金钱或可分物的行政行为两种，对于前者，德国行政程序法一般采取的是存续保护方式，若相对人信赖行政行为的存续，且其信赖依照公益衡量后值得保护的，不得撤销，特别是在相对人已使用所提供的给付，或对财产已作出处分，使其不能或仅在遭受不合理的不利时方可废除原行政行为时，其信赖一般需要保护；对于后者即非给付金钱或可分物的行政行为，德国行政程序法采取的则是财产保护方式。之所以为此种区分，依其立法理由说明①，系由于前者仅涉及财务上的利益，故当受益人的信赖值得保护时，可以使该授益行政行为继续维持（第48条第2项）。但在后者，由于具有较强之国家关系，不得任其继续存在，应予撤销，故改采财产保护方式，以补

① Vgl. Die amtl. Begrüdung § 44 EvwVfG 1973, S. 71.

偿相对人的信赖利益（第 48 条第 3 项）[①]。我们暂且不论此款规定是否合理，但这种根据行政行为不同特点采取分类保护方式的做法却是值得肯定的。

同时，联邦德国行政程序法对合法授益行政行为的废止与违法授益行政行为的撤销采取不同的信赖保护标准。《联邦德国行政程序法》第 48 条第 1 项规定："违法行政行为，即使已具确定力，仍得部分或全部以对将来或溯及既往的效力撤销。"第 49 条第 2 项规定："合法、授益的行政行为，即使在获得确定力后，在下列情况下仅可全部或部分以对将来的效力废止：a）法规容许或行政行为保留该废止；……"可见，联邦德国行政程序法对前者采取概括方式规定，对后者采取列举方式规定，显然有其深意。因合法授益行政行为与违法授益行政行为相比，相对人受信赖程度较高，因此，行政主体对合法授益行政行为的废止权应予限缩，在保护方式上德国行政程序法采取以存续为原则，以废止为例外，即采取列举方式加以规定，对于列举以外的情形原则上予以存续，以保护相对人的信赖利益；反之，对于违法授益行政行为，则以撤销为原则，存续为例外，亦即采取概括方式加以规定，如果没有法律规定的例外情形，原则上予以撤销。这种规定方式是在合理平衡相对人信赖利益与公共利益后作出的选择。本案中，玉环县国土资源局撤销的是相对人李冬彩建房许可，并收回李冬彩的土地使用权证，属于具持续性的授益行政行为，玉环县国土资源局原则上不得撤销。而且，本案中相对人李冬彩对行政行为的撤销并不存在欺诈、胁迫、贿赂等主观过错，相对人之所以建房，是在经玉环县楚门镇人民政府和玉环县楚门镇中山村村民委员会审核并许可的情况下建房，主观上完全是出于善意的，对该批准建房这一许可行为存在信赖利益。玉环县国土资源局以李冬彩并非中山村村民为由作出撤销原行政行为的决定并收回李冬彩的土地使用权证显然是不合适的。

第三，信赖补偿标准与救济的缺失。罗马法谚有云："有权利必有救济"，换句话说，"无救济的权利不是真正的权利"。行政许可法既然规定相对人在行政主体撤销行政许可时有获得赔偿的权利，就必须对这种

---

① Vgl. Ule/Laubinger，VwVfR，§62 Ⅱ 1.

权利提供有效的救济。相对人若对行政主体的赔偿决定不服，应有适当的法律途径来解决这一争议，以化解相对人与行政主体在赔偿争议方面的矛盾。但是行政许可法仅规定相对人有权获得赔偿，但对这种赔偿若发生争议应如何解决却缺乏具体规定。因缺乏具体的救济方式和途径，相对人的信赖利益赔偿变得难以实现。甚至出现此种情形：行政主体答应赔偿，可迟迟不履行，导致赔偿无法实现，出现相对人“有损失无赔偿”的尴尬局面。另外，对于赔偿的具体标准行政许可法也未规定，使得行政主体在撤销行政许可时，对于是否赔偿、赔偿多少完全由行政主体自己决定，相对人很少有异议的权利。而行政主体作为一方当事人，赔偿数额的多少与其利益密切相关，因此，行政主体在赔偿时总是尽量压低相对人的赔偿数额，使得赔偿数额根本无法弥补相对人实际受到的利益损失。相对人获得的实际赔偿与预期损失之间差距过于悬殊，使得赔偿形同虚设。对此，德国做法值得借鉴。德国《行政程序法》第 48 条第 6 项明确规定相对人与行政机关在赔偿方面发生争议的，应通过行政诉讼途径解决。需注意的是：德国行政程序法仅规定相对人信赖损失赔偿数额的上限而未对下限予以规定是不合理的。信赖损失赔偿的数额应以不低于相对人直接的信赖损失为下限。否则行政主体在实践中会故意压低赔偿数额，损害相对人的利益。

第四，缺少行政主体行使撤销权除斥期间的规定。为避免行政主体在撤销事由出现后怠于行使撤销权而使相对人法律地位长期处于不确定状态，保护相对人的信赖利益，必须对行政主体行使撤销权在时间上加以限制，故有设置撤销权除斥期间的必要。德国《行政程序法》第 48 条第 4 款规定了行政机关行使撤销权的除斥期间为一年。需注意的是：该规定不设绝对的最终期限，而只是相对的自行政机关知悉时起一年。如果行政机关知悉在后的话，任凭时间经过得再久，也不能使行政机关的撤销权消灭。如此一来，行政机关可能在行政行为作成十余年后始知悉该行政行为违法，而予以撤销，这显然会使受益人的信赖利益陷入长期不确定状态，与法安定性原则不符（本案中，就存在此种情形，被告在原告建房长达 8 年后才知悉撤销事由，进而撤销原告的土地使用权证，显然有悖法的安定性）。因此这条规定应当适度调整为：

对于作成经过相当期间原行政行为，行政机关即使不知有撤销事由，也不得撤销。

第五，撤销制度中相对人程序性权利的缺漏。“程序不是次要的事情。随着政府权力持续不断地急剧增长，只有依靠程序公正，权力才可能变得让人能够容忍。”[①] 行政主体依职权撤销行政行为时，若不从程序上加以控制，很容易导致行政权力的滥用。作为外在价值，程序在某种程度上有利于实体权利义务的实现；作为内在价值，程序在某种程度上就是正义的体现，程序具有控制行政权力滥用，保护相对人合法信赖利益的功能。[②] 行政主体在撤销行政许可时，因涉及相对人信赖利益的限制和剥夺，必须事先通知相对人，给予其陈述意见和辩护的机会。相对人的程序性权利应是行政主体撤销行政许可制度的重要内容。例如：《德国行政程序法（1997 年）》第 28 条第 1 款规定：“在颁布影响参与人权利的行政行为之前，应给参与人陈述对有关决定为重要的事实的机会。”[③]《希腊行政程序法（1999 年）》第 6 条第 1 项规定：“在作出不利于特定个人的权利或利益的行为或采取不利于特定个人的权利或利益的措施之前，行政机关有义务邀请利害关系人就相关事项以书面或口头方式发表意见。”[④]《日本行政程序法（1993 年）》第 13 条规定：“行政机关将为不利益处分时，应按下列各款之区别，依本章规定，对于将为该不利益处分相对人，采行各款所定陈述意见之程序。一、符合下列各款之一者，听证。（一）拟为撤销、撤销许可等之不利益处分时。（二）前款规定外，将为直接剥夺相对人资格或地位之不利益处分时。……”[⑤]

然而，我国《行政程序法》第六十九条对于行政许可撤销前相对人的程序性权利却未作规定，显然不利于相对人信赖利益的保护，客观上

① ［英］威廉·韦德：《行政法》，徐炳等译，中国大百科全书出版社 1997 年版，第 93 页。

② 宋雅芳：《行政程序法专题研究》，法律出版社 2006 年版，第 20 页。

③ 应松年主编：《外国行政程序法汇编》，中国法制出版社 2004 年版，第 91 页。

④ 应松年主编：《外国行政程序法汇编》，中国法制出版社 2004 年版，第 437 页。

⑤ 应松年主编：《外国行政程序法汇编》，中国法制出版社 2004 年版，第 541 页。

极易助长行政权力的恣意和腐败。本案中，浙江省玉环县国土资源局在作出对相对人利益产生重大影响的撤销决定之前，并未给予相对人李冬彩任何听证和表达意见的机会，使得相对人因撤销许可而蒙受重大损失（例如丧失居住近8年的房屋土地使用权）。

第二节 我国行政许可撤销制度的重构

针对《行政许可法》第六十九条在上述方面存在的系列问题，笔者尝试对《行政许可法》第六十九条重新建构如下。

一 撤销前行政机关必须进行利益衡量

《行政许可法》第六十九条应修改为：有下列情形之一的，作出行政许可决定的行政机关或者其上级行政机关，根据利害关系人的请求或者依据职权，经合理衡量，若撤销行政许可所维护的公共利益显然大于被许可人信赖利益的，可以撤销行政许可：

（一）行政机关工作人员滥用职权、玩忽职守作出准予行政许可决定的；

（二）超越法定职权作出准予行政许可决定的；

（三）违反法定程序作出准予行政许可决定的；

（四）对不具备申请资格或者不符合法定条件的申请人准予行政许可的；

（五）依法可以撤销行政许可的其他情形。

二 列举应当撤销与不得撤销的具体情形

被许可人具有下列情形之一取得行政许可的，应当予以撤销：

（一）以欺诈、胁迫或贿赂方法取得行政许可的；

（二）提供严重不正确的资料或不完全的陈述取得行政许可的；

（三）明知或因重大过失而不知行政许可违法的。

有下列各款情形之一的，不得撤销：

（一）撤销对具体的公共利益有重大危害的；

（二）被许可人无前款所列信赖不值得保护的情形，而信赖原行政许可且其信赖利益显然大于撤销所维护的公益的。

三　明确职权撤销中的信赖损失赔偿标准

依照第一款的规定撤销行政许可，被许可人的信赖利益受到损害的，应当依法给予合理赔偿。赔偿额度以被许可人因该许可存续可获得的利益为限，同时不得低于被许可人因撤销而遭受的直接损失。

依照第二款的规定撤销行政许可，被许可人基于行政许可取得的利益不受保护。

四　明确法律救济途径以及除斥期间

被许可人对赔偿的争议及数额有异议的，可以自行政机关告知赔偿决定内容之日起三个月内提起行政复议或行政诉讼。

本条之撤销权，应自行政机关或其上级行政机关知有撤销原因之日起二年内为之。行政机关不知有撤销事由的，自行政行为作出之日起逾满五年，行政机关不得撤销。法律另有规定的除外。

五　明确相对人在职权撤销中的程序性权利

行政机关撤销行政许可前，应当通知被许可人陈述意见、说明理由，被许可人理由成立的，应当采纳；撤销对被许可人信赖利益有重大影响的，行政机关应当举行听证。法律另有规定的除外。

当然，以上的建构不可能是全面的，对于信赖保护的认定标准和具体的利益衡量基准，需要通过司法实践不断总结经验，并由最高人民法院通过司法解释予以提炼并明确化，仅仅通过立法是难以实现的。

参考文献

中文著作

蔡小雪：《行政行为的合法性审查》，中国民主法制出版社 2020 年版。

陈敏：《行政法总论》，（台北）新学林出版有限公司 2007 年版。

陈新民：《德国公法学基础理论》，山东人民出版社 2001 年版。

陈新民：《中国行政法学原理》，中国政法大学出版社 2002 年版。

陈越峰等：《行政法教义学：体系与方法》，北京大学出版社 2022 年版。

城仲模：《行政法之一般法律原则（二）》，（台北）三民书局股份有限公司 1997 年版。

城仲模：《行政法之一般法律原则（一）》，（台北）三民书局股份有限公司 1999 年版。

杜万华总主编，刘德权副总主编，蔡小雪、陈裕琨、缪曹本卷主编：《新编最高人民法院司法观点集成·行政卷Ⅰ》（第二版），中国民主法制出版社 2023 年版。

高家伟主编：《行政行为合法性审查类型化研究》，中国政法大学出版社 2020 年版。

龚向田：《行政程序抗辩权论》，中国政法大学出版社 2015 年版。

何海波：《实质法治：寻求行政判决的合法性》，法律出版社 2020 年版。

何海波：《行政诉讼法》（第 3 版），法律出版社 2022 年版。

胡建淼主编：《论公法原则》，浙江大学出版社 2005 年版。

胡建淼：《行政法学》（第五版），法律出版社 2023 年版。

胡建淼：《行政强制法论：基于〈中华人民共和国行政强制法〉》，法律出版社 2014 年版。

胡建森主编：《行政诉讼法修改研究——〈中华人民共和国行政诉讼法条建议及理由〉》，浙江大学出版社 2007 年版。

胡建森：《行政诉讼法学》，法律出版社 2019 年版。

胡建森主编，朱新力副主编：《行政违法问题探究》，法律出版社 2001 年版。

胡建森主编：《行政行为基本范畴研究》，浙江大学出版社 2005 年版。

胡若溟：《信赖保护原则的中国化建构》，中国社会科学出版社 2022 年版。

黄全：《行政行为效力制度研究——以行政程序法的制定为视角》，中国政法大学出版社 2021 年版。

姬亚平主编：《外国行政法学》，中国政法大学出版社 2016 年版。

江必新主编：《中华人民共和国行政复议法条文解读与法律运用》，中国法制出版社 2023 年版。

江必新、梁凤云：《行政诉讼法理论与实务》（上下卷），法律出版社 2016 年版。

江利红：《日本行政法学基础理论》，知识产权出版社 2008 年版。

姜明安：《比较行政法》，法律出版社 2023 年版。

姜明安等：《行政程序法典化研究》，法律出版社 2016 年版。

姜明安：《行政程序法研究》，法律出版社 2022 年版。

姜明安主编：《行政法与行政诉讼法》（第七版），北京大学出版社 2019 年版。

蒋润婷：《行政法视阈下的参与权解析》，南开大学出版社 2017 年版。

金伟峰：《无效行政行为研究》，法律出版社 2005 年版。

梁凤云：《行政诉讼法司法解释讲义》，人民法院出版社 2018 年版。

林三钦：《行政争讼制度与信赖保护原则之课题》，（台北）新学林出版有限公司 2008 年版。

刘恒、所静：《行政行为法律适用判解》，武汉大学出版社 2005 年版。

刘建军：《比较行政法》，中国政法大学出版社 2015 年版。

刘兆兴等：《德国行政法——与中国的比较》，世界知识出版社 2000 年版。

柳砚涛等：《行政行为新理念》，山东人民出版社2008年版。

马生安：《行政行为效力理论重构》，法律出版社2023年版。

马生安：《行政行为研究——宪政下的行政行为基本理论》，山东人民出版社2008年版。

梅达成：《违法具体行政行为研究》，中国政法大学出版社2012年版。

石肖雪：《面向行政任务的听证程序构造》，法律出版社2019年版。

宋雅芳：《行政程序法专题研究》，法律出版社2006年版。

苏宇：《走向“理由之治”：行政说明理由制度之透视》，中国法制出版社2019年版。

孙丽岩：《授益行政行为研究探寻行政法通道内的公共资源配置》，法律出版社2007年版。

孙笑侠：《法律对行政的控制》，光明日报出版社2018年版。

覃慧：《治理时代行政程序法制的变革与因应研究》，北京大学出版社2018年版。

谭剑：《行政行为的撤销研究》，武汉大学出版社2012年版。

王贵松：《行政裁量的构造与审查》，中国人民大学出版社2016年版。

王贵松：《行政信赖保护原则》，山东人民出版社2007年版。

王名扬：《法国行政法》，中国法制出版社2007年版。

王万华主编：《中国行政程序法汇编》，中国法制出版社2005年版。

王亚利：《行政执法效能的程序保障机制研究》，中国政法大学出版社2021年版。

王永明、沈赤主编：《规范行使行政裁量权实践与探索》，经济科学出版社2012年版。

翁岳生主编：《行政法》（上册），中国法制出版社2002年版。

吴东镐等：《日本行政法》，中国政法大学出版社2011年版。

吴庚：《行政法之理论与实用》（增订八版），中国人民大学出版社2005年版。

夏金莱：《行政决策公众参与研究》，法律出版社2023年版。

谢生达、冉义：《行政执法程序制度的理论与实践：以行政执法“三项制度”为视角》，中国法制出版社2020年版。

谢祥为主编：《行政法律原理与实务》（第三版），中国政法大学出版社2023年版。
熊樟林：《行政裁量基准运作原理重述》，北京大学出版社2020年版。
杨登峰：《行政法基本原则及其适用研究》，北京大学出版社2022年版。
杨登峰：《行政行为的多元矫正制度研究》，清华大学出版社2019年版。
杨建顺：《日本行政法通论》，中国法制出版社1998年版。
叶必丰：《行政行为的效力研究》，中国人民大学出版社2002年版。
叶必丰：《行政行为原理》，商务印书馆2019年版。
殷玉凡：《行政程序违法的司法审查标准》，人民出版社2018年版。
尹建国：《行政法中的不确定法律概念研究》，中国社会科学出版社2012年版。
应松年主编：《比较行政程序法》，中国法制出版社1999年版。
应松年主编：《外国行政程序法汇编》，中国法制出版社2004年版。
应松年主编：《英美法德日五国行政法》，中国政法大学出版社2015年版。
于安编著：《德国行政法》，清华大学出版社1999年版。
余凌云：《行政法讲义（第三版）》，清华大学出版社2019年版。
余凌云：《行政自由裁量论》，中国人民公安大学出版社2005年版。
曾娜：《行政程序的正当性判断标准研究》，知识产权出版社2014年版。
张步峰：《正当行政程序研究》，清华大学出版社2015年版。
张峰振：《违法行政行为治愈论》，中国社会科学出版社2015年版。
张弘：《徜徉在权利与权力之间的行政行为——作为行政法基本范畴的行政行为及其展开》，法律出版社2018年版。
张倩：《中国行政听证制度的功能困境及其治理研究》，中国政法大学出版社2017年版。
张兴祥、刘飞、朱芒、何海波：《外国行政程序法研究》，中国法制出版社2010年版。
张越：《英国行政法》，中国政法大学出版社2004年版。
章剑生：《现代行政法基本理论》，法律出版社2008年版。
章剑生：《现代行政法专题》，清华大学出版社2014年版。

章剑生：《现代行政法总论（第2版）》，法律出版社2019年版。
章剑生主编：《行政法与行政诉讼法》，北京大学出版社2014年版。
章剑生：《行政听证制度研究》，浙江大学出版社2010年版。
章剑生等主编：《行政法判例百选》，法律出版社2020年版。
章志远：《行政行为效力论》，中国人事出版社2003年版。
章志远主编：《中性行政行为研究》，北京大学出版社2021年版。
赵宏：《法治国下的行政行为存续力》，法律出版社2007年版。
郑春燕：《现代行政中的裁量及其规制》，法律出版社2015年版。
周伟：《行政行为成立研究》，北京大学出版社2017年版。
周佑勇：《行政法基本原则研究》（第二版），法律出版社2019年版。
周佑勇：《行政法原论》（第三版），北京大学出版社2018年版。
朱瓯：《两岸行政程序法制之比较研究》，中国人民大学出版社2008年版。
朱新力等：《行政法学》，中国社会科学出版社2014年版。
朱新力、唐明良等：《行政法基础理论改革的基本图谱——“合法性”与“最佳性”二维结构的展开路径》，法律出版社2013年版。
最高人民法院第一巡回法庭编著：《最高人民法院第一巡回法庭典型行政案件裁判观点与文书指导》（第1卷），中国法制出版社2020年版。
最高人民法院行政审判庭编著：《最高人民法院行政诉讼法司法解释理解与适用》，人民法院出版社2018年版。

外文译著

［德］埃贝哈德·施密特－阿斯曼等：《德国行政法读本》，于安等译，高等教育出版社2006年版。
［德］奥托·迈耶：《德国行政法》，刘飞译，商务印书馆2002年版。
［德］弗里德赫尔穆·胡芬：《行政诉讼法》（第5版），莫光华译，法律出版社2003年版。
［德］哈特穆特·毛雷尔：《行政法学总论》，高家伟译，法律出版社2000年版。
［德］汉斯·J. 沃尔夫、奥托·巴霍夫、罗尔夫·施托贝尔：《行政法》

（第二卷），高家伟译，商务印书馆 2002 年版。

［德］卡尔·施密特：《宪法的守护者》，李君韬、苏慧婕译，商务印书馆 2008 年版。

［德］康拉德·黑塞：《联邦德国宪法纲要》，李辉译，商务印书馆 2007 年版。

［德］罗尔夫·斯特博：《德国经济行政法》，苏颖霞、陈少康译，中国政法大学出版社 1999 年版。

［德］米歇尔·施托莱斯：《德国公法史》，雷勇译，法律出版社 2007 年版。

［德］G. 平特纳：《德国普通行政法》，朱林译，中国政法大学出版社 1999 年版。

［德］施密特·阿斯曼：《秩序理念下的行政法体系建构》，林明锵等译，北京大学出版社 2012 年版。

［法］让·里韦罗、让·瓦利纳：《法国行政法》，鲁仁译，商务图书馆 2008 年版。

［韩］金东熙：《行政法Ⅰ·Ⅱ》（第 9 版），赵峰译，中国人民大学出版社 2008 年版。

［美］伯纳德·施瓦茨：《行政法》，徐炳译，群众出版社 1986 年版。

［美］朱迪·弗里曼：《合作治理与新行政法》，毕洪海、陈标冲译，商务印书馆 2010 年版。

［美］古德诺：《比较行政法》，白作霖译，中国政法大学出版社 2006 年版。

［美］理查德·B. 斯图尔特：《美国行政法的重构》，沈岿译，商务印书馆 2021 年版。

［日］大桥洋一：《行政法学的结构性变革》，吕艳滨译，中国人民大学出版社 2009 年版。

［日］谷口安平：《程序的正义与诉讼》，王亚新、刘荣军译，中国政法大学出版社 1996 年版。

［日］和田英夫：《现代行政法》，倪健民、潘世圣译，中国广播电视出版社 1993 年版。

[日] 美浓部达吉:《公法与私法》,黄冯明译,中国政法大学出版社2003年版。

[日] 南博方:《行政法》(第六版),杨建顺译,中国人民大学出版社2009年版。

[日] 室井力主编:《日本现代行政法》,吴微译,中国政法大学出版社1995年版。

[日] 室井力等主编:《日本行政程序法逐条注释》,朱芒译,上海三联书店2009年版。

[日] 藤田宙靖:《日本行政法入门》(第四版),杨桐译,中国法制出版社2012年版。

[日] 藤田宙靖:《行政法总论》,王贵松译,中国政法大学出版社2023年版。

[日] 盐野宏:《行政法》,杨建顺译,法律出版社1999年版。

[日] 盐野宏:《行政救济法》,杨建顺译,北京大学出版社2008年版。

[日] 中西又三:《日本行政法》,江利红译,北京大学出版社2020年版。

[印] M. P. 赛夫:《德国行政法——普通法的分析》,周伟译,山东人民出版社2006年版。

[英] A. W. 布拉德利、K. D. 尤因:《宪法与行政法》(第14版),刘刚、程洁等译,商务印书馆2008年版。

[英] L. 赖维乐·布朗、约翰·S. 贝尔:《法国行政法》(第五版),高秦伟、王锴译,中国人民大学出版社2006年版。

论文

陈伏发、乐宇歆:《复效行政行为的信赖保护判断》,《人民司法》2008年第14期。

程竹松:《论授益行政行为的内涵和外延》,《行政论坛》2004年第2期。

楚静:《试论无效行政行为——兼论我国无效行政行为的制度构建》,《长沙理工大学学报》(社会科学版)2008年第2期。

褚江丽：《美、德、日实施宪法公共利益条款之比较研究》，《河北法学》2009 年第 3 期。

代刃、吴坤埔：《析授益行政行为的制度构造》，《云南行政学院学报》2010 年第 4 期。

戴建华：《论法的安定性原则》，《社会科学文摘》2020 年第 9 期。

杜谦：《行政程序瑕疵不必然导致撤销具体行政行为》，《人民司法》2015 年第 4 期。

范旭斌：《论我国行政法上的信赖保护原则及其完善》，《学术论坛》2006 年第 10 期。

冯举：《纠错行政行为与信赖利益保护》，《中州学刊》2006 年第 5 期。

高鸿：《行政行为自我纠正的制度构建》，《中国法律评论》2021 年第 3 期。

韩宁：《行政撤销决定之再撤销研究——基于行政活动合法性与稳定性的平衡》，《时代法学》2014 年第 5 期。

洪家殷：《撤销行政行为时对其性质为授益或负担之判断》，《法学丛刊》1994 年第 154 期。

洪家殷：《论违法行政行为——以其概念、原因与法律效果为中心》，《东吴法律学报》1995 年第 2 期。

胡建淼：《“无效行政行为”制度的追溯与认定标准的完善》，《中国法学》2022 年第 4 期。

胡建淼、钱建华：《行政明确性原则初探》，《江海学刊》2004 年第 5 期。

胡建淼、邢益精：《公共利益概念透析》，《法学》2004 年第 10 期。

胡玲莉：《行政机关对自身作出的行政行为之撤销》，《长江论坛》2007 年第 6 期。

黄辉：《违法行政行为撤销阻却事由司法适用研究》，《苏州大学学报》（哲学社会科学版）2019 年第 5 期。

黄全：《论瑕疵行政行为的效力》，《政法学刊》2010 年第 3 期。

黄新波：《行政机关撤销登记事项应遵循正当行政程序原则》，《人民司法》2010 年第 6 期。

黄学贤：《论行政行为中的第三人》，《当代法学》2006 年第 2 期。
黄学贤：《行政法中的法律保留原则研究》，《中国法学》2004 年第 5 期。
黄学贤：《行政法中的信赖保护原则》，《法学》2002 年第 5 期。
黄宇、张凯水：《透视行政行为的“违法性”及其法律后果》，《甘肃行政学院学报》2004 年第 2 期。
江必新：《行政行为效力体系理论的回顾与反思》，《法学研究》2008 年第 5 期。
金伟峰：《关于建立我国无效行政行为制度的几个具体问题》，《浙江社会科学》2005 年第 3 期。
李春燕：《行政信赖保护研究》，《行政法学研究》2001 年第 3 期。
李继刚：《论信赖保护原则的发展及其作用》，《山东理工大学学报》（社会科学版）2016 年第 1 期。
李静、刘全来：《论部分撤销行政判决》，《山东社会科学》2012 年第 10 期。
李垒：《大陆法系国家的行政行为瑕疵理论》，《怀化学院学报》2016 年第 1 期。
李垒：《公共行政视野下行政法学研究范围的调整》，《南华大学学报》（社会科学版）2016 年第 3 期。
李垒：《论第三人效力的行政行为之撤销》，《政治与法律》2013 年第 11 期。
李垒：《论授益行政行为的撤销——以〈德国行政程序法〉第 48 条规定为视角》，《政治与法律》2012 年第 4 期。
李垒：《论授益行政行为的废止——基于〈德国行政程序法〉第 49 条的分析》，《中南大学学报》（社会科学版）2014 年第 3 期。
李垒：《论违法行政行为的处理》，《南华大学学报》（社会科学版）2017 年第 3 期。
李垒：《论信赖保护在我国行政许可法中的反思与重构》，《河北法学》2012 年第 9 期。
李垒：《论行政法上的信赖保护原则》，《西部法学评论》2012 年第

4 期。
李垒：《行政法案例的合法性与正当性分析方法——以“唐福珍自焚案”为例》，《武汉科技大学学报》（社会科学版）2012 年第 3 期。
李垒：《行政行为“撤销”一词的含义》，《公安海警学院学报》2017 年第 1 期。
李垒：《行政行为附款新探》，《法学论坛》2012 年第 2 期。
李升、李卫华：《中德行政许可撤销法律之契合性比较》，《法治研究》2013 年第 2 期。
李孝猛：《行政许可撤销行为的法律属性》，《华东政法学院学报》2005 年第 3 期。
李哲范：《统一行政行为概念的路径选择——以境外行政诉讼立法技术为借鉴》，《当代法学》2012 年第 4 期。
林莉红、孔繁华：《论违法行政行为》，《河南省政法管理干部学院学报》2000 年第 5 期。
刘丹：《论行政法上的诚实信用原则》，《中国法学》2004 年第 1 期。
刘飞：《信赖保护原则的行政法意义——以授益行政行为的撤销与废止为基点的考察》，《法学研究》2011 年第 6 期。
刘国：《职权撤销违法行政行为的时间限制及制度构建》，《政治与法律》2020 年第 9 期。
刘世佳：《试论依法行政原则》，《学术交流》2011 年第 10 期。
刘素英：《论无效行政行为之困境与进路》，《河北科技大学学报》（社会科学版）2005 年第 1 期。
刘巍：《行政机关撤销自身所作行政行为的控制问题思考》，《法商研究》1999 年第 5 期。
刘欣琦：《论行政诉讼中“不需要撤销的行政行为”》，《西南政法大学学报》2022 年第 5 期。
刘志欣、董礼洁：《授益行政行为的第三人效力及其司法审查》，《人民司法》2009 年第 17 期。
柳砚涛：《论依法行政的规范选择》，《法学论坛》2013 年第 5 期。
梅峻岭、孙正彤、蒋太斌：《试论行政法中信赖保护原则的平衡机制》，

《石河子大学学报》（哲学社会科学版）2008 年第 1 期。

彭修凯：《行政程序说明理由制度》，《当代法学》2002 年第 3 期。

戚建刚：《行政主体对瑕疵行政行为的自行性撤销及其限制》，《浙江省政法管理干部学院学报》2000 年第 5 期。

亓荣霞：《行政瑕疵刍议》，《政法论坛》1999 年第 6 期。

沈林荣、刘小兵：《试论具体行政行为的撤销限制》，《行政法学研究》2000 年第 1 期。

石佑启：《行政程序违法的法律责任》，《法学》2002 年第 9 期。

石珍：《撤销复效行政行为之法律规制——以实质法治下权利之保障为核心》，《天津行政学院学报》2013 年第 3 期。

石珍：《依职权撤销违法负担行为的法律规制——以［2005］沪行终字第 360 号判决为研究对象》，《成都理工大学学报》（社会科学版）2012 年第 5 期。

宋华琳、郑琛：《行政法上听取陈述和申辩程序的制度建构》，《地方立法研究》2021 年第 3 期。

孙丽岩：《授益行政行为性质辨析》，《当代法学》2005 年第 2 期。

孙丽岩：《信赖保护与相对人授益权的实现》，《政法论坛》2007 年第 3 期。

谭剑：《论行政行为撤销的限制》，《湖北大学学报》（哲学社会科学版）2010 年第 1 期。

王贵松：《行政行为无效的认定》，《法学研究》2018 年第 6 期。

王鹏祥：《具体行政行为撤销制度：功效、控制机制和构想》，《湖北社会科学》2006 年第 3 期。

王倩：《行政法上信赖保护原则的运用》，《理论界》2006 年第 7 期。

王青斌：《行政撤销权的理论证成及其法律规则》，《法学》2021 年第 10 期。

王太高：《论违法行政行为的行政自纠》，《法治研究》2010 年第 6 期。

王太高：《行政许可撤销、撤回与信赖保护》，《江苏行政学院学报》2009 年第 2 期。

王雪松：《论授益行政行为的撤销限制》，《政治与法律》2004 年第

4 期。
熊勇先:《论行政撤销诉讼中心主义及其缓和》,《政治与法律》2013 年第 6 期。
徐晓明:《行政许可撤销制度研究》,《行政法学研究》2008 年第 4 期。
许登科:《行政程序中程序瑕疵之法律效果》,《法学讲座》2003 年第 15 期。
许已川:《公益原则在行政许可领域中的适用》,《法治研究》2008 年第 3 期。
阎尔宝:《论违法行政行为的限制性撤销——法律纯洁性与稳定性的张力及其解除》,《行政法学研究》1999 年第 4 期。
杨登峰:《程序违法行政行为的补正》,《法学研究》2009 年第 6 期。
杨登峰:《行政行为撤销要件的修订》,《法学研究》2011 年第 3 期。
杨建生:《论行政行为的无效、撤销和补正》,《广西师范大学学报》(哲学社会科学版) 2005 年第 2 期。
杨伟东:《行政程序违法的法律后果极其责任》,《政法论坛》2005 年第 4 期。
姚岳绒:《行政行为撤销上的信赖连带保护问题》,《华东政法大学学报》2002 年第 5 期。
叶必丰:《法学思潮与行政行为》,《浙江社会科学》2000 年第 3 期。
叶必丰:《受欺诈行政行为的违法性和法律责任——以行政机关为视角》,《中国法学》2006 年第 5 期。
应松年:《依法行政论纲》,《中国法学》1997 年第 1 期。
于安:《德国的依法行政原则及其宪法基础》,《法学》1998 年第 11 期。
于元视:《行政行为违法但不具有撤销内容的司法认定》,《法律适用》2012 年第 9 期。
余凌云:《行政行为无效与可撤销二元结构质疑》,《法治论丛》2005 年第 4 期。
岳心:《公法上不当得利返还请求权——救济方式和程序方式初探》,《法学杂志》2011 年第 8 期。
詹镇荣:《行政机关之公法上不当得利返还请求权》,《法学讲座》2003

年第23期。

张峰振：《行政行为瑕疵的自然补正》，《法学评论》2016年第4期。

张航：《论具体行政行为的撤销期间及其适用规则》，《现代法学》2021年第6期。

张江红：《论具体行政行为之无效与可撤销》，《行政法学研究》2000年第1期。

张浪：《行政诉讼中确认无效之诉的问题探讨》，《法学论坛》2017年第2期。

章剑生：《“有错必纠”的界限》，《中国法学》2013年第2期。

章剑生：《论行政行为说明理由》，《法学研究》1998年第3期。

章剑生：《现代行政程序的成因和功能分析》，《中国法学》2001年第1期。

章志远：《行政撤销权法律控制研究》，《政治与法律》2003年第5期。

章志远：《行政行为概念之科学界定》，《浙江社会科学》2003年第1期。

赵清林：《论行政撤销诉讼的适用对象——以行政诉讼类型化为视角》，《政治与法律》2015年第2期。

赵元成：《行政诉讼撤销判决适用问题研究》，《黑龙江社会科学》2007年第3期。

周佑勇：《健全行政裁量基准的新使命新任务》，《行政法学研究》2023年第1期。

朱林：《德国行政行为撤销的理论及其立法评价》，《法律科学》1993年第3期。

朱雁：《论建立我国无效行政行为制度》，《行政法学研究》2004年第1期。

朱英禄：《对授益行政行为的思考》，《人民司法》2000年第2期。

Kenneth F. Warren, *Administrative Law in the Political System*, N. Y.: Prentice Hall, 1996.

Ulrich Knoke, *Rechts fragen der Rück nahme von Verwaltungsakte*, Duncker & Humblot, 1992.

Carol Harlow & Richard Rawlings, *Law and Administration*, London: Weiden & Nicolson, 1984.

Ernst Forsthoff, *Lehrbuch des Verwaltungsrecht*, C. H. Beck, 1973.

Feidinand Kopp, *Die Bestandskraft von Verwaltungsakt*, Deutsches Verwaltung-Sblatt, 1983.

F. O. Kopp, *Verwaltungsverfahrensgesetz*, 2. Aufl, 1980.

O. Mayer, *Deutsches Verwaltungsrecht*, I. Band. 3. Aufl, 1923.

W. Jellinek, *Verwaltungsrecht*, 3. Aufl. 1931. Nachtrag. O. Bachof, 1950.

E. Forsthoff, *Lehrbuch des Verwaltungsrecht*, 10. Aufl, 1973.

H. J. Wolff, *Verwaltungsrecht*, I. 8. Aufl, 1971.

H. Mauer, *Allgemeines Verwaltungsrecht*, 2. Aufl, 1982.

P. Badura/H. U. Erichsen, *Allgemeines Verwaltungsrecht*, I. Aufl, 1975.

C. H. Ule/H. W. Laubinger, *Verwaltungsverfahrensrecht*, 1. Aufl, 1977.

Kenneth Culp Davis, *Discretionary Justice*, University of Illinois Press, 1971 .

后　　记

本书是在我博士学位论文基础上经多次修改后完成。掩卷回眸，往事如昔。2009 年我曾怀着无比兴奋的心情考入浙江大学光华法学院，从此开始我的三年博士生涯。其间虽然经历众多坎坷，但仍然让我收获甚多，时常感念往昔的美好时光。时光转瞬即逝，在光华法学院这个美丽、宁静的校园，使我度过了此生难以忘怀的岁月。在这里，每天都能呼吸新鲜的空气，观赏自然的美景，体验静谧安宁的氛围。不知不觉中心境得到了净化，浮躁的情绪少了许多。校园里，鸟语花香、绿树葱葱、气候宜人、美不胜收。一切都是那么的安静！一切都是那么的恬淡！一切都是那么的自然！真的是妙不可言！能身在如此美丽的校园，心无旁骛地做自己喜欢的事情，感觉真的是莫大的恩赐！应该感恩的人和事很多很多，感恩老师，感恩同学，感恩校园，感恩一切为我们提供良好学习环境做出默默奉献的那些可爱的人，包括校园的管理人员、工作人员、服务人员等等。

感谢我的恩师胡建淼教授，您既是学生的学业导师，也是学生的人生导师。恩师的悉心指导和谆谆教诲使学生至今感激涕零、终身受益。导师为人宽厚仁爱，治学严谨精微。论文能够侥幸完成，离不开导师的关心与鼓励；论文从选题、开题、写作、修改和定稿以至最终完成，无不凝聚了导师的心血。师恩似海，学生永远铭记在心！如今，学生已踏入工作岗位，唯有今后不断努力进取方能不辜负恩师的一片至深情义。

感谢论文答辩导师孙笑侠教授、林来梵教授、朱新力教授、章剑生教授、郑春燕教授。您们为学生的论文写作提供了宝贵的批评和指导意见，您们的大家风范、严谨治学的风格使学生此生受益匪浅。感谢金伟峰老师、金承东老师、郑春燕师姐、费善诚老师、李华老师、陈静老师等各位老师的无私帮助；感谢学院及图书馆的其他各位老师，您们为我们广大学子提供了良好的学习环境以及浓厚的学术氛围；感谢我的硕士生导师张弘教授在学业上给予我无微不至的关怀！

感谢所有与我共同度过三年美好时光的学兄、学姐、学弟、学妹们。能与您们相识相处，使我深感荣幸。从中我获得了友谊、理解、信任和宽容。谢谢您们！

感谢我的父母，没有您们也许我会失去继续走下去的勇气。感谢您们的养育之恩！

感谢我的爱人，没有您的理解、支持、鼓励和默默奉献，我不可能顺利完成如此繁重的博士论文修改工作。

感谢所有曾经默默关心我、帮助我的那些人们！

李　垒

2023 年端午节于宁波青林湾